県立長崎東・県立佐世保北・県立諫早高校附属中学校

〈収

便利な DL コンテンツは右の QR コードから

解答用紙　過去年度　問題は紙面に掲載 ⇒

※データのダウンロードは 2025 年 3 月末日まで。
※データへのアクセスには、右記のパスワードの入力が必要となります。 ⇒ 251809

本書の特長

実戦力がつく入試過去問題集

- 問題 ………… 実際の入試問題を見やすく再編集。
- 解答用紙 …… 実戦対応仕様で収録。
- 解答解説 …… 解答例は全問掲載。詳しくわかりやすい解説には、難易度の目安がわかる「基本・重要・やや難」の分類マークつき（下記参照）。各科末尾には合格へと導く「ワンポイントアドバイス」を配置。

入試に役立つ分類マーク

基本 確実な得点源！
受験生の90%以上が正解できるような基礎的、かつ平易な問題。
何度もくり返して学習し、ケアレスミスも防げるようにしておこう。

重要 受験生なら何としても正解したい！
入試では典型的な問題で、長年にわたり、多くの学校でよく出題される問題。
各単元の内容理解を深めるのにも役立てよう。

やや難 これが解ければ合格に近づく！
受験生にとっては、かなり手ごたえのある問題。
合格者の正解率が低い場合もあるので、あきらめずにじっくりと取り組んでみよう。

合格への対策、実力錬成のための内容が充実

- 各科目の出題傾向の分析、最新年度の出題状況の確認で、入試対策を強化！
- その他、学校紹介、過去問の効果的な使い方など、学習意欲を高める要素が満載！

解答用紙ダウンロード 解答用紙はプリントアウトしてご利用いただけます。弊社ＨＰの商品詳細ページよりダウンロードしてください。トビラのＱＲコードからアクセス可。

famima PRINT 原本とほぼ同じサイズの解答用紙は、全国のファミリーマートに設置しているマルチコピー機のファミマプリントで購入いただけます。※一部の店舗で取り扱いがない場合がございます。詳細はファミマプリント（http://fp.famima.com/）をご確認ください。

UD FONT 見やすく読みまちがえにくいユニバーサルデザインフォントを採用しています。

公立中高一貫校の入学者選抜

ここでは，全国の公立中高一貫校で実施されている入学者選抜の内容について，その概要を紹介いたします。

公立中高一貫校の入学者選抜の試験には，適性検査や作文の問題が出題されます。

多くの学校では，「適性検査Ⅰ」として教科横断型の総合的な問題が，「適性検査Ⅱ」として作文が出題されます。しかし，その他にも「適性検査」と「作文」に分かれている場合など，さまざまな形式が存在します。

出題形式が異なっていても，ほとんどの場合，教科横断的な総合問題(ここでは，これを「適性検査」と呼びます)と，作文の両方が出題されています。

それぞれに45分ほどの時間をかけていますが，そのほかに，適性検査がもう45分ある場合や，リスニング問題やグループ活動などが行われる場合もあります。

例として，東京都立小石川中等教育学校を挙げてみます。

① 文章の内容を的確に読み取ったり，自分の考えを論理的かつ適切に表現したりする力をみる。

② 資料から情報を読み取り，課題に対して思考・判断する力，論理的に考察・処理する力，的確に表現する力などをみる。

③ 身近な事象を通して，分析力や思考力，判断力などを生かして，課題を総合的に解決できる力をみる。

この例からも「国語」や「算数」といった教科ごとの出題ではなく，「適性検査」は，私立中学の入試問題とは大きく異なることがわかります。

東京都立小石川中等教育学校の募集要項には「適性検査により思考力や判断力，表現力等，小学校での教育で身に付けた総合的な力をみる。」と書かれています。

教科知識だけではない総合的な力をはかるための検査をするということです。

実際に行われている検査では，会話文が多く登場します。このことからもわかるように，身近な生活の場面で起こるような設定で問題が出されます。

これらの課題を，これまで学んできたさまざまな教科の力を，知識としてだけではなく活用して，自分で考え，文章で表現することが求められます。

実際の生活で，考えて，問題を解決していくことができるかどうかを学校側は知りたいということです。

問題にはグラフや図，新聞なども多く用いられているので，情報を的確につかむ力も必要となります。

算数や国語・理科・社会の学力を問うことを中心にした問題もありますが，出題の形式が教科のテストとはかなり違っています。一問のなかに社会と算数の問題が混在しているような場合もあります。

少数ではありますが，家庭科や図画工作・音楽の知識が必要な問題も出題されることがあります。

作文は，文章を読んで自分の考えを述べるものが多く出題されています。

文章の長さや種類もさまざまです。筆者の意見が述べられた意見文がもっとも多く採用されていますが，物語文，詩などもあります。作文を書く力だけでなく，文章の内容を読み取る力も必要です。

調査結果などの資料から自分の意見をまとめるものもあります。

問題がいくつかに分かれているものも多く，最終の１問は400字程度，それ以外は短文でまとめるものが主流です。

ただし，こちらも，さまざまに工夫された出題形式がとられています。

それぞれの検査の結果は合否にどのように反映するのでしょうか。

東京都立小石川中等教育学校の場合は，適性検査Ⅰ・Ⅱ・Ⅲと報告書（調査書）で判定されます。

報告書は，400点満点のものを200点満点に換算します。

適性検査は，それぞれが100点満点の合計300点満点を，600点満点に換算します。

それらを合計した800点満点の総合成績を比べます。

このように，形式がさまざまな公立中高一貫校の試験ですが，文部科学省の方針に基づいて行われるため，方向性として求められている力は共通しています。

これまでに出題された各学校の問題を解いて傾向をつかみ，自分に足りない力を補う学習を進めるとよいでしょう。

また，環境問題や国際感覚のような出題されやすい話題も存在するので，多くの過去問を解くことで基礎的な知識を蓄えておくこともできるでしょう。

適性検査に特有の出題方法や解答方法に慣れておくことも重要です。

また，各学校間で異なる形式で出題される適性検査ですが，それぞれの学校では，例年，同じような形式がとられることがほとんどです。

目指す学校の過去問に取り組んで，形式をつかんでおくことも重要です。

時間をはかって，過去問を解いてみて，それぞれの問題にどのくらいの時間をかけることができるか，シミュレーションをしておきましょう。

検査項目や時間に大きな変更のある場合は，事前に発表がありますので，各自治体の教育委員会が発表する情報にも注意しましょう。

〒850-0007　長崎市立山5-13-1
☎095-826-5281
交通　スクールバスあり

県立 長崎東（ながさきひがし） 中学校

http://www.news.ed.jp/higashi-h/

[カリキュラム]

・**夏時間**（３～10月）は50分×６時限授業、**冬時間**（11～２月）は45分×６時限授業が基本。火曜日は７時限で展開。

・英語と数学を重視しており、**少人数クラス**や**ティームティーチング**によるきめ細かな指導を実施。さらに数学では３年間で計385時間の必修授業に加え、計70時間を選択教科として実施。十分な授業時間を確保し、高校１年の学習内容の大半を先取りして学ぶ。

・毎日10分間の**朝読書**の時間に加えて、毎週１時間の「**ひがしタイム**」を読書の時間として設定している。

・英語では420時間の必修授業に加え、「**英会話トレーニング**」（週４回）や学校独自科目「**コミュニケーション**」（計105時間）により、学力だけでなく英会話のセンスの向上も目指す。

[部活動]

令和２年度は、**射撃部**が全日本小中学生ライフル射撃競技選手権大会出場（10mエアライフル少年男子第５位）などの成績を収めた。

★設置部

柔道、射撃、弓道、陸上、バドミントン、硬式テニス、剣道、バスケットボール、バレーボール（女）、サッカー、水泳、卓球、新聞文芸、茶道、いけばな、写真、書道、美術、吹奏楽、放送、囲碁・将棋、理学

[行　事]

中高合同体育祭（９月）、中学校文化祭（10月）、強歩大会（２月）などを実施。また、スケッチ大会や「しま」の生活体験（五島壱岐）、合唱コンクール、修学旅行、百人一首大会、英語発表会などを行う。

[進　路]

★卒業生（長崎東高）の主な進学先

東京大、長崎大、京都大、大阪大、熊本大、佐賀大、福岡教育大、九州工業大、大分大、鹿児島大、長崎県立大、近畿大、長崎国際大、福岡大、早稲田大、慶應義塾大

[トピックス]

・平成16年４月、佐世保北中学校とともに県下で最初の併設型中高一貫の県立中学校として開校。

・卒業後は無試験で**県立長崎東高校**に進学することができる。同校は平成27年度から５年間、**スーパーグローバルハイスクール**（ＳＧＨ）の指定を受けグローバル人材の育成に取り組んでいる。

〒857-0028　佐世保市八幡町6-31
☎0956-42-5330
交通　松浦鉄道北佐世保駅　徒歩15分
　　　ＪＲ佐世保駅　バス

県立 佐世保北（させぼきた） 中学校

https://www2.news.ed.jp/section/sasebokita-h/

[カリキュラム]

・50分×６時限授業が基本（火・金曜日は７時限で展開）。

・年間授業時数は標準的な公立中学校よりも105時間多い1,120時間。じっくりと学習することができる。

・英語と数学の授業は１クラスを２展開した20名の少人数で行う。

・学校独自科目として、基礎から発展的内容まで扱う「**理数演習**」、会話力やプレゼンテーション力などを鍛える「**コミュニケーション**」を設置している。

・夏休みには約10日間の**特別授業**を実施。また２年次に**学習合宿**（４日間）を行う。

[部活動]

令和２年度は、県中学校空手道競技新人大会で空手道部が男子団体優勝などの成績を収めた。

★設置部

サッカー、硬式テニス、バスケットボール、陸上競技、バレーボール（女）、剣道、空手道、軟式野球、バドミントン、吹奏楽、英会話、文芸・新聞、写真、美術、科学、家庭科学、邦楽、放送、囲碁将棋、茶道

[行　事]

歓迎遠足（４月）、スケッチ大会（６月）、文化祭・体育祭（９月）、合唱コンクール（10月）などを実施。また、特色ある行事として、自然体験学習（７月）、北辰行（遠歩行11月）がある。

[進　路]

★卒業生（佐世保北高）の主な進学先

東京大、九州大、大阪大、長崎大（医）、福岡大、熊本大、鹿児島大、横浜国立大、筑波大、長崎県立大、北九州市立大、早稲田大、慶應義塾大

[トピックス]

・平成16年４月、長崎東中学校とともに県下で最初の併設型中高一貫の県立中学校として開校。

・卒業後は無試験で**県立佐世保北高校**に進学することができる。

・学校独自の活動時間として、月・水曜日の７時限目に35分の「**北辰タイム**」を設定。フォローアップ講座や学級諸活動、質問教室などが行われている。

いさはやこうとうがっこうふぞく
県立 諫早高等学校附属 中学校

〒854-0014　諫早市東小路1-7
☎0957-22-1222
交通　島原鉄道本諫早駅　徒歩３分

http://www.news.ed.jp/isahaya-h/

[カリキュラム]

・45分×７時限授業。
・**道徳教育**をすべての教育活動において重視。目指す生徒像である「高い志を抱いて自分の人生を自分の力で切り拓く人間」を育成していく。
・数学と英語の授業では、少人数授業やティームティーチングによるきめ細かな教育が行われる。
・毎日、**朝読書**の時間が設けられる。

[部活動]

・全員参加を推奨。一部の運動部を除き、高校と合同で活動する。
・母体校である諫早高校の**陸上部**は、全国高校駅伝大会常連の強豪（女子は全国優勝経験もある）。
・平成28年度の諫早市中学総体では、**陸上競技**女子総合と**テニス競技**男子団体で優勝、**剣道競技**男子団体・**卓球競技**女子団体・**バレーボール競技**男子でそれぞれ３位の成績を収めた。

★設置部（※は同好会）
陸上、剣道、ソフトボール（男）、硬式テニス、バレーボール、バスケットボール、卓球、※水泳、放送、美術、吹奏楽、科学、新聞、書道

[行　事]

・新入生宿泊研修・遠足（４月）、写生大会（６月）、クラスマッチ・しま体験学習（７月）、体育大会（９月）、合唱コンクール（11月）、百人一首大会（12月）などの行事が予定されている。
・修学旅行は中３の10月に関西方面に赴き、大学訪問や企業研修などを行う。

[進　路]

・系統的な進路学習を行い、諫早高校の**「志の教育」**に連結させる。
・７割の生徒が現役で国公立大学に進学している。

★卒業生（諫早高校）の主な進学先
東京大、京都大、九州大、大阪大、北海道大、東北大、東京外国語大、筑波大、九州工業大、長崎大、熊本大、名古屋大、福岡大、早稲田大、慶應義塾大

[トピックス]

・**平成23年4月開校。**
・校訓は**「自立創造」**。
・校是は**「文武両道」**。
・卒業後は無試験で**県立諫早高校**に進学することができる。

入試！インフォメーション

※本欄の内容は令和６年度入試のものです。

受検状況

学校名	募集定員	志願者数			受検者数	倍率
長崎東中学校	120	101	132	233	232	1.9
佐世保北中学校	120	140	137	277	275	2.3
諫早高等学校附属中学校	120	123	151	274	269	2.3

※募集定員は男女同数を基本とする。

長崎県立 中学校

出題傾向の分析と 合格への対策

●出題傾向と内容

検査は適性検査問題と作文問題の2種で実施された。適性検査問題が130点満点で試験時間は60分，作文問題が70点満点で試験時間は45分である。

適性検査問題は，大問4題，小問17～22題からなり，社会，算数，国語，理科が複合的に出題されるほか，家庭科や保健体育から出題されることもある。

表やグラフなどの資料を読み取る問題はさまざまな教科で出題される。また，漢字辞典の使い方や，米づくりや調理の工夫，被服の使いわけなど，日常生活と密着する内容も出題されている。また，求め方や考え方を記述される問題もある。

ほとんどが教科の基本的な内容を問題にしているので，授業をしっかり受けていれば十分対応できる問題であるが，計算問題については工夫して計算するように意識しておくとよい。

作文問題は，グラフや資料から情報を読み取り，自分の経験を関連させて，グラフから読み取れたことや考えたり感じたりしたことについてまとめる問題や，テーマが与えられ，それについて自分の考えをまとめる問題が出題される。500字以上600字以内と字数が制限されている。

● 2025年度の予想と対策

適性検査問題では，思考力・発想力よりも，教科の知識を忠実に使う問題の出題が続くものと思われ，授業内容をしっかりおさえておけば問題に全く手が出ないということはない。しかしそれは，基本的な教科の知識ではなく，それ以上のレベルの問題にも精通し，応用力・分析力を磨いておくことが前提になる。また，2016年度以降主要4教科以外の教科が出題された年度もあるので，来年以降も出題される可能性がある。家庭分野からの出題が多いが，それ以外の教科にも注意を払っておく必要がある。

作文問題では，課題文を用いた問題もしくは，テーマ型の問題が出題されると思われる。課題文を正しく読み取る力と，それをふまえて自分の意見を表現する力を養っておくとよい。新聞などで資料を引用している記事などに注目し，日ごろから資料を読み取る練習をしておくとよいだろう。また，テーマを選ばせて書かせるという形式，グラフを読み取り条件に合うように書かせる形式にも慣れておく。2017年度までのような小問2題の形式も練習しつつ，これらのような形式の練習もしておくとよい。字数は100字前後と600字以内での記述問題の出題が続くと思われる。記述問題の意図をくみ取って，自分の意見をまとめる練習が大切である。

✔学習のポイント

主要4教科以外の教科の内容も注意しておこう。ペーパーテストだけではなく，実技にも注意が必要。作文の対策のために，新聞の社説欄などで，意見の読み取りとそれを受けての自分の意見をまとめる練習をしておくとよい。

MEMO

大切なことはメモしておこうネ！

2024年度

★★★★★★★★★★★★★★★★★★★★★★★★

入　試　問　題

2024年度

長崎県立中学校入試問題

【適性検査】（60分）　＜満点：130点＞

1　ひかるさんたちは，A町公民館で行われる地域安全学習会について，実行委員の原さんに話を聞いています。

ひかる「わたしたちの町の地域安全学習会は，いつから行われているのですか。」
原さん「5年前から毎年9月に行っています。」
かれん「参加する人は年々増えているのですか。」
原さん「第1回から第4回までは順調に増えて，第2回は第1回の参加人数よりも3人増え，第3回は第2回よりも3人増えました。第4回は第3回よりもさらに5人増えています。」
ひかる「第5回はどうだったのですか。」
原さん「第5回は第1回と同じ参加人数で□人でした。この5年間の参加人数の平均は20人です。」

問題1　□にあてはまる数を答えなさい。

ひかるさんは，第6回地域安全学習会の参加を呼びかけるポスターをつくることになり，下書き1と下書き2を見比べながら友達と話をしています。

ひかる「下書き1から下書き2に書き直してみたよ。」

下書き1

第6回地域安全学習会のお知らせ

川の写真やハザードマップを見ながら大雨の時にきけんな場所や、ひなんできる場所をいっしょに確にんしましょう。
大人も子どももどなたでも参加できます。
たくさんの方の参加をお待ちしています。
日時は9月2日（土）の午前9時～正午までです。場所はA町公民館です。参加費はかかりません。8月26日（土）までに申しこんでください。

地域安全学習会
実行委員会

下書き2

第6回地域安全学習会のお知らせ

川の写真やハザードマップを見ながら大雨の時にきけんな場所や、ひなんできる場所をいっしょに確にんしましょう。
大人も子どももどなたでも参加できます。
たくさんの方の参加をお待ちしています。

●日　時：9月2日（土）
　　　　午前9時～正午
●場　所：A町公民館
●参加費：無料
●申しこみ：8月26日（土）まで

地域安全学習会
実行委員会

たつや「下書き2は下書き1より目立つし，情報がわかりやすくなったね。」
ひかる「［　ア　］ことと［　イ　］ことがよかったのかな。」

かれん 「そうだね。書写の時間などで学習したことだね。第６回地域安全学習会には，たくさんの人が参加してくれるといいね。」

問題２ ［ア］，［イ］にはそれぞれどのような言葉が入るでしょうか。**下書き１**と**下書き２**を比べてわかったことについて，あなたの考えを書きなさい。

ひかるさんたちは，第６回地域安全学習会に参加し，川の様子がわかる**写真**や**資料**を見ながら話をしています。

写真

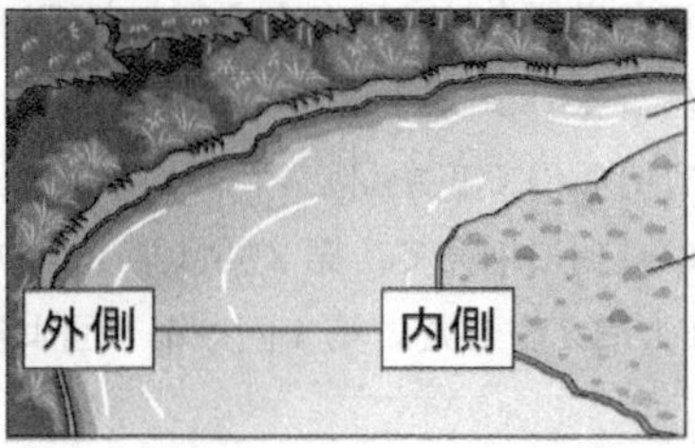

ひかる 「川の**外側**と**内側**では，流れる水の速さがちがうと学んだよね。」
かれん 「そうだね。この川は大きく曲がっているから，水が流れる速さのちがいは大きいと思うよ。」
たつや 「速さのちがいから，見えていない川底の形も予想できるね。川底の形を表した４枚の**資料**を使って考えてみよう。」

資料

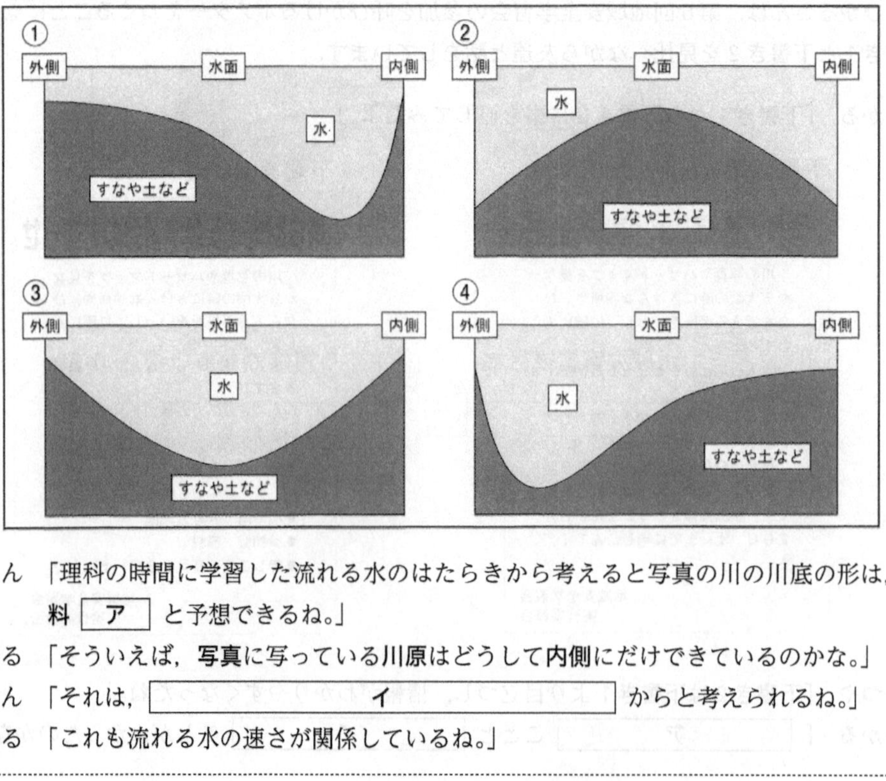

かれん 「理科の時間に学習した流れる水のはたらきから考えると写真の川の川底の形は，**資料**［ア］と予想できるね。」
ひかる 「そういえば，**写真**に写っている**川原**はどうして**内側**にだけできているのかな。」
かれん 「それは，［　　イ　　］からと考えられるね。」
ひかる 「これも流れる水の速さが関係しているね。」

問題３　ア　にあてはまる番号を資料の①～④から**一つ**選んで書きなさい。
問題４　イ　にはどのような言葉が入るでしょうか。あなたの考えを書きなさい。

ひかるさんたちは，次に自分たちの町の**洪水ハザードマップ**を見て話し合っています。

たつや「大雨によって川がはんらんして多くの被害が発生しているとニュースで見たことがあるよ。災害はいつ，わたしたちの身の回りで起きてもおかしくないね。災害から身を守るためには何に注意すればいいのかな。」
かれん「まずは，災害の状きょうに応じてどこに避難するかを日ごろから考えておくことが大切だね。わたしたちの町の**洪水ハザードマップ**で確認してみよう。」

洪水ハザードマップ

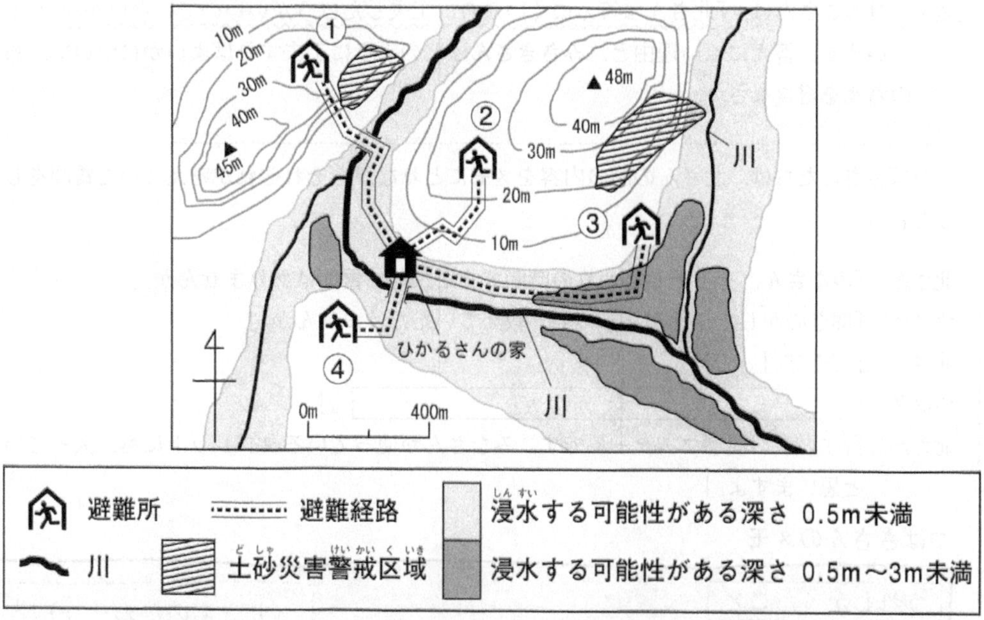

ひかる「**洪水ハザードマップ**から考えると，わたしの家は避難所④が一番近いから，避難が必要な時にはそこに避難したらいいよね。」
かれん「避難所④は［　ア　］から危ないよ。避難所［　イ　］が他の避難所と比べて［　ウ　］から一番安全に避難できると思うよ。」
ひかる「なるほど。避難所までのきょりだけではなく，他のいろいろな情報をよく確認した上で，一番安全な避難経路で行くことができる避難所を考えておくことが大切だね。」

問題５　ア　～　ウ　にはどのような言葉または番号が入るでしょうか。あなたの考えを書きなさい。ただし，　イ　は**洪水ハザードマップ**の①～④から**一つ**選んで書きなさい。また，　ウ　には，**洪水ハザードマップ**からわかることを**二つ**入れて書きなさい。

2　つばささんたちは，総合的な学習の時間に，地域で働く方にインタビューをします。

つばささんたちは，コンピュータ関係の仕事をしている北さんにインタビューする内容を考えています。

つばさ　「どんな質問をしようか。」
みさき　「わたしは，『仕事はどのような感じですか。』と質問しようと思うよ。」
ひろき　「ちょっと待って。それだと北さんは答えにくいから，工夫したほうがいいのではないかな。」
みさき　「そうだね。それでは，『仕事をされてきた中で，一番うれしかったことは何ですか。』という質問ならどうかな。」
つばさ　「いいと思うよ。答えやすくなったね。」

問題 1　ひろきさんは，「北さんは答えにくいから，工夫したほうがいいのではないかな。」と言っています。答えにくい理由と，みさきさんはどのように工夫すればよいかについて，あなたの考えを書きなさい。

つばささんたちは，北さんの話の内容をメモにとりながらそれぞれが考えていた質問をしました。

北さん　「みなさん，そろそろ終わりの時間ですが，他に質問はありませんか。」
つばさ　「聞きのがしたことがあるので，教えていただけませんか。」
北さん　「どうぞ。」
つばさ　「［　　　　　　　　］。」
北さん　「『すいすい漢字マスター』です。みなさんが使っているタブレットにも，入っていると思いますよ。」

つばささんのメモ

うれしかったこと
・自分の仕事がみんなによろんでもらえた
・学習ソフト「＿＿＿＿＿＿」をつくった
　→？（あとできく）

大変なこと
・みんなのいけんをまとめて仕事をすすめる
・つねにあたらしい知しきがひつよう

（北さんのかんそう）
・みんながねっしんに質問してくれた
・仕事をするいぎへのかんしんのたかさにとてもかんしんした

問題 2　［　　］にはどのような言葉が入るでしょうか。**つばささんのメモ**を参考にして，あなたの考えを書きなさい。

問題 3　**つばささんのメモ**にある「いぎへのかんしんのたかさにとてもかんしんした」の部分を，漢字を使って適切に書きなさい。

つばささんたちはインタビューの後，北さんが作ったゲームをそれぞれのタブレットで遊んでみることにしました。

ゲームのスタート画面

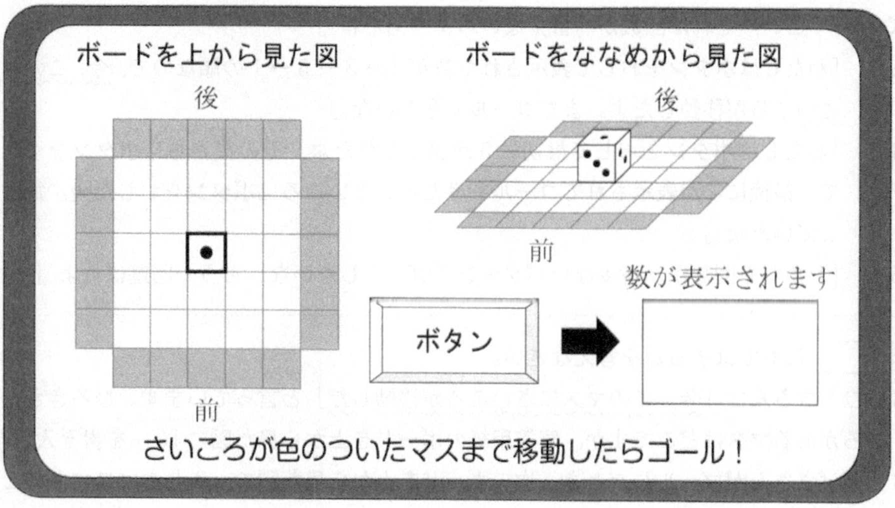

つばさ　「**ゲームのスタート画面**には**ボードを上から見た図**と，**ボードをななめから見た図**があるね。ボードの中心にさいころが置いてあるよ。」

みさき　「**ボタン**をおすと，矢印の先に1から6のうち，いずれかの数が表示されるのだね。どういうゲームなのか，**ルール**を確認してみよう。」

ルール

・さいころの向かい合う面の目の数の和は7とする。

・1マスの大きさはさいころの面と同じ大きさとする。

・**ボタン**をおして表示された数によって，さいころがたおれて移動する。さいころの移動は**【移動のしかた】**のとおりとする。

【移動のしかた】

○表示された数と同じさいころの目が上下の面にあるとき，さいころは移動しない。

○表示された数と同じさいころの目が側面にあるとき，その側面がマスとぴったり重なるようにとなりのマスにたおれて移動する。

つばさ　「わたしの**タブレットの画面**を見て**【移動のしかた】**をいっしょに確認しよう。最初に**ボタン**をおして1が表示されたよ。1の目は上の面なので移動しないね。次に**ボタン**をおすと6が表示されたよ。6の目は下の面なので，このときも移動しないね。」

つばささんのタブレットの画面

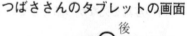

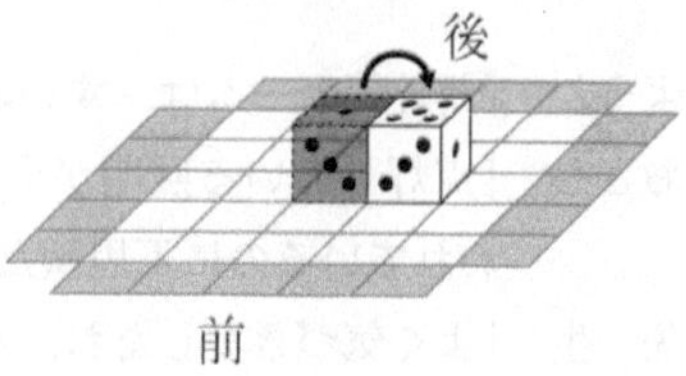

みさき 「次は**ボタン**をおして2が表示されたね。このときは，さいころの2の目の面がとなりのマスにぴったり重なるように移動したね。」
つばさ 「それでは，**ゲームのスタート画面**にもどすね。それぞれでやってみよう。」
みさき 「わたしは**ボタン**をおした回数が □ 回でゴールしたよ。」
つばさ 「すごい，それは回数が一番少ないパターンだね。」
ひろき 「わたしは**ボタン**をおして表示された数が4→3→5→1の順なので，今，このマスにさいころが移動したよ。まだゴールできないな。」
つばさ 「わたしは**ボタン**をおして最初に5が表示されたよ。その後さらに**ボタン**を4回おして，最後に4が表示されてゴールできたよ。さいころは**ボタン**をおした後，毎回移動していたな。」
ひろき 「わたしも回数が一番少ないパターンでゴールしたいな。もう一回遊ぼうよ。」

問題4 □ にあてはまる数を答えなさい。

問題5 ひろきさんは「今，このマスにさいころが移動した」と言っています。ひろきさんのさいころがあるマスはどこですか。**解答用紙のボードを上から見た図**に「○」を書き入れなさい。

問題6 つばささんがゴールしたとき，次の**ボードを上から見た図**の「★」のマスにさいころがありました。つばささんのタブレットの画面にはどのような順で数が表示されたと考えられますか。考えられる順番を，「5→」に続けて**二つ**書きなさい。

ボードを上から見た図

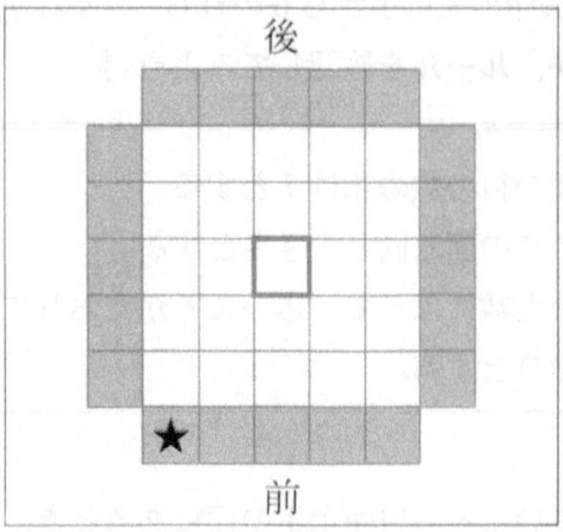

※ □ はスタート地点

3 ようこさんとおさむさんは，科学クラブの活動をしています。

ようこさんたちは晴れた日の昼ごろに，長崎駅の新幹線ホームをさつえいしてきました。その時の**写真**を見ながら話をしています。

写真

ようこ 「新幹線ホームは，ずいぶん明るかったね。」
おさむ 「点灯している照明が少なくて，大きな屋根でおおわれているのに不思議だね。」
先　生 「よく気づきましたね。ホームを明るくするために，屋根にはとてもうすくてじょうぶな白いまくを使っているのですよ。どうしてかわかりますか。」

おさむ「使われているまくは，［　　　］という効果が高いから，晴れた日のホームは明るいのだと思います。」

先　生「そのとおりです。このような屋根がいろいろな所で活用されています。」

問題１　［　］にはどのような言葉が入るでしょうか。あなたの考えを書きなさい。

次に，長崎県を走行している新幹線の車両について話をしています。

おさむ「新幹線の車両は，電気のはたらきで動いているのだよね。」

ようこ「電気はどのように流れているのかな。」

先　生「**新幹線の電気の通り道**を簡単（かんたん）な図にしました。**変電所**から送られた電気は，**電線**や**モーター**，**レール**などを通っています。そして電気のはたらきで**モーター**を回して走行しているのです。」

図　新幹線の電気の通り道

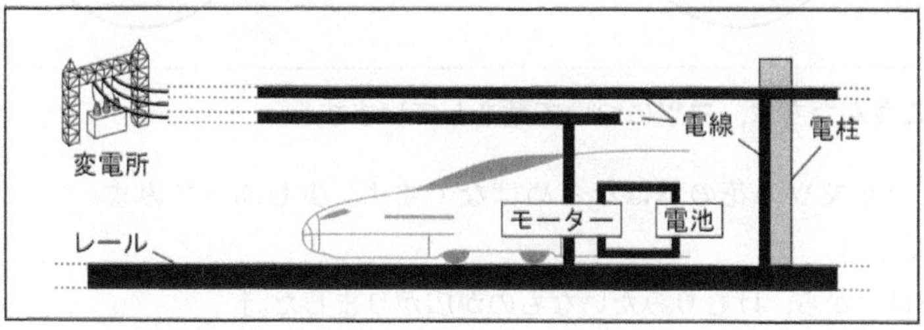

おさむ「車両の外から電気が流れてくることを初めて知りました。」

ようこ「これだと車両にのせてある**電池**は必要ないと思います。」

先　生「そうですね。通常，**電池**ははたらいていません。なぜ車両に**電池**がのせられていると思いますか。」

おさむ「**図**をもとに考えると，［　　　］ためでしょうか。」

先　生「よくわかりましたね。これは世界でも最先端（さいせんたん）の試みなのです。」

問題２　［　］にはどのような言葉が入るでしょうか。あなたの考えを書きなさい。

別の日にようこさんたちは，学校で育てている植物について話をしています。

ようこ「畑にカボチャの黄色い花がさいているね。」

おさむ「カボチャの花には，おばなとめばながあって，おばなの花粉がめばなのめしべの先につくと実ができるよ。」

ようこ「先生，カボチャの花粉は，どのような形をしているのか調べてみたいです。」

けんび鏡

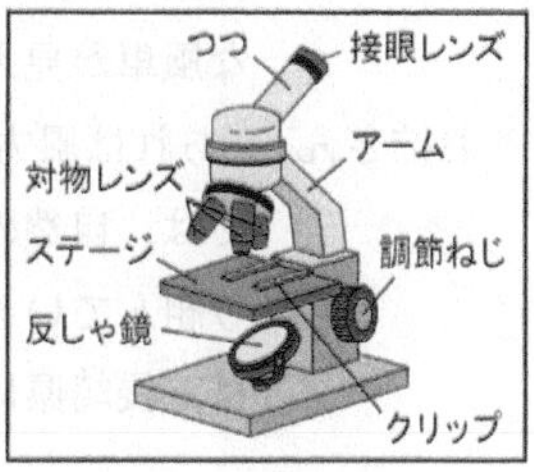

先　生「それでは，けんび鏡で観察してみましょう。」
おさむ「あれ。操作(そうさ)をまちがえたかな。暗いし，花粉が小さくてよく見えないな。」
ようこ「わたしの観察した花粉を見て。明るくて表面の様子もくわしく見えるよ。」
おさむ「ようこさんのようにするには，［　ア　］ことと［　イ　］ことが必要なのかな。」
ようこ「そうね。さらに調節ねじを回して，はっきり見えたところで止めるといいよ。」

問題3　下の図1と図2は，おさむさんとようこさんが観察した様子です。図1，図2をもとに，明るくて表面の様子もくわしく見えるように，［ア］と［イ］に入る適切なけんび鏡の操作方法について，けんび鏡の各部分の名前をそれぞれ一つずつ使って書きなさい。

図1　おさむさんが観察した様子

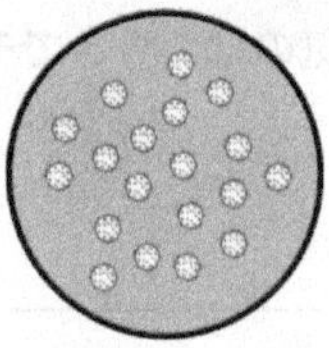

図2　ようこさんが観察した様子

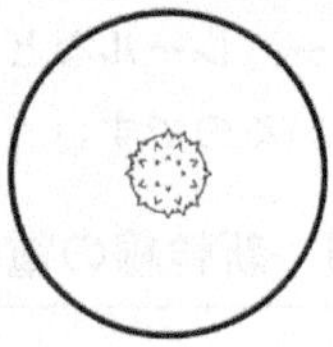

次にようこさんたちは，マツについて話をしています。

マツ

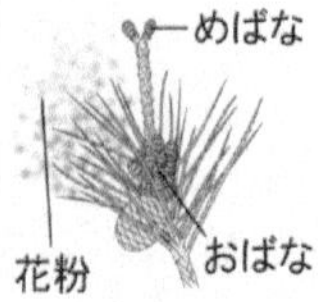

先　生「これがマツの花のおばなとめばなですよ。少しふってみましょう。」
ようこ「おばなから，けむりみたいなものが広がりました。」
先　生「このけむりみたいなものは，マツの花粉ですよ。」
ようこ「カボチャのおばなをふってもマツのように花粉は出ませんでした。」
先　生「マツもおばなの花粉がめばなに受粉しますが，どうしてこのようなちがいがあると思いますか。」
おさむ「マツは，花粉が［　　　　］ことで受粉するからだと思います。」
先　生「そうですね。それぞれの受粉の方法から考えることができましたね。」

問題4　［　］にはどのような言葉が入るでしょうか。あなたの考えを書きなさい。

4　なおこさんとお姉さんは，長崎県外から遊びに来ている親せきのあやこさんと出かけています。

なおこ「今日は風が気持ちいいね。」
あやこ「さわやかな天気だね。向こうに大きな風車が見えるよ。」
お姉さん「あれは風力発電の風車だよ。長崎県では，自然の力を利用した発電にも取り組んでいるよ。このような発電方法は，長崎県に限らず日本各地にあるみ

たいだね。」

なおこ「自然の力を利用する発電方法に取り組む理由は，持続可能な社会づくりのためだと学習したよ。」

あやこ「他にも何か理由があるのかな。」

なおこ「日本には，天然ガスや石油などの □ からだと思うよ。」

問題１ □ にはどのような言葉が入るでしょうか。あなたの考えを書きなさい。

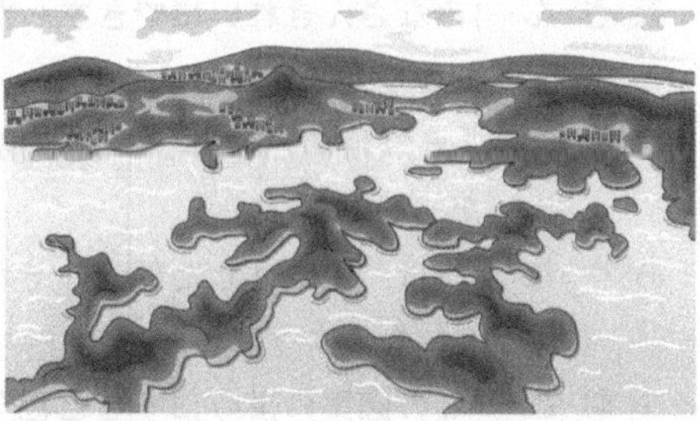

あやこ「長崎県は海がきれいだね。向こうに見える島の海岸はとても入り組んでいるね。」

なおこ「そうだね。長崎にはたくさんの島があって，島の形もさまざまだよ。」

お姉さん「わたしが長崎県のホームページで調べたら，長崎県の海岸線の長さは島もふくめて約4166kmあって，全国の海岸線の長さの約12％にあたるそうよ。」

あやこ「そうすると，日本全国の海岸線の長さは，約 □ kmになるね。」

問題２ □ にあてはまる数を，**小数第１位を四捨五入して整数**で答えなさい。

なおこさんたちは，伝統的なハタと呼ばれる凧を作っている森さんを訪問して，色つけ体験をすることにしました。

森さん「今日は二つのハタに色つけ体験をしてもらいます。では，今配った**一つ目のハタ**に，筆と絵の具で色をつけていきましょう。下地の白い紙に赤と青を色つけして，３色の縞模様に仕上げましょう。」

なおこ「どこにどの色をつければいいですか。」

森さん「初めて体験する人には，真ん中には色をつけずに白のままにすることをおすすめしています。」

あやこ「それはなぜですか。」

森さん「真ん中を白のままにすると，真ん中以外の色つけがしやすくなり，きれいに仕上がる人が多いからですよ。」

なおこ「わたしは真ん中を白のままにして作ってみよう。」

あやこ「三人とも真ん中を白にすると，必ず同じ縞模様ができてしまうよね。」

お姉さん「それでは，二人は真ん中を白にして，わたしは左上を白にして作ってみましょうか。」

一つ目のハタ

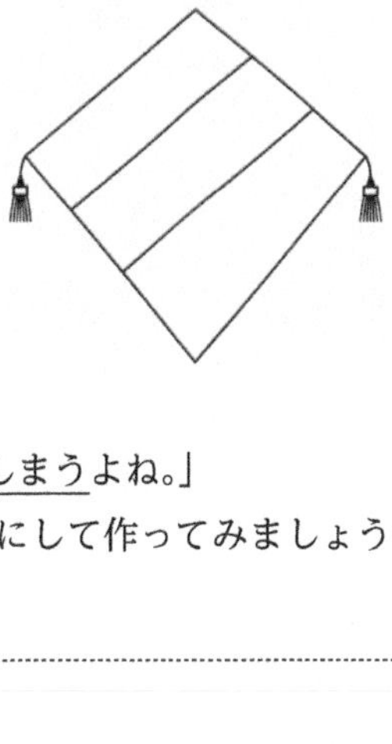

問題3　森さんは「真ん中を白のままにすると，真ん中以外の色つけがしやすくなり，きれいに仕上がる」と言っています。なぜ真ん中を白のままにすると，真ん中以外の色つけがしやすくなり，きれいに仕上がるのでしょうか。その理由について，あなたの考えを書きなさい。

問題4　あやこさんは「三人とも真ん中を白にすると，必ず同じ縞模様ができてしまう」と言っています。なぜ三人とも真ん中を白にすると，必ず同じ縞模様ができてしまうのでしょうか。その理由について，あなたの考えを書きなさい。

なおこ　「**一つ目のハタ**は上手にできて楽しかったな。」
森さん　「みなさんきれいにできましたね。二つ目のハタは，みなさんで模様を考えて3色でぬり分けてみませんか。」
お姉さん　「**一つ目のハタ**は，3色の縞模様の広さがちがっていたね。」
あやこ　「次は，色分けした部分のそれぞれの面積が同じになるようにしたいな。」
なおこ　「この**図案**のようにすると色分けした部分が同じ面積になるよね。」
あやこ　「どうしてそうなるのかな。」
なおこ　「□」
あやこ　「なるほど。その模様でぬり分けてみるね。」

図案

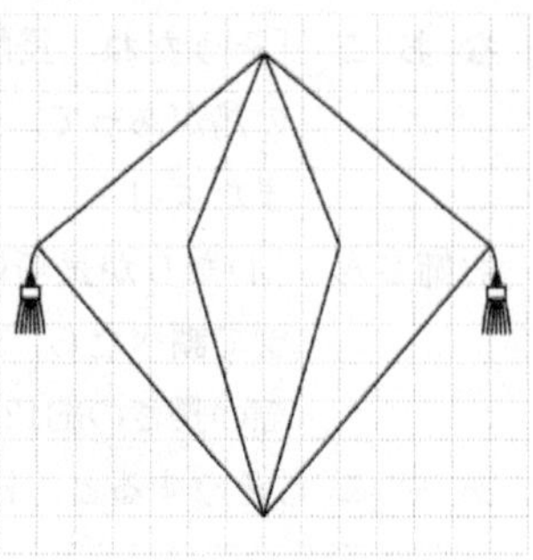

問題5　□にはどのような説明が入るでしょうか。**解答用紙の図案**に説明に必要な直線をひき，あなたの考えを書きなさい。**解答用紙の図案**に説明のための文字や数字を書き入れてもかまいません。ただし，**図案の点線**（………）は，ハタの模様の大きさをわかりやすくするために，等しい間かくでひいたものであり，模様ではありません。

【作　文】（四五分）〈満点：七〇点〉

問題

「だれもが笑顔で過ごせる学級や学校」にするために、友人や先生などと協力してできる（ひとりではできない）ことを提案しなさい。

ただし、次の**【条件】**にしたがって、**五百字以上六百字以内**で解答用紙に書きなさい。

【条件】

一、協力してできる（ひとりではできない）提案であること。

二、次の**三つ**の内容について説明すること。

　・提案する理由　・提案の長所　・提案の困難な点

【注意】

一、題名や名前は書かないこと。

二、原こう用紙の一行目から書き始めること。

三、必要に応じて、段落に分けて書くこと。

MEMO

大切なことはメモしておこうネ！

2024 年 度

解 答 と 解 説

《配点は解答欄に掲載してあります。》

＜総合問題解答例＞

1 問題1 16(人)

問題2 ア 題字を大きくした

イ 日時などの情報をかじょう書きにした

問題3 ア ④

問題4 イ 内側は流れがゆるやかで，運ぱんされてきたすなや土などがたい積する

問題5 ア 川をわたることになる

イ ②

ウ 土砂災害警戒区域の近くや浸水する可能性がある避難経路を通らない

2 問題1 あいまいな質問は答えにくいので，具体的に答えられる質問にする

問題2 北さんが作られた学習ソフトの名前を，もう一度教えてください

問題3 意義への関心の高さにとても感心した

問題4 3(回)

問題5 **ボードを上から見た図**

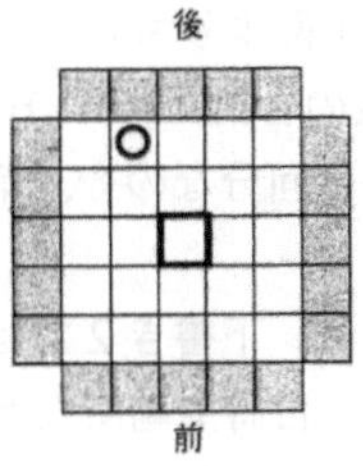

※□ はスタート地点

問題6 (5→)1(→)3(→)6(→4)

(5→)3(→)2(→)1(→4)

3 問題1 太陽の光を取りこむ

問題2 停電しても走行できるようにする

問題3 ア 反しゃ鏡の向きを変える

イ 対物レンズを高い倍率のものにかえる

問題4 風によって運ばれる

4 問題1 資げんが少ない

問題2 34717(km)

問題3 赤と青がとなり合わないようにすることで，となりの色どうしが混ざらず色つけできるから。

問題4 真ん中を白にすると，左上から順に赤，白，青か，青，白，赤の2種類の縞模様

しかできないので，三人のうち二人は必ず同じ縞模様になってしまうから。

問題５　三角形は，底辺の長さと高さが等しければ，面積も等しくなる。図のように直線をひくと，底辺の長さと高さの等しい三角形①，②，③の面積は等しくなる。同じように，三角形④，⑤，⑥の面積も等しくなるので，三角形①と④，②と⑤，③と⑥を合わせた面積は等しくなる。だから，色分けした部分のそれぞれの面積が同じになる。

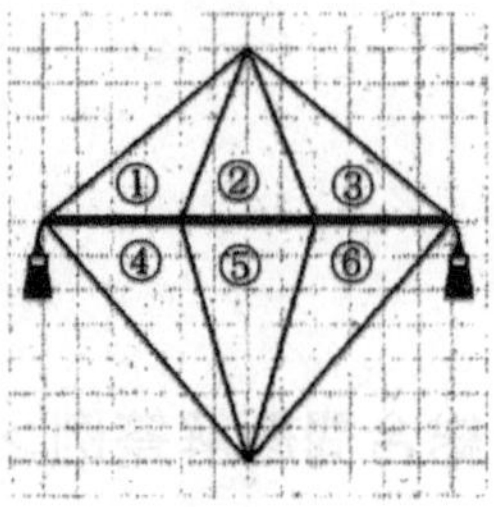

○配点○

1　**問題１・問題４・問題５ウ**　各6点×3　**問題２**　各4点×2　**問題３・問題５イ**　各3点×2　**問題５ア**　5点

2　**問題１・問題２**　各5点×2　**問題３**　6点　**問題４**　4点　**問題５**　7点　**問題６**　10点

3　**問題１**　5点　**問題２・問題４**　各6点×2　**問題３**　各4点×2

4　**問題１・問題３**　各4点×2　**問題２**　7点　**問題４**　6点　**問題５**　10点　　計130点

＜総合問題解説＞

1　**（算数・国語・理科：平均，ポスター作成，川のはたらき，ハザードマップ）**

問題１　原さんの発言から，この５年間の参加人数の平均は20人だとわかるので，この５年間の参加人数の合計は，20×5＝100(人)である。第２回は第１回の参加人数より３人増え，第３回は第２回よりも３人増えたので，第３回は第１回よりも６人増えている。第４回は第３回よりも５人増えたので，第１回よりも11人増えている。よって，第２回から第４回までで，第１回よりも増えた人数の合計は，3＋6＋11＝20(人)である。100－20＝80(人)より，この人数が第１回の人数５回分なので，第５回の参加人数は，80÷5＝16(人)である。

問題２　**下書き１**と**下書き２**を比べると，**下書き２**では「第６回地域安全学習会のお知らせ」が大きく，太字になっていること，日時や場所などの情報がかじょう書きで書かれていること，といったちがいがある。これらが情報をわかりやすくしていると考えられる。

問題３　川の外側と内側では，外側のほうが流れる水の速さが速く，内側のほうがおそい。そのため，外側のほうの川底は速い流れによってけずられて底が深くなり，内側のほうの川底ではゆるやかな流れによって，すなや土がたい積する。よって，**資料④**が答えである。

問題４　川の内側では流れる水の速さがおそくゆるやかなため，すなや土などがたい積する。川原は，そうしてたい積したすなや土などが集まってできた地形である。

問題５　**ア**　ひかるさんの家から**避難所**④までの避難経路を見ると，川をわたっていることがわかる。川がはんらんする可能性がある場合，避難するときにはさけるほうがよい。

イ・ウ　ひかるさんの家から**避難所**①までの避難経路を見ると，川をわたっている上，**土砂災害警戒区域**のすぐ近くを通っており，危険であることがわかる。また，ひかるさんの家から**避難所**③までの避難経路を見ると，浸水する可能性がある場所を通っており，危険であることがわかる。ひかるさんの家から**避難所**②までの避難経路を見ると，そうした危険性のある場所を通っていないことがわかる。よって，ひかるさんが一番安全に避難できるのは**避難所**②であり，その理由は，他の避難所への避難経路で通る危険な場所を通らずに避難できるからである。**ウ**では，**洪水ハザードマップ**からわかることを二つ入れるように指示されているので，このことを具体的に書く。

2　**（国語・算数：インタビュー，漢字，さいころ）**

問題１　みさきさんの，『仕事はどのような感じですか。』という質問では，相手に自分が何を知りたいと思っているかを伝えることができていないため，相手も何を答えるべきかわからずに困ってしまう。そのようなあいまいな質問をするのではなく，具体的な質問をすれば，相手も答えるべきことがわかりやすく，答えやすくなる。

問題２　**つばささんのメモ**をみると，学習ソフトの名前を「あとできく」とメモしていることがわかる。よって，この学習ソフトの名前を聞くことができればよい。□の次の行の北さんの答えも見ると，どう質問するかを考えやすい。また，その時，**つばささんのメモ**に書かれていないことや，関係のないことについて書かないようにする。

問題３　「かんしん」が２回出てくるが，最初の「かんしん」は興味をもつこと，注意をすることという意味で,「関心」と書き，２回目の「かんしん」は心を動かされることという意味で,「感心」と書く。

問題４　ボタンをおした回数が一番少ないパターンは，ボタンをおしたときに必ず同じ方向に移動し続ける場合である。スタート時にさいころが置いてある中央のマスから，どの方向でも３マス進むと色のついたマスに移動できる。よって，答えは３回である。

問題５　ひろきさんがボタンをおして表示された数は「4→3→5→1」の順である。まず，最初の状態から４が表示されると，①のように移動する。このとき，３はさいころの上の目に出ているので，３が表示されたときは移動しない。次に，５が表示されると，さいころは②のように移動する。最後に，１が表示されると，さいころは③のように移動する。

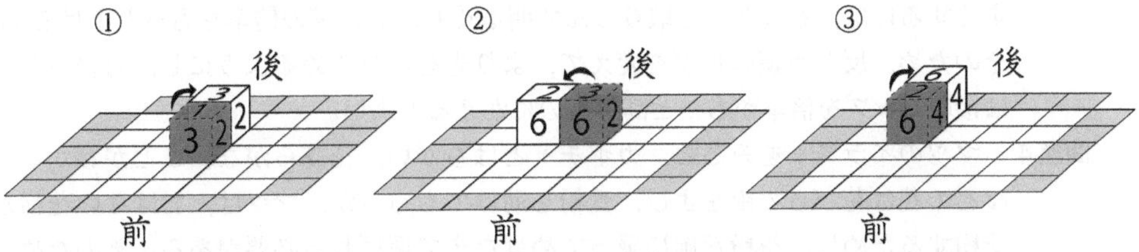

やや難

問題６　つばささんの発言から，つばささんは最初に５が表示されたこと，４回移動しつづけたこと，最後に4が表示されたことがわかっている。このことと，つばささんがゴールした★の位置をふまえると，つばささんのさいころが移動した順番は，右の図の２通りが考えられる。はじめに２回左に移動するルートをA，はじめに１回左に移動したあと，前に移動するルートをBとする。

各ルートで，表示される数と移動する方向，そのときのさいころの面をまとめると，以下のようになる。

ボードを上から見た図

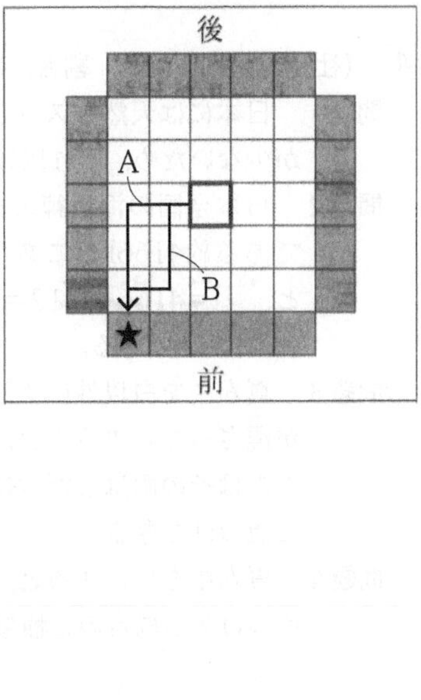

A

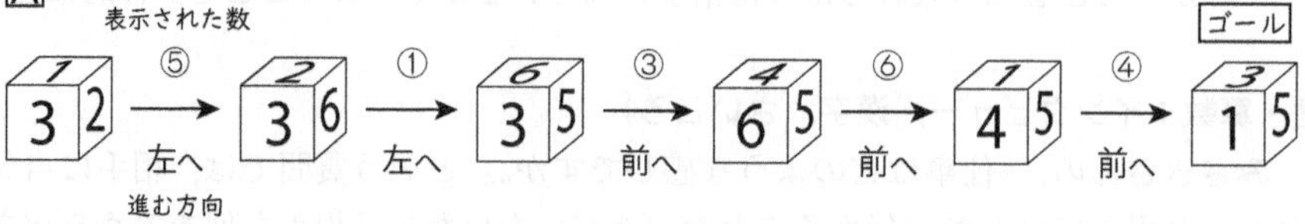

B

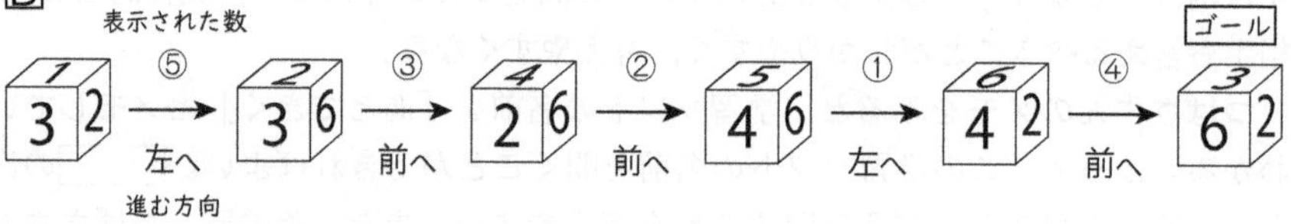

よって，Aのルートのときに表示された数は，5→1→3→6→4，Bのルートのときに表示された数は，5→3→2→1→4である。

3 **（理科：太陽光，電池，けんび鏡の操作，受粉）**

問題1　長崎駅の屋根に使われている白いまくは，太陽の光を取りこめるようになっているため，日中はとても明るく感じられる。

問題2　図をみると，**変電所**から送られてくる電気がもし止まったら，**電線**や**レール**に電気が流れなくなってしまうことがわかる。そのとき，**電池**がなければ，**モーター**にも電気が流れず，新幹線が動かなくなってしまうが，**電池**があれば，停電しても新幹線を動かすことができると考えられる。

問題3　図1は図2よりも暗く，一つ一つの花粉が小さくなっている。図1を図2のように見やすくするには，もっと光を取りこんで明るくし，レンズの倍率をもっと上げる必要がある。そのため，反しゃ鏡の角度を変えて，より光を取りこめるようにし，対物レンズ，もしくは接眼レンズを倍率がもっと高いものにかえるとよい。

問題4　マツのイラストをみると，カボチャとはちがい，花びらがないことがわかる。カボチャなどの花は花びらで虫をよび，受粉を助けてもらうが，マツは，おばなの花粉がめばなに受粉するために，花粉が風に乗ってめばなまで運ばれる必要がある。そのため，マツの花粉は風に飛ばされやすい形状をしていると考えられる。

4 **（社会・算数：資源，割合，組み合わせ，面積）**

問題1　日本には天然ガスや石油などがとれるところはほとんどなく，そうしたエネルギー資源が少ないため，それ以外の方法でエネルギーを得る取り組みをしている。

問題2　日本全国の海岸線の長さを□とすると，この長さの約12%が，長崎県の海岸線の長さである約4166kmにあたるので，□×0.12＝4166が成り立つ。この式から，□を求めると，□＝4166÷0.12＝34716.66…となる。小数第一位を四捨五入するので，答えは約34717kmである。

問題3　真ん中を白以外にすると，赤と青をとなり合わせて色つけする必要があり，絵の具の色が混ざってしまうことが考えられる。真ん中を白にすると，絵の具で色をつける必要があるのはその両はしだけになり，となり合わせてちがう色をつける必要がないので，きれいに色つけできる。

問題4　真ん中を白にすると，左上から赤，白，青と色つけする場合か，左上から青，白，赤と色つけする場合の二種類の縞模様しか作れない。そのため，三人とも真ん中を白にすると，必ず三人のうち二人は同じ縞模様になってしまう。

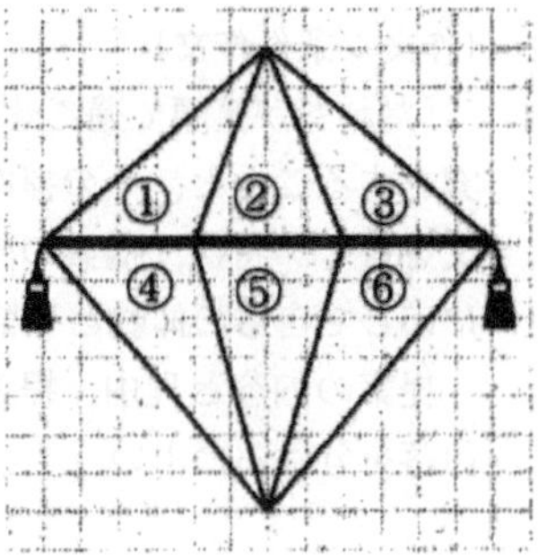

問題5　図案に，右の図のように直線を引くと，６つの三角形に分けることができる。三角形の面積は「底辺×高さ÷2」で求められるので，底辺の長さと高さがそれぞれ同じ三角形は，面積が同じになる。図の三角形①，②，③はそれぞれ底辺の長さと高さが同じなので，面積がそれぞれ同じになり，同じように図の三角形④，⑤，⑥もそれぞれ面積が同じである。したがって，三角形①と④の面積の合計，三角形②と⑤の面積の合計，三角形③と⑥の面積の合計はそれぞれ面積が等しくなるため，色分けした部分の面積は同じだといえる。

★ワンポイントアドバイス★

さまざまな分野から出題されており，生活にかかわる問題も多く見られる。また，算数の問題では，計算する問題よりも考えの道筋を説明する問題が多く出題されている。日ごろから，想像力や思考力を身につけられるよう練習しておこう。

＜作文問題解答例＞《学校からの解答例の発表はありません。》

私は，「だれもが笑顔で過ごせる学級や学校」にするために，学校全体で，学年や学級をこえて交流できる機会を作ることを提案します。提案する理由は，学年や学級をこえた交流をすることで，新しい友達や知り合いを作ることができたり，相手を尊重することができたりすると思ったからです。

この提案の長所は，学級をこえた新しい人間関係を作れることと，コミュニケーションの仕方を学べることです。ずっと同じ学級にいると，その学級が楽しいと思える人もいれば，そう思えない人もいると思います。そういう人たちも，新しい友達や人間関係を作ることで，学校で楽しく過ごせるようになると思います。また，学年のちがう人と交流するときは，同じ学年の人とコミュニケーションをとるときとはちがい，きっといつもより少していねいになって，より相手を尊重することができるようになると思います。

この提案の困難な点は，この交流を大変だと思う人がいることや，交流がうまくいかない可能性があることです。これは，交流の形を工夫し，話すだけではなくゲームで遊ぶなどの計画を立てることで，交流自体をみんなが楽しめるものにすれば解決できると思います。

以上のことから，私は学年や学級をこえて交流できる機会を作れば，「だれもが笑顔で過ごせる学級や学校」にすることができると考えます。

○配点○
70点

＜作文問題解説＞

（作文：条件作文）

「だれもが笑顔で過ごせる学級や学校」にするために，協力してできる(ひとりではできない)提案をすることと，その提案の理由・提案の長所・提案の困難な点を説明することに注意して，作文を書く。特に，提案の内容が本当にひとりではできないことかどうかに注意する。また，必要に応じて自らの体験とも結びつけて書くことができればなおよい。

提案の内容と理由，提案の長所，提案の困難な点，まとめ，といったように，内容に合わせて段落を分けるとよい。

★ワンポイントアドバイス★

字数が多いので，制限時間内に長い文章を順序だてて書く練習をしておこう。長い文章は，内容ごとに段落を分けながら書けるとよい。

2023年度

★★★★★★★★★★★★★★★★★★★★★★★

入　試　問　題

2023年度

長崎県立中学校入試問題

【適性検査】（60分）　＜満点：130点＞

1　あきらさんたちは，雨の日に学校で話をしています。

登校後の教室で，あきらさんたちは，外を見ながら話をしています。

あきら「雨がザーザー降っているね。ぬれたろう下はつるつるして危なかったな。」
つとむ「そうだね。風で窓がカタカタ鳴っていて，すきま風でカーテンがゆらゆらゆれているよ。」
さつき「二人とも，同じひびきがくり返される言葉を使っているね。」
つとむ「これらの言葉は，この**表**のように大きく二つに分けられると学習したよ。」
さつき「**表**のAの言葉には，□という特ちょうがあって，片仮名で書くことが多いね。」
あきら「それなら，『手をパチパチたたく。』の『パチパチ』は，**表**のAに入るね。」

表

A	ザーザー カタカタ
B	つるつる ゆらゆら

問題１　□にはどのような言葉が入るでしょうか。あなたの考えを書きなさい。

１時間目の休み時間，あきらさんたちは，児童げん関やろう下の様子について話をしています。

あきら「今日の児童げん関やろう下はぬれていて，とてもよごれていたね。」
つとむ「雨のせいだね。そういえば，先生から今日のお昼の放送で連らくする内容の**メモ**をもらったよ。」

メモ

・午後から、日ごろお世話になっている地域の人たちが来る。
・しっかりとそうじをすること。
・きれいな学校にしてむかえること。

つとむ「この**メモ**の内容を，放送原こうにしてみよう。」
さつき「そうだね。放送原こうは『今日は午後から，日ごろお世話になっている地域の方々が来られます。しっかりとそうじをして，きれいな学校にしておむかえしましょう。』でどうかな。」
あきら「いいね。ちなみに『**来られる**』以外にも『来る』の尊敬語には『□』という言い方があるね。」
つとむ「どちらの言い方でもしっかり伝わりそうだね。」

問題２ □ にはどのような言葉が入るでしょうか。あなたの考えを**一つ**書きなさい。

あきらさんたちは，雨の量について調べ学習をしています。

さつき「気象庁のホームページで調べると，雨の量は，降った雨がどこにも流れ去らずに，そのままたまった場合の水の深さで表し，単位は㎜（ミリメートル）を使うそうだよ。」

あきら「確かに，天気予報で『１時間に何ミリの雨が……』って聞いたことがあるね。どうやって測るのだろう。」

つとむ「雨の量は，**転倒ます型雨量計**という機器で測っているそうだよ。雨水が片方のますにたまると，シーソーのようにますがかたむいてたおれ，すぐにもう片方のますに入れかわって0.5㎜ずつ測っていくらしいよ。」

転倒ます型雨量計

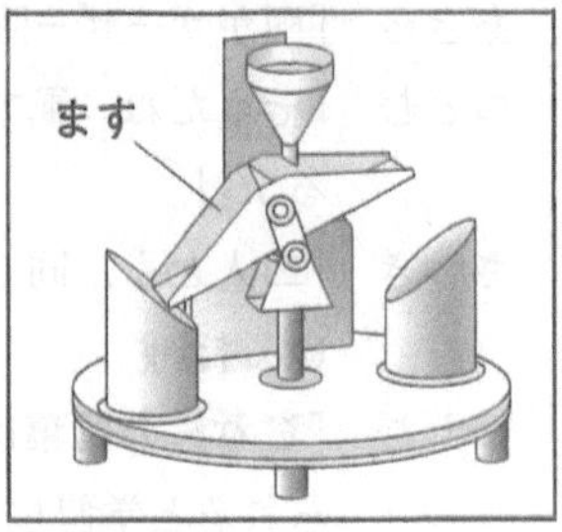

さつき「その，かたむいてたおれた回数で雨の量を測るのだね。１時間に10回かたむいてたおれたとしたら，１時間に降った雨の量は0.5×10＝５で５㎜となるね。」

先　生「長崎県では，1982年に長浦岳で１時間に153㎜の雨の量が記録されたのですよ。」

あきら「そんなに降ったのですか。」

さつき「その場合，ますは約 □ 秒に１回のペースでかたむいてたおれたことになりますね。」

問題３ □ にあてはまる数を，**四捨五入して上から２けたのがい数**にして答えなさい。

雨は昼過ぎにやみました。夕方には雲は消えて，夕焼け空が広がっています。

あきら「すっかり晴れたね。秋の空ってきれいだね。」

さつき「見て，もうすぐ太陽がしずみそうだよ。雲一つないきれいな夕焼けだね。」

つとむ「そうだね。夕焼けが見えるということは，明日の天気はたぶん晴れだね。」

あきら「どうして夕焼けが見えると明日は晴れだと思うの。」

さつき「**日本付近の天気の変化**からわかるのではないかな。」

つとむ「そうだよ。□ から，明日は晴れだと思うのだよ。」

問題４ □ には，どのような言葉が入るでしょうか。**日本付近の天気の変化**にふれながら，あなたの考えを書きなさい。

2 さとしさんとしずかさんは資源を大切にすることについて話をしています。

さとしさんたちは，教室で**ポスター**を見ながら話をしています。

さとし「ふだんの生活の中で，資源を大切にする工夫はたくさんあるよね。わたしもポスターを作って，みんなによびかけたいな。」

しずか「わたしも作りたい。この**ポスター**には資源を大切にして環境を守るための具体的な行動のよびかけと，その行動がどのようにリデュースにつながるかが書かれているよね。この**ポスター**を参考にして作るといいね。」

さとし「わたしたちはリデュース以外で作ってみよう。」

しずか「わたしは**リユースをよびかけるポスターの下書き**を作ってみたよ。」

さとし「わたしは**リサイクルをよびかけるポスターの下書き**を作ってみたよ。」

ポスター

資源を大切にして
環境を守ろう

☆具体的な行動

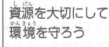

給食は食べる前に量を調節しましょう

↓

★そうすることで

食べ残しの量を減らすことができます

これをリデュースといいます

リユースをよびかけるポスターの下書き

資源を大切にして
環境を守ろう

☆具体的な行動

サイズが小さくなった服は必要としている人にゆずりましょう

↓

★そうすることで

その服を捨てることなく、長く使う（着る）ことができます

これをリユースといいます

リサイクルをよびかけるポスターの下書き

資源を大切にして
環境を守ろう

☆具体的な行動

ア

↓

★そうすることで

イ

これをリサイクルといいます

しずか「では，ポスターを完成させてみんなによびかけよう。」

問題１ ア，イ にはそれぞれどのような言葉が入るでしょうか。あなたの考えを書きなさい。ただし，ア は，リサイクルにつながる具体的な行動のよびかけを書き，イ は，ア の行動がどのようにリサイクルにつながるかを書きなさい。

さとしさんたちは，通学路にあるリサイクル工場で使われている電磁石（でんじしゃく）に興味をもち，先生と実験をすることにしました。

さとし 「工場では，クレーンの先の磁石に多くの鉄が引きつけられていたよ。」

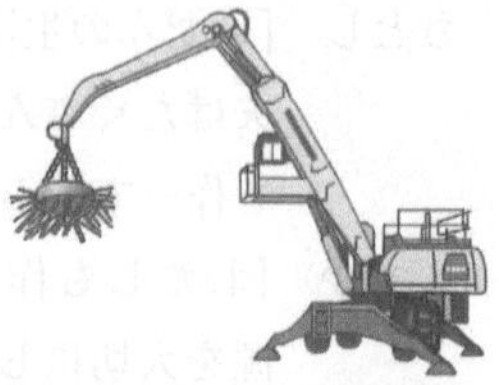

しずか 「使われている磁石は，電磁石だね。」
先　生 「電磁石の実験をしてみますか。」
さとし 「してみたいです。」
先　生 「ここに実験器具のセットを用意しました。**一人分のセット**には，**100回まきの電磁石が１個，200回まきの電磁石が１個，かん電池が２個**入っています。まず，100回まきの電磁石と２個のかん電池を使うという条件で，回路を作ってみましょう。作ることができたら，クリップを用意しているので，その電磁石がクリップをいくつくらい引きつけることができるか実験をしてみましょう。それぞれ自分の考えでやってみてください。」

さとし 「すごい。電磁石にクリップが引きつけられているよ。」
しずか 「わたしの電磁石にもクリップがついたよ。」
さとし 「電流の大きさが変われば，電磁石の強さが変わるのかな。」
しずか 「その考えを確かめるためには，条件を変えて，［ウ］回まきの電磁石と［エ］個のかん電池を使って実験をしないといけないね。」
さとし 「その条件で２回目の実験をやってみよう。」

先　生 「２回目の実験の結果は，１回目と比べるとどうでしたか。」
さとし 「引きつけられたクリップの数が変わりました。」
しずか 「わたしの方はクリップの数が変わりませんでした。どうしてわたしとさとしさんの結果にちがいが出たのかな。」
さとし 「わたしとしずかさんとでは，１回目の実験の方法がちがっていたのではないかな。しずかさんは，［　　　　オ　　　　］から，クリップの数が変わらなかったのだと思うよ。」
しずか 「なるほど。方法を変えて１回目の実験をやり直してみるね。」

しずか 「やってみたら，さとしさんと同じようにクリップの数が変わったよ。」
先　生 「実験の方法を見直すことは大切ですね。」

※**100回まきの電磁石**とは，100回まきコイルに鉄しんを入れたものです。

問題２　［ウ］，［エ］にそれぞれあてはまる数を答えなさい。
問題３　［オ］にはどのような言葉が入るでしょうか。あなたの考えを書きなさい。

3 きよみさんたちは，ゆうりさんの家で夏休みの予定について話をしています。

ゆうりさんは，夏休みに北海道のおじいさんの家に行く予定です。おじいさんから送られてきた２枚(まい)の地図をもとにして，Ａ駅からおじいさんの家までの道のりを計算することにしました。

ゆうり「どの道を通っていけばよいか，道順をおじいさんが点線（⋯▶）で示してくれているよ。」
きよみ「地図１と地図２を使ってＡ駅からおじいさんの家までの道のりを調べてみよう。」
ゆうり「地図１上の点線の長さは，5.8㎝だよ。」
とうや「地図２には，市役所からおじいさんの家までの道がくわしくのっているよ。地図２上の点線の長さは，16.5㎝だよ。」
ゆうり「ということは，Ａ駅からおじいさんの家までの道のりを計算すると，［　　］㎞だね。」

地図１　Ａ駅から市役所までの道順

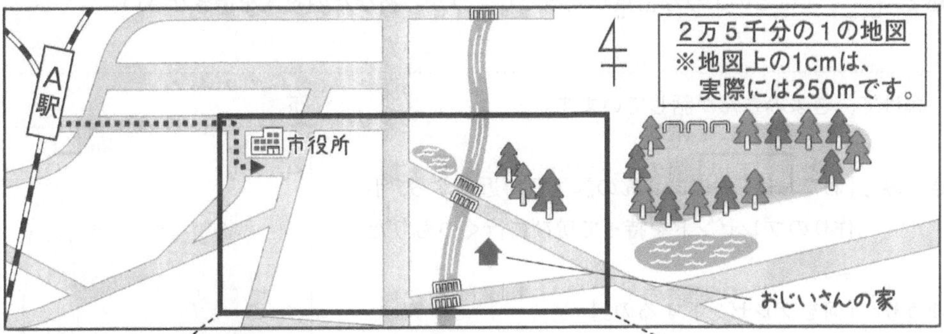

地図２　市役所からおじいさんの家までの道順

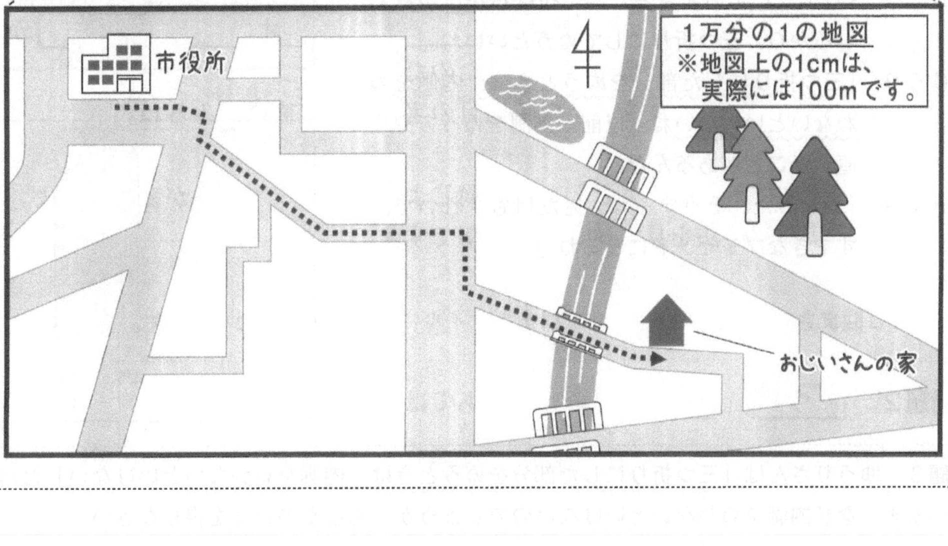

問題1 ［　　］にあてはまる数を答えなさい。

とうやさんは，ゆうりさんの部屋にかざってある，おじいさんの家の前でとった写真を見ています。

とうや「おじいさんの家のげん関は，外側にもう一つのドアがあって，二重になっているよ。どうして，このようなつくりなのかな。」

ゆうり「おじいさんが住む北海道では，**ドアが二重のげん関**をよく見かけるよ。げん関のドアが二重になっているのは，［　　　　　　］ためだよ。」

とうや「なるほど。地域の特ちょうによって，家のつくりにも工夫があるね。」

ドアが二重のげん関

問題2 ［　　］にはどのような言葉が入るでしょうか。あなたの考えを書きなさい。

続けて，きよみさんが話しています。

きよみ「わたしは，おばあさんの誕生日が近いから，手作りのプレゼントを持って遊びに行くつもりだよ。」

ゆうり「何をプレゼントするの。」

きよみ「ランチョンマットとかべかざりだよ。ランチョンマットは家にあった**布**で，ミシンを使って作るよ。」

とうや「ちょうどよい大きさだね。**布はし**がほつれているから，**三つ折り**にしてぬうといいね。」

ゆうり「**三つ折り**にした部分をぬうときは，**内側**をぬわないといけないね。以前，**外側**をぬってやり直したことがあるんだ。」

きよみ「わかった。そうするね。見た目もきれいで，すてきなプレゼントになるね。」

布

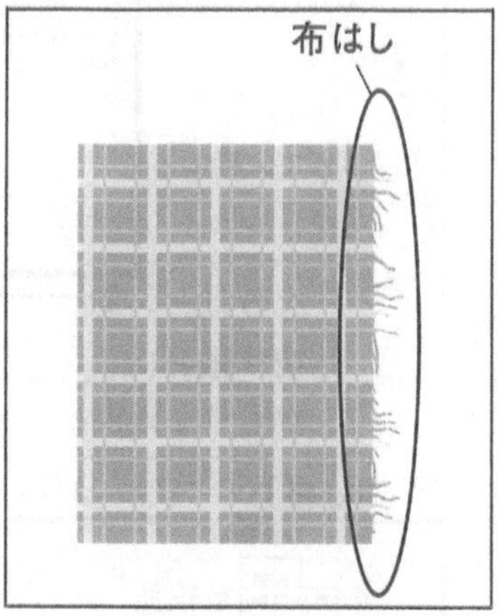

三つ折り

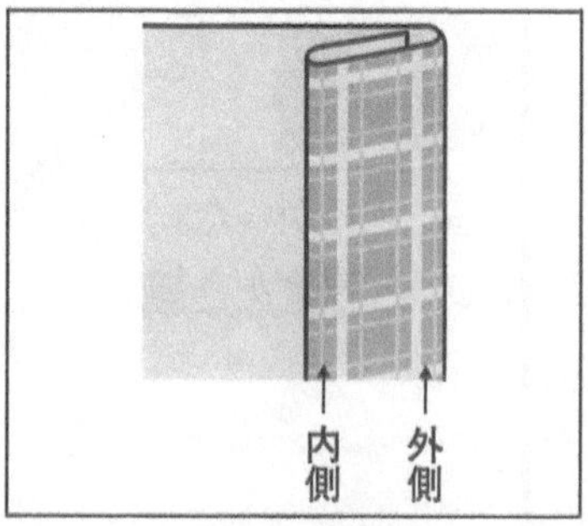

問題3 ゆうりさんは「**三つ折り**にした部分をぬうときは，**内側**をぬわないといけない」と言っています。なぜ**内側**をぬわないといけないのでしょうか。あなたの考えを書きなさい。

きよみさんたちの話は続いています。

きよみ　「かべかざりは折り紙を使った二種類の切り紙で作るよ。」
とうや　「その切り紙はどうやって作るの。作り方を教えてよ。」
きよみ　「まずは，折り紙を折って六つ折りを作る。次に，**切り取り線**をかき入れて，その線に沿って切る。そうしたら，**切り紙1**の模様ができあがるよ。」

切り紙1の作り方

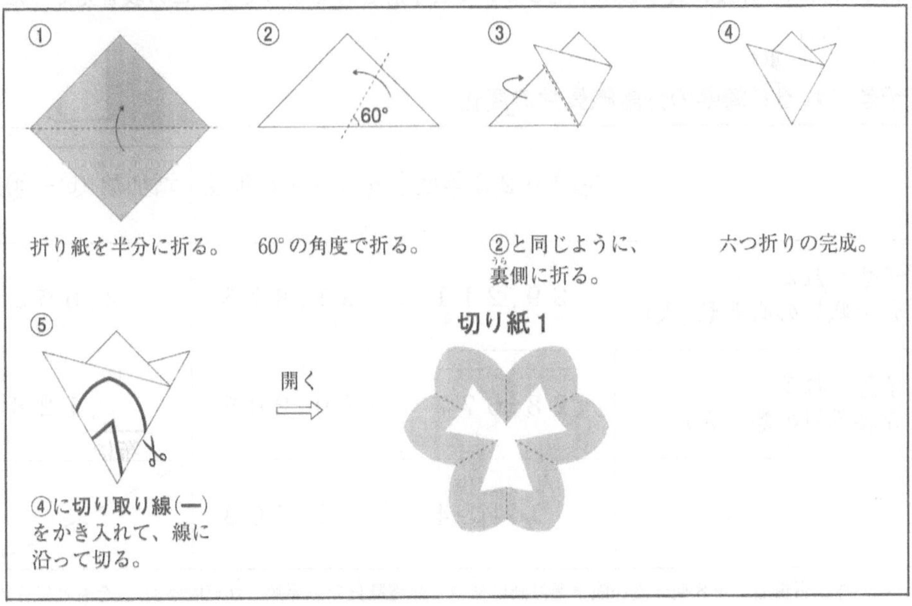

とうや　「なるほど。切り方を工夫すると，好きな模様にできるね。」
きよみ　「**切り紙2**はこのような模様にするつもりだけど，**図案**には，**切り取り線**がもう1か所必要だよ。わかるかな。」

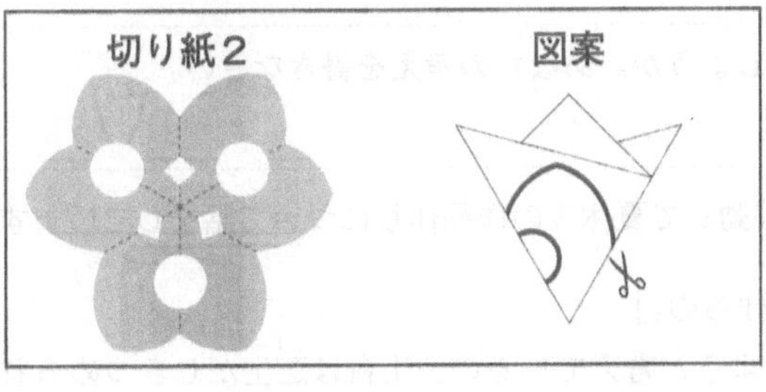

とうや　「わかった。**切り紙2**の模様にするためには，**図案**にこのような**切り取り線**をかき加えるといいね。」

※切り紙1と切り紙2の点線（………）は折り目を表したものです。

問題4　とうやさんは「このような**切り取り線**をかき加えるといい」と言っています。どのような**切り取り線**をかき加えるとよいでしょうか。**解答用紙**の**図案**に，実線（━━）でかき加えなさい。ただし，問題用紙や解答用紙を折ったり切ったりしてはいけません。

4 なつみさんとたけしさんは，夏休みの学習に取り組んでいます。

なつみさんたちは，福祉について調べるために介護施設を訪れました。

施設の人　「私たちの施設では，利用者の自立支援や，介護職員の負担軽減に役立てるために，見守り支援機器などの介護ロボットを導入しています。」

なつみ　「なぜ，介護ロボットを導入することにしたのですか。」

施設の人　「将来，介護職員の数は不足していくと予想されるからです。この表を見てください。」

表　予想される長崎県の介護職員数の変化

	ⓐ２０２３年度	ⓑ２０４０年度	増加数(ⓑ－ⓐ)
①予想される介護職員の必要数(人)	29,211	31,873	2,662
②予想される介護職員の数（人)	28,077	29,205	1,128
差(①－②)	1,134	2,668	

（厚生労働省「第８期介護保険事業計画に基づく介護職員の必要数（都道府県別）」をもとに作成）

たけし　「表から［　　　　　　　　］ことが分かるので，介護職員の数は不足していくと予想されるのですね。」

施設の人　「そのとおりです。だから，介護ロボットの導入や開発が進められているのですよ。」

問題１　［　］にはどのような言葉が入るでしょうか。あなたの考えを書きなさい。

なつみさんたちは，なつみさんの家に移動して夏休みの作品作りについて話をしています。

たけし　「今年の夏休みは，どんな作品を作るの。」

なつみ　「私の理想の公園を模型にしてみようと考えているの。土台は芝生がしきつめられているように緑色にしたいと思っているの。」

たけし　「そうしたら，土台に模様をつけてみたらどうかな。東京オリンピックのときによく見かけた市松模様に張られた芝生もあるよ。」

なつみ　「それはいいね。でも，どうやって作ればいいのかな。」

たけし　「土台に，２色の同じ大きさの正方形を交互にしきつめてはどうかな。」

市松模様

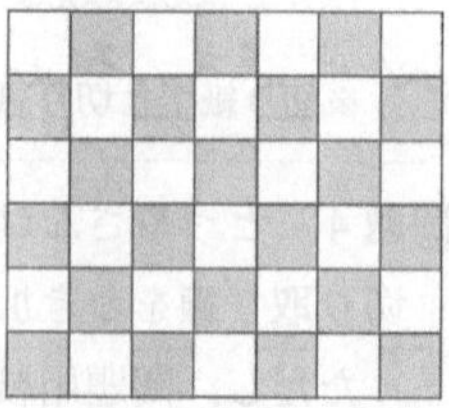

問題２　縦78㎝，横96㎝の長方形の土台に，すき間なくきれいにしきつめることができる正方形のうち，一番大きな正方形の１辺の長さを答えなさい。

なつみさんたちは，ジャングルジムの模型の作り方について話をしています。

なつみ「土台が完成したら，ジャングルジムの模型を作ろうかな。４㎝のひごを使うね。でも，ひごはどうやってつなぎ合わせようかな。」

たけし「つなぎ合わせる部分の周りをねんど玉で固定して作ってみたらどうかな。立方体を一つ作ってみるよ。」（図１）

なつみ「私は二つの立方体を横に組み合わせたものを作ってみるね。」（図２）

たけし「上に立方体を積み重ねるときは，下の段の立方体の真上に立方体がくるように組み合わせよう。」（図３）

図１　たけしさんが作った立方体

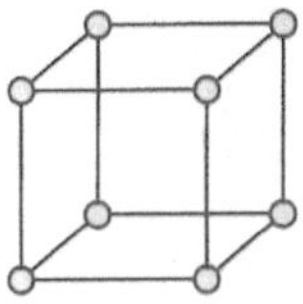

図２　なつみさんが作った二つの立方体を横に組み合わせたもの

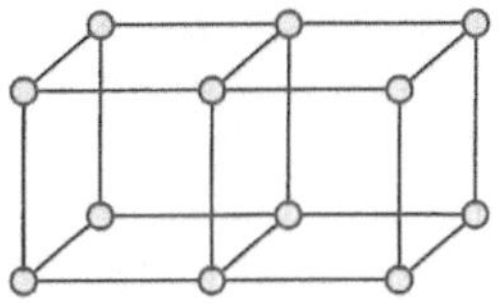

図３　立方体を真上に組み合わせたもの

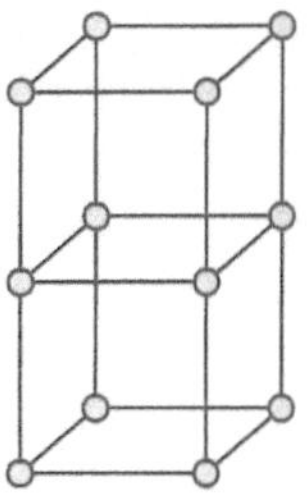

なつみ「こうやって立方体を組み合わせていけばジャングルジムの模型ができるね。作ろうと思っているジャングルジムの模型は，立方体を縦に５列，横に５列組み合わせたものを上に４段積み重ねて，さらにその上に，縦に３列，横に３列組み合わせたものを１段積み重ねて，全部で５段の形にしたいな。」

図４

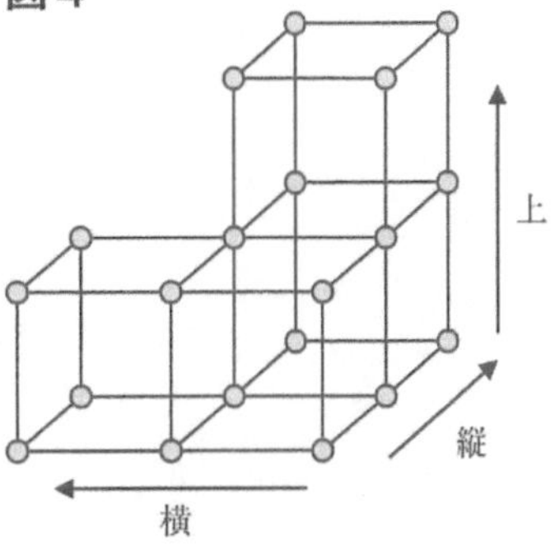

※立方体の組み合わせ方は図４のとおりです。

問題３　なつみさんが作ろうとしているジャングルジムの模型は，１辺が４㎝の立方体が全部でいくつ組み合わさったものになるか答えなさい。

なつみ 「ジャングルジムの模型を完成させるためには，ひごとねんど玉をたくさん準備しないといけないね。」

たけし 「一つの立方体を作るのに，ひごを12本，ねんど玉を８個使ったよ。」

なつみ 「二つの立方体を組み合わせたものを作ったら，ひごが20本，ねんど玉が12個必要だったよ。」

たけし 「ジャングルジムの模型を完成させるためには，ひごとねんど玉は，全部でいくつ必要かな。」

なつみ 「計算したら，ひごは［ア］本，ねんど玉は［イ］個必要になるよ。」

問題４ ［ア］，［イ］にそれぞれあてはまる数を答えなさい。

【作　文】（四五分）〈満点：七〇点〉

次の**グラフ1**は「マスクを着けると話し方や態度などが変わることがあると思いますか」という質問に対する調査結果です。また、**グラフ2**は「どのような点で変わることがあると思いますか」という質問に対する調査結果の一部を示したものです。

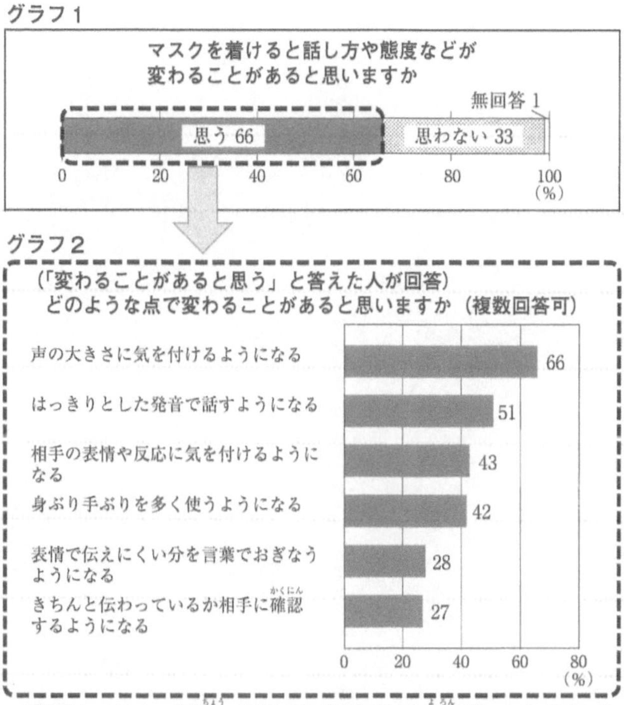

（グラフ1・2とも、文化庁(ちょう)　令和２年度「国語に関する世論(よろん)調査」の16〜19さいの回答をもとに作成）

問題

「あなたが相手とうまくコミュニケーションをとるために必要だと思うこと」について、**感じたり考えたりしたことを**、次の**【条件】**に合わせて**解答用紙**に書きなさい。

【条件】

一、**グラフ1とグラフ2から読み取れたことを**書くこと。

二、マスクに関することに限らず、**自分の経験**と関連させて書くこと。

三、**五百字以上六百字以内**で書くこと。

【注意】

一、題名や名前は書かないこと。

二、原こう用紙の一行目から書き始めること。

三、必要に応じて、段落(だんらく)に分けて書くこと。

四、数字や記号を記入するときには（例）のように書くこと。

（例）

10
%

MEMO

大切なことはメモしておこうネ！

2023 年 度

解 答 と 解 説

《配点は解答欄に掲載してあります。》

＜総合問題解答例＞

1 問題１ 音を表している
問題２ いらっしゃる
問題３ 12 （秒）
問題４ 日本付近の大気は西から東に変化し，いま西の空が晴れている

2 問題１ ア 新聞紙は古紙回収に出しましょう
イ トイレットペーパーなどに作りかえることができます
問題２ ウ 100 （回まき）
エ １ （個）
問題３ オ ２個のかん電池をへい列につないだ

3 問題１ 3.1 （km）
問題２ 室内のあたたかさをにがさないようにする
問題３ 折った部分が開いてしまうから。
問題４ （以下の図を参照）

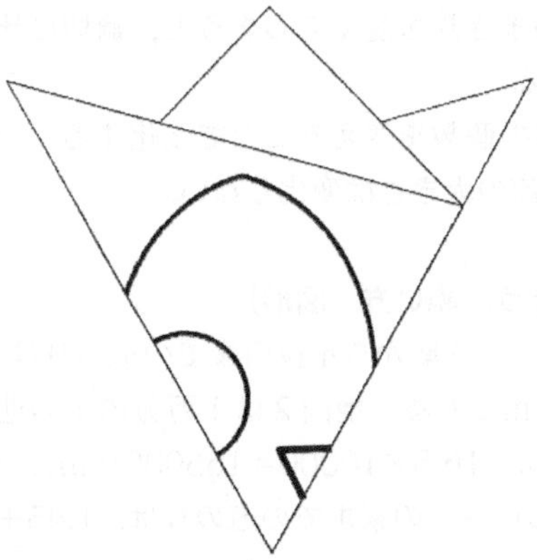

4 問題１ 介護職員の必要数と介護職員の数の差が広がっていく
問題２ 6 （cm）
問題３ 109 （個）
問題４ ア 484 （本）
イ 196 （個）

○配点○

1 問題１・問題２ 各6点×2 問題３ 8点 問題４ 9点

2　問題1ア，イ　各6点×2　　問題2ウ，エ　完答8点　　問題3オ　9点
3　問題1・問題2・問題3　各7点×3　　問題4　9点
4　問題1・問題4ア，イ　各9点×3　　問題2　7点　　問題3　8点　　計130点

＜総合問題解説＞

重要 1　**（国語・算数・理科：ぎ音，尊敬語，小数のわり算，天気）**

問題1　音を表す言葉を「ぎ音語」，動きや様子を表す言葉を「ぎ態語」という。表のAの言葉はぎ音語，Bの言葉はぎ態語である。

問題2　尊敬語は相手敬意を示すときに使う言葉である。「来る」の尊敬語は「いらっしゃる」の他にも，「おみえになる」，「おいでになる」，「おこしになる」などがある。

問題3　まず，1時間にかたむいた回数を求めると，153÷0.5＝306(回)となる。次に，何秒に1回のペースでかたむいてたおれたかを求めるには，3600秒(1時間)を，306回でわればよい。
　よって，3600÷306＝11.764…となるので，上から3けた目を四捨五入して，答えは12秒となる。

問題4　日本付近では，上空で西から東へふく風がある。そのため，天気も西から東へと変わる。つまり，西の空の天気から，明日の天気を予想することができる。また，太陽は東から西にしずんでいくため，夕焼けが見えるのは西の空である。

基本 2　**（社会・理科：リサイクル，電池）**

問題1　リサイクルとは，一度使ったものを集めて資源にもどし，新しい製品を作ることである。他にも古紙や牛乳パックなどを集めることで，トイレットペーパーを作ることができる。

問題2　さとしさんの発言より，回路に流れる電流の大きさを変えようとしていることがわかる。かん電池の個数だけではなく電磁石のまき数も変えてしまうと，適切に比べることができないので，かん電池の個数だけを変える。

問題3　電流の大きさは，直列につなぐ電池の個数を変えることで変化する。一方，電池をへい列につなぐと電池の個数を変えても電流の大きさは変化しない。

やや難 3　**（社会・家庭科・算数：縮尺，地域の特ちょう，ぬい方，図形）**

問題1　地図1は2万5千分の1の地図なので，A駅から市役所までの道のりは，5.8×25000＝145000(cm)，つまり1450m＝1.45kmである。地図2は1万分の1の地図なので，市役所からおじいさんの家までの道のりは，16.5×10000＝165000(cm)，つまり1650m＝1.65kmである。よって，A駅からおじいさんの家までの道のりは，1.45＋1.65＝3.1(km)となる。

問題2　げん関を二重にすることで，室内のあたたかさをにがさず，外からの冷気も室内に入らず，あたたかく過ごすことができる。

問題3　内側をぬっておかないと，折りこんだ布がすぐ開いてきてしまうので，内側をぬって開かないようにする必要がある。

問題4　切り紙2を見ると，花びらのような形をした折り紙の中に，丸と四角の穴がある。図案のままでは，四角の穴ができないため，半円が書かれている辺とは逆側に，四角の半分になるように切り取り線を入れる。

やや難 4 **（算数：表の読み取り，最大公約数，立体図形）**

問題１　差（①－②）の行か，増加数（ⓑ－ⓐ）の列に注目する。増加数に注目する場合，2023年度の時点で介護職員の必要数のほうが，介護職員の数よりも大きいことも示す必要がある。このときの解答例は，「2023年度に介護職員の数が不足していて，介護職員の必要数の方が介護職員の数よりも増加数が大きい」となる。

問題２　求める正方形の一辺の長さは，縦の長さ78cmと横の長さ96cmの最大公約数となる。最大公約数を考えるときは，それぞれの数をわれるだけわってから，共通の約数のみをすべてかければよい。

問題３　最初に一番上の段を除いた４段目までが，立方体をいくつ組み合わせたものになるかを考える。１段に縦と横に５列ずつ並べ，それが４段分あるので，立方体の数は，5×5×4＝100（個）である。次に，一番上の段は立方体がいくつ組み合わさっているのかを求めると，3×3＝9（個）となる。よって，求める立方体の数は，100＋9＝109（個）である。

問題４　二つの立方体を組み合わせるときには，立方体同士でひごやねんど玉を共有している部分があることに注目する。一つの立方体を作るときにはひごを12本，ねんど玉を８個使うが，二つの立方体を組み合わせるときには，そこにひごを８本，ねんど玉を４個付け加えればよいことを利用する。さらに，立方体の位置によってはひごやねんど玉を加える数がさらに少なくてよい部分もあるため，図に書き出すなどして，付け加えるべき本数，個数を整理してから計算するとよい。

まず，ひごの本数から計算する。１段目の立方体は，それより下に立方体が置かれていないため，底面側のひごも付け加える必要があり，右奥のはしの角から，最も奥の列と最も右はしの列に広げるように立方体を増やしていくと考えると，それぞれの立方体を作るために加えるべきひごの本数は図１のようになる。（図は立方体を上から見たものである）

この図に示した本数をすべてたすと，

12＋8×8＋5×16＝12＋64＋80＝156（本）

になる。

8	8	8	8	⑫
5	5	5	5	8
5	5	5	5	8
5	5	5	5	8
5	5	5	5	8

図１　１段目の立方体を作るのに必要なひごの本数

続いて，２から４段目の立方体については，２段目以上は下に立方体がすでに置かれているため，上面と上方向のひごのみを加えればよい。１段目と同様に，右奥のはしの角から，最も奥の列と最も右はしの列に広げるように立方体を増やしていくと考えると，それぞれの立方体を作るために加えるべきひごの本数は図２のようになる。

この図に示した本数をすべてたすと，

8＋5×8＋3×16＝8＋40＋48＝96（本）

になる。

5	5	5	5	8
3	3	3	3	5
3	3	3	3	5
3	3	3	3	5
3	3	3	3	5

図２　２～４段目の各段の立方体を作るのに必要なひごの本数

２段目から４段目までは同じ配置が続くので，２段目から４段目までを作るのに必要なひごの総数は96×3＝288(本)だとわかる。

続いて，一番上の段は，本数の加え方の法則は２段目のときと同じである。ただし，3×3個分と，必要な立方体の数が異なることに注意する。５段目の立方体を作るために加えるべきひごの本数は図３のようになる。

この図に示した本数をすべてたすと，

8＋5×4＋3×4＝8＋20＋12＝40(本)

になる。

5	5	8
3	3	5
3	3	5

図３　５段目の立方体を作るのに必要なひごの本数

ここまでに計算した，１段目，２～４段目，５段目それぞれに必要なひごの本数をすべてたすと，156＋288＋40＝484(本)である。つまり，ジャングルジムの模型を作るのに必要なひごの本数は全部で484本である。

同様に，ねんど玉についても計算をする。１段目の立方体は，それより下に立方体が置かれていないため，底面側のねんど玉も付け加える必要があり，右奥はしの角から，最も奥の列と最も右はしの列に広げるように立方体を増やしていくと考えると，それぞれの立方体を作るために加えるべきねんど玉の個数は図４のようになる。(図は立方体を上から見たものである)

この図に示した個数をすべてたすと，

8＋4×8＋2×16＝8＋32＋32＝72(個)

になる。

4	4	4	4	⑧
2	2	2	2	4
2	2	2	2	4
2	2	2	2	4
2	2	2	2	4

図４　１段目の立方体を作るのに必要なねんど玉の個数

続いて，２から４段目の立方体については，２段目以上は下に立方体がすでに置かれているため，上面のねんど玉のみを加えればよい。１段目と同様に，右奥はしの角から，最も奥の列と最も右はしの列に広げるように立方体を増やしていくと考えると，それぞれの立方体を作るために加えるべきねんど玉の個数は図５のようになる。

この図に示した個数をすべてたすと，

4＋2×8＋1×16＝4＋16＋16＝36(個)

になる。

2	2	2	2	4
1	1	1	1	2
1	1	1	1	2
1	1	1	1	2
1	1	1	1	2

図５　２～４段目の各段の立方体を作るのに必要なねんど玉の個数

また，２段目から４段目までは同じ配置が続くので，２段目から４段目までを作るのに必要なねんど玉の総数は36×3＝108(個)だとわかる。

続いて，一番上の段は，個数の加え方の法則は２段目のときと同じである。ただし，3×3個分と，必要な立方体の数が異なることに注意する。５段目の立方体を作るために加えるべきねんど玉の個数は図６のようになる。

この図に示した個数をすべてたすと，

4＋2×4＋1×4＝4＋8＋4＝16(個)

になる。

2	2	4
1	1	2
1	1	2

図６　５段目の立方体を作るのに必要なねんど玉の個数

ここまでに計算した，１段目，２～４段目，５段目それぞれに必要なねんど玉の個数をすべてたすと，72＋108＋16＝196(個)である。つまり，ジャングルジムの模型(もけい)を作るのに必要なねんど玉の個数は全部で196個である。これらより，アには484が，イには196があてはまる。

大きな立体図形のままではなく，段や列に分けて必要な情報を整理し，計算をすることが重要である。

★ワンポイントアドバイス★

はば広い分野が出題されているが，特に算数の問題が多く，計算量も多くなっているため，いろいろな計算問題を解いて練習しておくとよい。また，日常生活と関連した問題が多く出題されている。日ごろから身のまわりの物に関心を持って生活するとよいだろう。

＜作文問題解答例＞《学校からの解答例の発表はありません。》

グラフ１からは，マスクを着けると話し方や態度が変わることがあると思っている人が半分以上いることがわかります。グラフ２からは，43％の人が「相手の表情や反応に気を付けるようになる」と思い，28％の人が「表情で伝えにくい分を言葉でおぎなうようになる」と思っていることがわかります。

わたしの家で友達の誕生日会を開いたとき，友達が笑顔を見せてくれたことで，そのうれしさが伝わってきました。もちろん，言葉で伝えることもとても大切です。しかし，ときには表情が，言葉や身ぶり以上に気持ちを教えてくれます。マスクを着け始めてから，相手の表情がわかりにくくなりました。友達を遊びにさそったとき，「今日は予定があるから」と答えられたことがあります。言葉だけではとても冷たく感じられ，おこっているのではないかと不安になりました。次の日，友達と話して，そうではなかったとわかりましたが，表情が見えないことで相手の気持ちがうまく読み取れず，かんちがいしてしまうこともあるのだとわかりました。

このように，表情はとても大きな役割を持っています。相手とうまくコミュニケーションをとるためには，言葉だけではなく，表情も確認する必要があると思います。また，自分自身も，マスクを着けているときは表情が見えにくい分，自分の気持ちが伝わりにくいことがあるということを意識して会話することも，大切だと考えます。

○配点○
70点

＜作文問題解説＞

（作文：テーマ型　グラフから読み取れることをふまえて，自分の経験をもとに考えを述べる）

【条件】から，はじめに**グラフ１**と**グラフ２**から読み取れることを書く。**グラフ１**からは，マスクを着けると話し方や態度などが変わることがあると思う人が66％と半分以上いることがわかる。**グラフ２**からは，マスクを着けると話し方や態度などが変わることがあると思うと答えた人が，具体的にどのような点が変わると思うのかが示されている。これらの情報と自分の経験を結びつけて，相手とうまくコミュニケーションをとるために必要だと思うことを五百字以上六百字以内で書く。

自分の経験には，マスクを着けるようになったことで変わったことや，コミュニケーションで大切なことに気が付いた経験を書けるとよい。

最後に，グラフから読み取れることと自分の経験から，うまくコミュニケーションをとるために必要なことをまとめる。

一段落目には２つのグラフから読み取れること，二段落目には自分の経験，三段落目には一・二段落目に書いたことをふまえてうまくコミュニケーションをとるために必要なことを書く，というように，内容にあわせて段落を分けるとよい。

★ワンポイントアドバイス★

字数が十分にあるので，意見の根拠となる資料から読み取れることや自分の経験をしっかりと書こう。自分の経験だけを参考に意見を述べるのではなく，与えられた資料から読み取れることと，自分の経験の２つを結びつけながら意見を述べる練習ができるとよい。

2022年度

★★★★★★★★★★★★★★★★★★★★★★★

入　試　問　題

2022年度

長崎県立中学校入試問題

【適性検査】（60分）　＜満点：130点＞

1　はやとさんは，れいかさんの家に遊びに来ています。

はやとさんたちは，朝食を作った話をしています。

はやと「今日は，わたしが朝食を作って家族にも食べてもらったよ。」
れいか「すごいね。何を作ったの。」
はやと「ごはん，ゆで卵（たまご），こまつなのおひたし，だいこんのみそしるを作ったよ。」
れいか「主食，主菜，副菜，しる物がそろっていて，いい組み合わせだね。」
はやと「家族にも，『野菜も入っていて栄養のバランスがいい』と言われたよ。」
れいか「野菜は種類や部位によって，ゆで方がちがうと授業で習ったよ。」
はやと「そういえば，ゆでたこまつなの色が悪くなって，おいしそうな見た目に仕上がらなくて残念だったな。」
れいか「色よく仕上げるには，［　　　　　］ことが必要だね。」

問題１　［　］にはどのような言葉が入るでしょうか。あなたの考えを**二つ**書きなさい。

はやとさんたちは，朝食作りにかかった時間について話をしています。

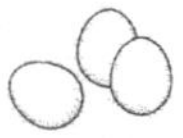

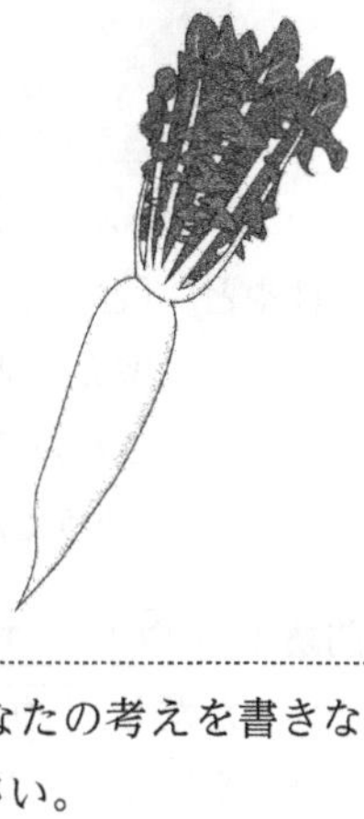

はやと「今日は早起きをして作り始めたのだけれど，おかずができ上がるまでに時間がかかったよ。同じ材料を使ったおかずを，もっと短い時間で作り上げることはできないかな。」
れいか「ゆで卵を前の日の夜に作るのはどうかな。」
はやと「なるほど。でも，作り置きではなく，朝の調理をする時間の中で考えたいな。」
れいか「卵かけごはんやサラダのように，生のままで食べるのはどうかな。」
はやと「それはいいね。でも，一度熱を加える場合はどうしたらいいのかな。今朝と同じように主菜は卵，副菜はこまつな，しる物はだいこんを使って作ろうと思うのだけれど，加熱時間を短くするために，何かいい工夫（くふう）はないかな。」
れいか「例えば，［ア］を［　　イ　　］ことで，加熱時間を短くできるのではないかな。」
はやと「ありがとう。今度ためしてみるよ。」

問題２　［ア］，［イ］にはそれぞれどのような言葉が入るでしょうか。あなたの考えを書きなさい。ただし，［ア］には，卵，こまつな，だいこんから**一つ**選び，書きなさい。

はやとさんたちは，朝食について思ったことを話しています。

れいか「ところで，家族の反応はどうだったの。」

はやと「喜んでくれたよ。そして，お父さんに，よくかんで食べるといいと言われたよ。やってみたら，ごはんは，かめばかむほどあまく感じられたよ。」

れいか「あまくなったのは，ごはんにふくまれる［　　　　　　］ことで別のものに変化したからだね。」

問題３　［　　］にはどのような言葉が入るでしょうか。下の**Ａ群から一つ**，**Ｂ群から一つ**言葉を選び，それらを用いてあなたの考えを書きなさい。

Ａ群：	**たんぱく質**	**うま味**	**でんぷん**	**塩分**
Ｂ群：	**ヨウ素液**	**だ液**	**水分**	**だし**

はやとさんたちは，朝食作りに使った材料について話をしています。

はやと「今日の朝食で使っただいこんは，家の畑で育てたものだよ。」

れいか「それは，おいしかっただろうね。わたしも，だいこんを育てたことがあるよ。だいこんを観察していろいろなことに気づいたので，**だいこんの写真**をとって，**〈気づき〉**を**観察ノート**にまとめたよ。」

だいこんの写真

観察ノート

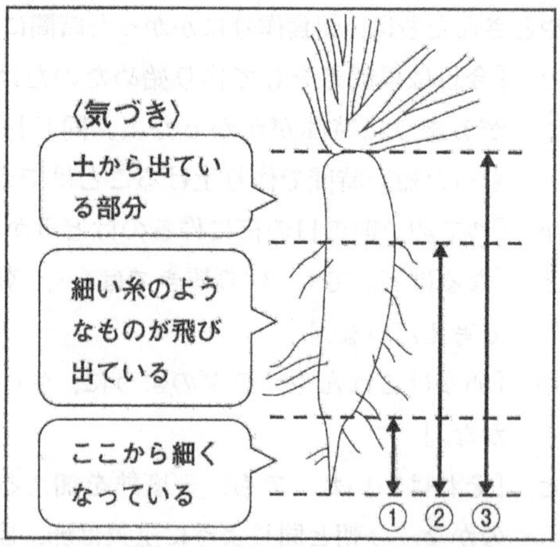

はやと「どこが根なのかな。授業で習った根の**はたらき**とこの**観察ノート**の**〈気づき〉**から考えると，［　　　　ウ　　　　］から，だいこんの根は，［　エ　］の部分だと思うよ。」

れいか「そうだね。根には大事な**はたらき**があるのだね。」

問題４　［ウ］，［エ］にはどのような言葉または番号が入るでしょうか。あなたの考えを書きなさい。ただし，［ウ］は根の**はたらき**にふれながら書き，［エ］は**観察ノート**の①～③から**一つ**選び，番号で答えなさい。

2　なるみさんの学級では，自然災害で避難(ひなん)する場合に備えて調べ学習をしています。

なるみさんたちは，自分たちの学校が避難所になっていることを知り，避難時に不便なことがないか，学校を調べることにしました。

なるみ　「たくさんの人が避難してくるから，赤ちゃんや子ども，高齢者(こうれいしゃ)，車いすの人など，配慮(はいりょ)が必要な人がいらっしゃるかもしれないね。」

まさや　「車いすの人が，体育館の入り口の階段をのぼり降(お)りするのは大変だね。」

たくま　「そうだよね。ここにスロープがあるといいよね。タブレットで調べてみようよ。」

しずか　「タブレットの画面を見て。これを参考に考えてみよう。」

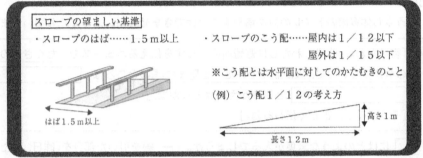

タブレットの画面

スロープの望ましい基準

・スロープのはば……１.５m以上

・スロープのこう配……屋内は１／１２以下
　　　　　　　　　　　屋外は１／１５以下

※こう配とは水平面に対してのかたむきのこと

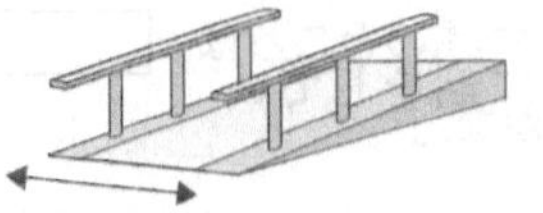

（例）こう配１／１２の考え方

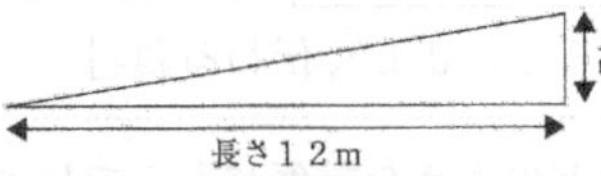

（国土交通省「バリアフリー法」リーフレットをもとに作成）

たくま　「体育館の入り口の階段は屋外にあり，地面から一番上までの高さが48cmだよ。」

まさや「この入り口にスロープをつけるとしたら，どれくらいの地面の広さが必要なのかな。」

なるみ　「計算してみると，地面の広さは最低でもはば1.5m，長さ □ mは必要だね。」

問題１　□ にあてはまる数を答えなさい。

なるみさんたちは，児童げん関に向かっています。その途中(とちゅう)，しずかさんが転んでしまいました。

しずか　「ひざをすりむいてしまったよ。」

まさや　「大丈夫(だいじょうぶ)かな。すぐに，傷口(きずぐち)の砂や土を水できれいに洗(あら)い流したほうがいいよ。」

なるみ　「そうだね。砂や土をきれいに取りのぞくことで，□ ことができるからね。」

しずか　「ありがとう。そうするね。」

問題２　□ にはどのような言葉が入るでしょうか。あなたの考えを書きなさい。

教室にもどったなるみさんたちは，「実際に避難した人たちが困(こま)ったこと」という記事を読みながら，話し合っています。

なるみ　「『避難所で一番困ったことは，トイレの数が少ないこと』だそうだよ。」

しずか　「わたしたちの小学校も，体育館のトイレの数が少ないよね。」
まさや　「わたしたちに何かできることはないかな。」
たくま　「調べたことをまとめて，校長先生に手紙を書いてみようよ。」

手紙の一部

> わたしたちは，学校が避難所になったときに備えて調べ学習をしています。「実際に避難した人たちが困ったこと」という記事には，「避難所で一番困ったことは，トイレの数が少ないこと」だと書いてありました。
>
> また，昨日，わたしは避難所のようすを伝えるニュースで，<u>たくさんのトイレの数が少ないので，人が並んでいたのを見ます</u>。わたしたちの学校が避難所になったときに，記事やニュースのように困る人が出るかもしれません。
>
> もう少し体育館のトイレの数を増やすことはできませんか。よろしくお願いします。

なるみ　「書けたね。『昨日，わたしは避難所のようすを伝えるニュースで，<u>たくさんのトイレの数が少ないので，人が並んでいたのを見ます</u>。』のところは，［　　　　　　　　　　］と書きかえてはどうかな。」
しずか　「そうすると，正しく伝わるね。」

問題３　［　　］にはどのような言葉が入るでしょうか。――線を引いた部分を「昨日，わたしは避難所のようすを伝えるニュースで，」に続くように，書きかえなさい。

なるみさんたちは，調べ学習を終えて，家に帰っています。

なるみ　「あれを見て。避難所を示した**表示板**があるよ。」
たくま　「絵や記号が使われていて，わかりやすいね。」
しずか　「でも，地域に住んでいるもっと多くの人に内容を理解してもらうためには，工夫するところがあるのではないかな。」
まさや　「そうだね。例えば，この**表示板**で考えてみると，［　　　　　　　　　　］ことで，もっと多くの人に内容を理解してもらえるようになるね。」

表示板

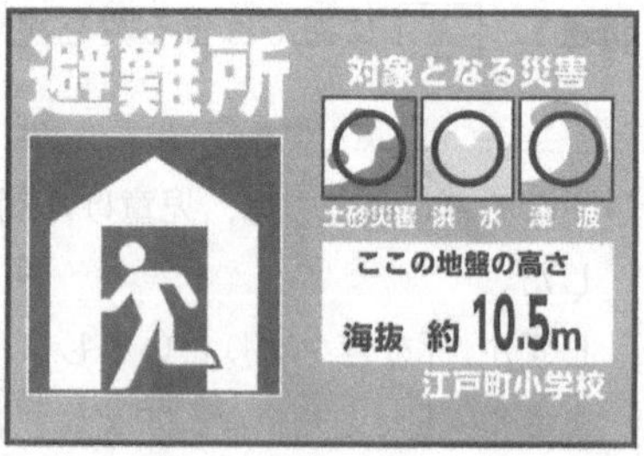

問題４　［　　］にはどのような言葉が入るでしょうか。あなたの考えを書きなさい。

3　こうたさんたちの学級では，総合的な学習の時間で，持続可能な社会の実現へ向けた取り組みについて調べています。

こうたさんたちのグループは，環境問題に注目し，自動車会社で働く森さんに話を聞いています。

こうた　「最近は，どのような自動車を開発されていますか。」
森さん　「電気自動車や燃料電池自動車の開発を進めています。なぜだかわかりますか。」

ともこ「ガソリンを燃やさないことで，二酸化炭素をはい出しないため，環境にやさしいからですね。」

森さん「そうです。二酸化炭素の増加の原因は，ほかに火力発電や森林ばっ採もありますが，自動車会社としてできることに取り組んでいます。」

こうた「お話を聞いて，環境問題を解決し，持続可能な社会にしていくために，つくる側の責任を果たそうとされていることがわかりました。」

問題１　ともこさんは，「二酸化炭素をはい出しないため，環境にやさしい」と言っています。なぜ，二酸化炭素をはい出しないことが環境にやさしいのでしょうか。あなたの考えを書きなさい。

こうたさんたちは，ものが燃えるしくみに興味をもち，先生と実験をしています。

こうた「ものが燃えるときに，まわりの空気は，どのように変化するのだろう。」

ともこ「空気は，ちっ素，酸素，二酸化炭素などの気体が混じり合ってできていると学習したね。これらの体積の割合（わりあい）は変化するのかな。」

先　生「**図１**のように，集気びんの中に火のついたろうそくを入れてふたをし，酸素と二酸化炭素の体積の割合を**気体センサー**で調べ，60秒ごとの変化を**グラフ**にしましょう。」

図１

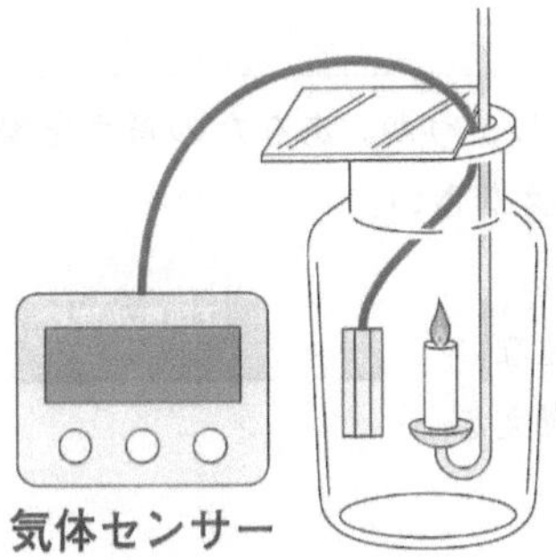

グラフ　酸素と二酸化炭素の体積の割合

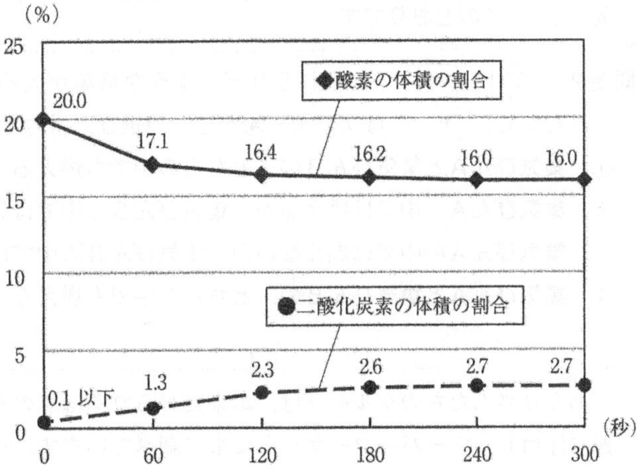

ともこ「**グラフ**から，酸素と二酸化炭素の体積の割合が変化したことがわかるよ。」

こうた「ろうそくを集気びんに入れて，240秒たったときに火が消えたね。体積の割合の変化が，火が消えたことに関係しているのかな。」

先　生「よく気づきましたね。では次に，次のページの**図２**を見てください。」

先　生「**集気びんＡ**に入っている気体は，ちっ素76％，酸素21％，二酸化炭素３％です。**集気びんＢ**に入っている気体は，ちっ素86％，酸素14％，二酸化炭素０％です。それぞれの集気びんの中で，ろうそくは燃えると思いますか。**グラフ**と**これまでに学習したこと**を参考にして考えてみましょう。」

図2

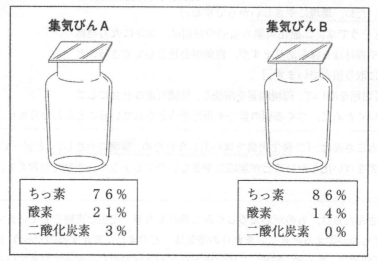

集気びんA	
ちっ素	76％
酸素	21％
二酸化炭素	3％

集気びんB	
ちっ素	86％
酸素	14％
二酸化炭素	0％

これまでに学習したこと

・酸素には，ものを燃やすはたらきがある。
・二酸化炭素とちっ素には，ものを燃やすはたらきがない。

こうた「ろうそくは，[ア]と思います。理由は，[　　イ　　]です。」
先　生「そのとおりです。」

問題2 [ア]，[イ]にはそれぞれどのような言葉が入るでしょうか。あなたの考えを書きなさい。ただし，[ア]には次の①～④から**一つ**選び，番号で答えなさい。

① **集気びんAと集気びんBの，どちらの中でも燃える**
② **集気びんAの中では燃えるが，集気びんBの中では燃えない**
③ **集気びんAの中では燃えないが，集気びんBの中では燃える**
④ **集気びんAと集気びんBの，どちらの中でも燃えない**

あんりさんたちのグループは，本来食べられるはずのものが捨(す)てられてしまう食品ロスの問題に注目し，スーパーマーケットに来て調べています。

あんり「野菜コーナーをよく見てみると，キャベツが１玉のものだけでなく，半分や４等分に切ったものも売られているよ。」

はるま「たまねぎも，１ふくろ３個入りのものと，１個ずつのものがあるよ。どうして同じ野菜なのに売り方がちがうのかな。」
ももか「わたしたちが[　　　　　　]ようにするためではないかな。」
あんり「そのような買い方をすると，家庭での食品ロスを減らすことができるね。」

問題3 [　　] にはどのような言葉が入るでしょうか。あなたの考えを書きなさい。

あんりさんたちは，別の売り場を見ています。

はるま「乳製品のコーナーには，たくさんの牛乳が並べてあるよ。」

ももか「売り場の横には，**ポスター**がはられているよ。」

あんり「手前に置かれているものを買うことが，どうして食品ロスを減らすことにつながるのかな。」

はるま「わかった。同じ商品でも，手前から順に [　　ウ　　] ものが置かれているね。だから，わたしたちが手前から買うと，お店では [　　エ　　] ことになるからではないかな。」

ももか「わたしたちの買い方で，お店での食品ロスも減らすことができるね。」

あんり「持続可能な社会にしていくためには，買う側の責任を考えることも大切なのだね。」

ポスター

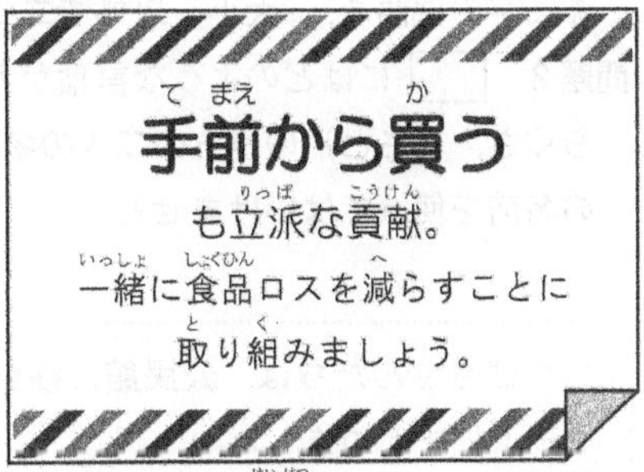

手前から買う
も立派な貢献。
一緒に食品ロスを減らすことに
取り組みましょう。

（農林水産省の啓発ポスターをもとに作成）

問題4 [ウ]，[エ] にはそれぞれどのような言葉が入るでしょうか。あなたの考えを書きなさい。

4 つばささんたちは，地域の方々が開さいするイベントに参加しています。

つばささんたちは，東さんの茶畑で，茶つみ体験に参加しました。

つばさ「大小さまざまな茶畑があったけれど，みんなで手分けしてたくさんの茶葉をつむことができたね。」

まさと「楽しかったよね。みんな，どれくらい茶葉をつむことができたかな。」

つばさ「わたしがつんだ茶葉は，ちぐささんより多かったよ。」

けいじ「わたしがつんだ茶葉は，まさとさんより少なかったよ。」

あすか「わたしがつんだ茶葉は，ちぐささんより多かったよ。」

ちぐさ「わたしがつんだ茶葉は，けいじさんより多かったよ。」

まさと「わたしがつんだ茶葉は，あすかさんより少なかったよ。」

つばさ「つんだ茶葉が一番多かったのはだれなのかな。」

まさと「これだけの情報では，まだ判断できないのではないかな。

[　　　　　　　　]

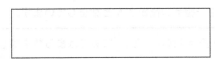

ということがわかれば判断できるね。」

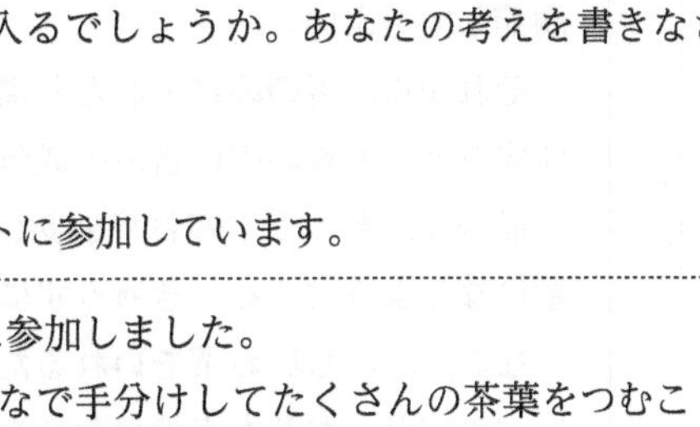

東さん　「今日は参加してくれてありがとう。このあと，おいしいお茶のいれ方を教えるので，ぜひ，ご家族にもお茶をふるまってみてください。」

問題１　「大小」のように，反対の意味を持つ漢字の組み合わせで，二つの漢字の画数が同じである二字の熟語(じゅくご)を，「大小」以外で**二つ**書きなさい。

問題２　[　] にはどのような言葉が入るでしょうか。茶葉をつんだ五人（つばさ，けいじ，あすか，ちぐさ，まさと）のうちの**二人の名前を使って**，あなたの考えを書きなさい。ただし，三人以上の名前を使ってはいけません。

つばささんたちは，公民館に移動し，東さんから教えてもらった**おいしいお茶のいれ方**をノートにまとめました。

おいしいお茶のいれ方

まず，ふっとうしたお湯を人数分の湯のみにそれぞれ８割(わり)ほど入れて１分から１分30秒冷ます。

また，そうすることで，必要なお湯の量を同時に量ることもできる。

次に，きゅうすに一人あたり２～３グラムの茶葉を入れる。茶葉の量を自分の好みで調節してもよい。

それから，湯のみに入れたお湯をきゅうすに注ぎ，しばらく待つ。ここできゅうすをゆすると，お茶の中に苦みの成分が出るので注意する。

最後に，きゅうすのお茶を少しずつ順番に注ぎ分け，どの湯のみのお茶も同じこさと量になるようにする。きゅうすにお茶が残らないように気をつける。

なお，おいしいお茶をいれるために，使う水にも気を配るとよい。ミネラル分の少ない水の方が，お茶本来のかおりを楽しむことができる。

つばさ　「**おいしいお茶のいれ方**には [ア] つの手順があるね。『まず』や『それから』などの順序を表す言葉を使ってまとめてみたよ。」

まさと　「でも，[イ] というところが，具体的にどれくらいの時間なのかよくわからないよ。」

つばさ　「そうだね。もう一度東さんに確認(かくにん)してみよう。」

問題３　[ア]，[イ] にはどのような数または言葉が入るでしょうか。あなたの考えを書きなさい。ただし，[ア] は数を書き，[イ] は**おいしいお茶のいれ方**の中から**５文字以内**の言葉をぬき出して書きなさい。

つばささんたちは，クイズコーナーに行き，担当(たんとう)の高田さんと話をしています。

クイズ①：あとの**ルール**に従(したが)って，[○]＋[△]＝11の[○]と[△]にあてはまる数を探(さが)して式を完成させよう。

クイズ②：あとの**ルール**に従って，[○]＋[△]＋[☆]＝12の[○]と[△]と[☆]にあてはまる数を探して式を完成させよう。

ルール
・1から10までの整数から探すこと。
・同じ数は使わないこと。
・○，△，☆の数は小さい順になるようにすること。

つばさ「**クイズ①**の答えは，1＋10＝11，2＋9＝11，3＋8＝11，4＋7＝11，5＋6＝11の5つの式かな。6＋5＝11などは○が△より大きくなっているから，**ルール**に合わないよね。」

高田さん「そう，その5つの式で正解だね。では，**クイズ②**はどうかな。」

まさと「まず○に入る数を1として，**表**を作って整理してみるよ。△＋☆＝11となるので，**ルール**に注意して**クイズ①**と同じように考えてみよう。」

表

○に入る数	△＋☆＝11	○＋△＋☆＝12
1	2＋9＝11	1＋2＋9＝12
	3＋8＝11	1＋3＋8＝12
	4＋7＝11	1＋4＋7＝12
	5＋6＝11	1＋5＋6＝12

まさと「○に1を入れるとき，答えは1＋2＋9＝12，1＋3＋8＝12，1＋4＋7＝12，1＋5＋6＝12の4つの式だね。」

はるな「次は○に入る数を2として，答えを探してみよう。あとも同じようにして順に考えれば，**クイズ②**の答えは見つかりそうだよ。」

高田さん「答えは全部で7つあるよ。すべて見つけてね。」

問題4　**クイズ②**の答えで，1＋2＋9＝12，1＋3＋8＝12，1＋4＋7＝12，1＋5＋6＝12以外の3つの式を**すべて**答えなさい。

高田さんが，もうひとつクイズを出してくれました。

最終クイズ：クイズ②で，1から10の中から3つの数を取りのぞくと，残りの数では○＋△＋☆＝12という式が作れなくなる。そのようになる【取りのぞく3つの数】をすべて見つけよう。

まさと「【取りのぞく3つの数】が1と2と3のときは，残りの数は4から10なので，○＋△＋☆＝12という式は作れないね。」

つばさ「【取りのぞく3つの数】が1と2と4のときも，残りの数では○＋△＋☆＝12という式は作れないね。でも，【取りのぞく3つの数】が2と3と4のときは，残りの数で1＋5＋6＝12という式が作れるよ。どう探していけばいいのかな。」

高田さん「ここでヒントだよ。**クイズ②**で○＋△＋☆＝12となる式が7つあったよね。その

7つの式がすべて作れなくなるように【取りのぞく3つの数】を決めてみよう。」

まさと「よし，**クイズ②**の答えの式を並(なら)べて，もう一度考えてみよう。」

高田さん「がんばっているね。ではスペシャルヒントだよ。**クイズ②**の答えを見てみると，1が入る式が4つあったね。1を取りのぞくと，その4つの式はもう作れない。あと2つの数を取りのぞいて，残りの式もすべて作れなくなるようにしてみてね。」

はるな「なるほど。そうやって考えていくと，答えがわかったよ。

【取りのぞく3つの数】は，1と2と3，1と2と4，［ウ］，［エ］，［オ］，［カ］の6つだね。」

高田さん「すばらしいね。正解だ。よくがんばったね。」

問題5 ［ウ］～［カ］にあてはまる【取りのぞく3つの数】を答えなさい。

【作文】（四五分）〈満点：七〇点〉

次の**グラフ1**は「あなたはボランティア活動に興味がありますか」という質問に対する調査結果です。また、**グラフ2**は「あなたがボランティア活動に興味が『ある』のは、どのような気持ちからですか」という質問に対する調査結果の一部を示したものです。

グラフ1

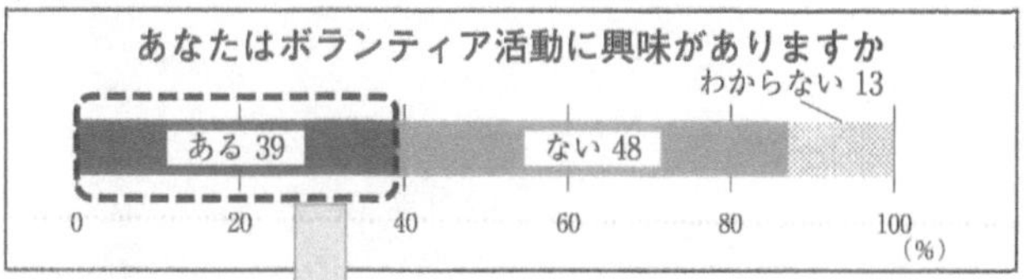

グラフ2

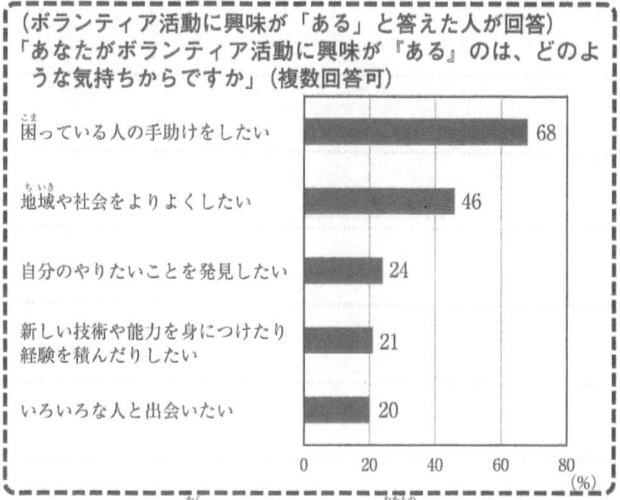

（グラフ1・2とも、内閣府　令和元年度「子供・若者の意識に関する調査」の13、14さいの回答をもとに作成）

問題

「ボランティア活動に取り組むこと」について、あなたが感じたり考えたりしたことを、下の【条件】に合わせて解答用紙に書きなさい。

【条件】

一、グラフ1とグラフ2から読み取れたことと関連させて書くこと。

二、五百字以上六百字以内で書くこと。

【注意】

一、題名や名前は書かないこと。

二、原こう用紙の一行目から書き始めること。

三、必要に応じて、段落に分けて書くこと。

四、数字や記号を記入するときには（例）のように書くこと。

（例）

10
%

MEMO

大切なことはメモしておこうネ！

2022 年 度

解 答 と 解 説

《配点は解答欄に掲載してあります。》

＜総合問題解答例＞

1 問題１ ふっとうした湯でゆでる
ゆでた後，水につけて冷ます
問題２ ア 卵
イ いためる(スクランブルエッグにする)
問題３ でんぷんがだ液と混ざる
問題４ ウ 土の中の水を取り入れるために，地面の下にある
エ ②

2 問題１ 7.2(m)
問題２ きずの悪化を防ぐ
問題３ (昨日，わたしは避難所のようすを伝えるニュースで，)
トイレの数が少ないので，たくさんの人が並んでいたのを見ました
問題４ 外国語も書く

3 問題１ 地球温だん化を防ぐことになるから。
問題２ ア ②
イ ろうそくが燃えるには，16.0%より多くの酸素の体積の割合が必要だから
問題３ 必要な量だけを買うことができる
問題４ ウ 賞味(消費)期限が近い
エ 賞味(消費)期限が過ぎて，すてられてしまうものが減る

4 問題１ 上下
左右
問題２ つばささんとあすかさんがつんだ茶葉はどちらが多いか(少ないか)
問題３ ア 4
イ しばらく
問題４ 2+3+7(=12)
2+4+6(=12)
3+4+5(=12)
問題５ ウ 1(と)2(と)5
エ 1(と)3(と)4
オ 1(と)3(と)6
カ 1(と)4(と)7

○配点○

1　問題１　各4点×2　問題２・問題３・問題４ウ　各6点×3　問題４エ　3点
2　問題１・問題３・問題４　各7点×3　問題２　6点
3　問題１・問題３・問題４ウ，エ　各6点×4　問題２ア　3点　問題２イ　7点
4　問題１・問題３イ・問題４・問題５　各3点×10　問題２　6点　問題３ア　4点
計130点

<総合問題解説>

基本 1　（家庭，理科：調理，でんぷん，植物）

問題１　こまつなを色よく仕上げるためには，ふっとうした湯でさっとゆで，すぐに冷ますことが大切になる。

問題２　卵やこまつな，だいこんを，できるだけ短い加熱時間で調理する方法を考える。卵をいためたり，スクランブルエッグにかえたりすることで，加熱時間を短縮できる。

問題３　でんぷんはだ液にふくまれている成分によって，あまい味のする成分に変えられる。

問題４　根のはたらきは何かを考える。根は植物のからだを支え，水や養分を中に取りこむ役割をもつので，土の中にある②の部分が根となる。

基本 2　（算数，保健体育，国語，社会：比例，けが，修飾語，グローバル社会）

問題１　体育館の入り口の階段は屋外にあるため，スロープのこう配は$\frac{1}{15}$以下でなければならない。今回は，地面の広さをもとに考えるので，長さと高さの比が15：1となればよい。48cm＝0.48mなので，地面の長さを□とおくと，15：1＝□：0.48という式を立てることができる。これを解くと，□＝15×0.48＝7.2。

問題２　傷口に異物が入ると，けがが悪化する可能性がある。

問題３　「たくさんの」が修しょくする言葉は，「トイレ」ではなく「人」である。また，ニュースを見たのは昨日であるため，「見ます」ではなく「見ました」とする。

問題４　地域には，外国の方も住んでいる可能性があることを考える。表示板を見た人全員が，内容を理解できることが大切である。

重要 3　（理科，社会：酸素，環境問題）

問題１　地球温だん化の主な原因は，二酸化炭素をふくむ温室効果ガスの増加にある。

問題２　こうたさんの発言より，ろうそくを集気びんの中に入れてから，240秒後に火が消えることがわかる。またグラフから，そのときのびんの中に入っている酸素の体積の割合は，16.0％であったことがわかる。このことから，ろうそくの火が燃えるためには，酸素の体積の割合が16.0％より多くなければならないと考えられる。

問題３　食べきれない量の食材を買うことは，食品ロスにつながる。個数などを工夫して売ることは，必要な量のみをこう入してもらうための取り組みである。

問題４　賞味(消費)期限の近いものからこう入することは，お店での食品ロスを防ぐための工夫になる。

やや難 4　（国語，算数：熟語，画数，比較，内容理解，副詞，整数）

問題1　熟語を構成する二字の意味が，「大」「小」のように反対の意味を表している必要がある。また，二字の画数が同じである必要がある。「上下」「左右」は，この二つの条件にあてはまる。

問題2　５人がつんだ茶葉の量の大小関係を考える。けいじさんのつんだ量が最も少なく，次にちぐささんかまさとさんのどちらかが少ないことがわかる。また，つばささんとあすかさんのどちらかが最も多くつんだこともわかる。問題は，つんだ茶葉の量が一番多かった人はだれかを求める方法をきいているので，つばささんとあすかさんのつんだ量の関係がわかればよい。

問題3　接続詞で区切って考える。ただし，「また」の直後の文は，一つ目の手順についての説明を加えている文であり，「なお」の直後の文は補足の文なので注意する。

「しばらく」という言葉は，具体的にどれくらいの数値や時間などを示すのかがわかりにくい。

問題4　○にあてはまる数を２に固定して，順に考える。同じ数を２回使うことはできない。また，○，△，☆の数は小さい順になるため，３つの数の組み合わせは，２と３と７，２と４と６の２つである。同様に，○にあてはまる数を３に固定して考えると，３と４と５の組み合わせである。○が４以上のときは，３つの数の組み合わせはできない。

問題5　高田さんの最後から２番目のせりふに注目する。１を取りのぞくと４つの式が作れなくなるとあるが，残る３つの式は問題４で求めた「2+3+7」「2+4+6」「3+4+5」である。つまり，２～10の中から２つ選び，３つの式を作れなくなる組み合わせを４つ探せばよい。例えば，２と３を選べば，「2+3+7」「2+4+6」「3+4+5」の式はいずれも作れなくなる。このようにして考えると，【取りのぞく３つの数】の組み合わせは，１と２と３，１と２と４，１と２と５，１と３と４，１と３と６，１と４と７の６つであることがわかる。

★ワンポイントアドバイス★

広い分野から出題されているが，思考力が問われる問題が多い印象である。基本的な知識をもとに，問題の形式に対応する力が必要となる。具体的な数字や場面を想定して考えてみよう。

＜作文問題解答例＞《学校からの解答例の発表はありません。》

私はボランティア活動にとても興味があります。そのため，ボランティア活動に興味がある人よりない人の方が多いというアンケート結果にとてもおどろきました。

私がボランティア活動に興味をもったきっかけは，去年の春休みに近所の公園をきれいにする活動に参加したことです。公園のごみを拾い，草ぬきをしたあと，花だんに花のなえを植えました。いつも自分たちが遊んでいる公園がとてもきれいになって，活動に参加してよかったと思いました。また，活動中にたくさんの人と話すことができたことも楽しかったです。この活動に参加してからもっといろいろなボランティア活動をしていきたいと思うようになりました。アンケートで興味があると答えた人たちの気持ちにもあるように，ボランティア活動に参加することで自分が住んでいる地域や社会をよりよくでき，たくさんの人と出会うこともできます。アンケートで興味がない，わからないと答えた人も，一度ボランティア活動に参加してみるとボランティアのよい点に気づくことができると思います。

私はこれから困っている人を助けるようなボランティア活動にも参加してみたいと思っています。また，英語の勉強も好きなので，もっと勉強をがんばって，いつかは外国から来た観光客の人を英語でガイドするなどの，英語を使って人助けができるような活動をしてみたいです。

○配点○

70点

＜作文問題解説＞

重要 **（作文：テーマ型　グラフから読み取れることをふまえて考えを述べる）**

グラフの情報と関連させて自分の考えを書く問題である。五百字～六百字の指定なので，三～五段落に分けて書くとわかりやすい文章になる。グラフにはどのような気持ちからボランティア活動に興味をもったかが示されているため，そこから二,三個関連させられるとよい。自分の経験をあげて書くという条件はないが，経験から考えたことや感じたことを書くとより具体的な作文になる。「感じたり考えたりしたこと」を書く作文なので，アンケート結果のグラフを見て自分がどのように感じたのか，自分のボランティア活動に対する気持ちに変化はあったのか，などまで書けるとなおよい。

★ワンポイントアドバイス★

作文の主題は自分の考えを述べることなのでグラフの読み取りが作文の中心にならないように気をつけることが大切。グラフを読み取った感想文にならないように注意しよう。

2021年度

★★★★★★★★★★★★★★★★★★★★★★★★★

入　試　問　題

2021年度

長崎県立中学校入試問題

【適性検査】（60分）　＜満点：130点＞

1　みさとさんとはるきさんは，教室で話をしています。

みさとさんは，はるきさんにおつかいで買い物へ行ったときの話をしています。

みさと「昨日，家の近くのスーパーマーケットへ買い物に行ったよ。」

はるき「何を買ったのかな。」

みさと「とうふ，ハム，そして卵。きちんと表示を確かめて買ったよ。商品にはいろいろな表示がついているね。」

はるき「期限の表示には，２種類あるよね。」

みさと「わたしが買ったとうふには，消費期限という表示がついていたよ。その表示の意味は，

その日を過ぎると（　　　　　　　　）ので，（　　　　　　　　）

ということだったよね。」

問題１　□　の中の空らんにはそれぞれどのような言葉が入るでしょうか。あなたの考えを書きなさい。

みさとさんたちは，おつかいの話を続けています。

みさと「買ってきたとうふやハムを買い物ぶくろから取り出したら，周りに水てきがついてぬれていたよ。」

はるき「冷やして売られていたものを買って帰ると，家に着いたときには表面に水てきがついていることがあるね。」

みさと「どうしてかな。」

はるき「それは，［　　ア　　］からだよ。同じようなことが，日常生活のほかの場面でもみられるよ。」

みさと「そうだね。例えば，［　　イ　　］ことなどがそれにあたるね。」

問題２　［ア］，［イ］にはそれぞれどのような言葉が入るでしょうか。あなたの考えを書きなさい。

みさとさんたちは，おつかいの話から話題を広げています。

みさと「とうふと言えば，『とうふにかすがい』ということわざがあるね。」

はるき「昨日，ろう下でさわいでいる人がいたから注意したけれど，何回言っても『とうふにかすがい』で注意したかいがなかったな。」

みさと「そういうふうに使えるね。ことわざに関することだけど，こんなことがあったよ。友達と公園で待ち合わせをしていて，おくれそうだったので，お母さんに教えてもらった近道

を通って行こうとしたら，道に迷って，いつも以上に時間がかかってしまったよ。最初から知っている道を行けばよかったな。このとき『［　ウ　］』ということわざが頭にうかんだよ。」

はるき「なるほど。ことわざを使って表現できる場面はたくさんあるね。」

みさと「ほかにどんな場面があるかな。」

はるき「この前，『さるも木から落ちる』と言えるできごともあったよ。
［　エ　］というできごとだよ。」

みさと「本当にことわざどおりの場面だね。探(さが)してみるといろいろ見つかるね。」

※かすがい…二つの材木をつなぎとめるために打ちこむ，コの字の形をしたくぎ

問題3　［ウ］にあてはまることわざを一つ書きなさい。

問題4　［エ］に入るできごととして，適切な例を考えて書きなさい。ただし，ことわざの表現をそのまま用いてはいけません。

みさとさんたちの話題は，今日の時間割(わり)に移りました。

はるき「今日は算数の後に体育があるね。」

みさと「体育は好きだけど，着がえるのに時間がかかるよね。」

はるき「でも，体育の時間に体育着を着るのには理由があると思うよ。」

みさと「そうか。体育着を着ていると［　オ　］からね。それに，あせをかくことやよごれることを気にしなくていいね。」

はるき「そうだね。そして体育の後は給食だね。」

みさと「そういえば，給食の配ぜんをするときに給食着を着るよね。何のためかな。」

はるき「それは，［　カ　］ためだよ。それに，服がよごれることも防いでいるね。」

みさと「わたしたちが着ている服にはいろいろなはたらきがあるから，目的に合わせて着るといいね。」

問題5　［オ］，［カ］にはそれぞれどのような言葉が入るでしょうか。あなたの考えを書きなさい。

2　かおりさんたちの学級では，グループに分かれて自然環境(しぜんかんきょう)について学習しています。

かおりさんたちのグループは，自然環境を守る取り組みについて調べるため，環境科学館で担当(たんとう)の林さんの話を聞いています。

林さん「最近では，プラスチックごみによる海洋汚染(かいようおせん)が注目されています。次のページの**資料**を見てください。これは，それぞれの海岸で回収(かいしゅう)されたペットボトルを，ラベルなどに書かれていた文字をもとに分類してグラフにし，地図上に示したものです。文字が読み取れないものは，不明としています。」

資料

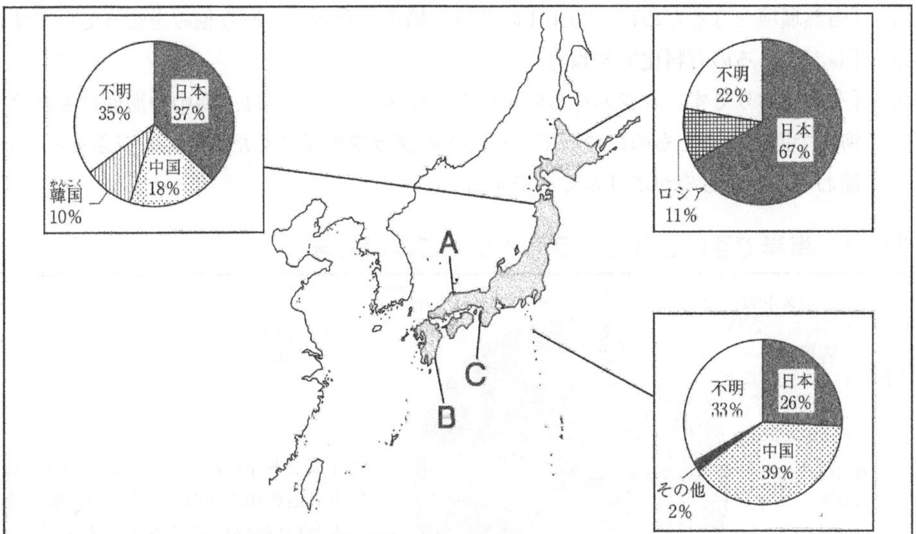

※グラフは平成３０年度に各地点の海岸線５０ｍの中で回収されたペットボトルの個数をもとに割合を示したものです。

（環境省の資料をもとに作成）

かおり　「日本のものだけでなく，周りの国のものも回収されているのですね。」

としき　「なぜ，日本の海岸に周りの国のものがあるのかな。」

かおり　「［ア］や［イ］などのえいきょうで運ばれてきたからだと考えられるよ。」

林さん　「そうですね。それらのえいきょうを考えると，**資料**のA，B，Cの海岸で回収されたペットボトルのことを表しているグラフは，それぞれ次の①，②，③のどれかわかりますか。」

①

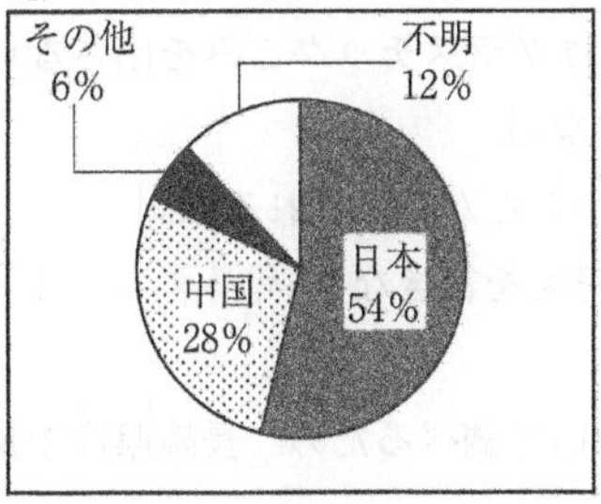

②

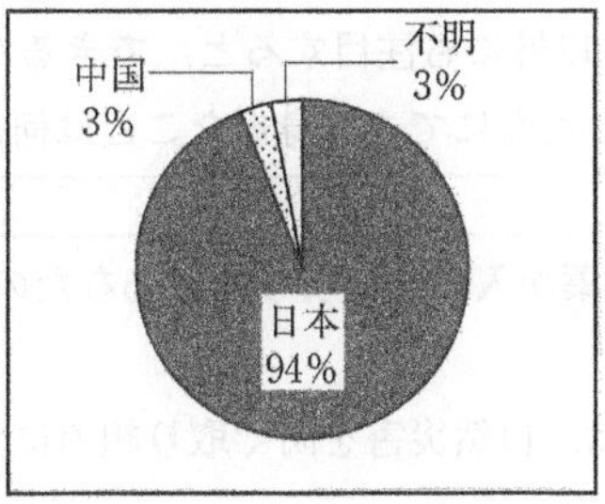

③

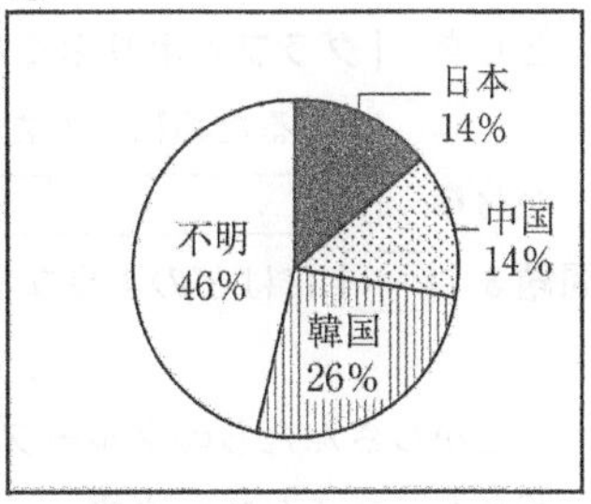

としき　「Aが［ウ］，Bが［エ］，Cが［オ］です。」

林さん　「そのとおりです。ごみによる海洋汚染の問題を解決するには，わたしたち一人一人がごみを減らしたり，海岸のそうじを行ったりするだけではなく，周りの国と協力することも必要ですね。」

問題１　［ア］，［イ］にはそれぞれどのような言葉が入るでしょうか。あなたの考えを書きなさい。

問題２　［ウ］～［オ］にあてはまる番号を①～③からそれぞれ選び，答えなさい。

かおりさんたちは，引き続き林さんの話を聞いています。

林さん　「自然環境を守るために，2020年の７月に始まった新しい取り組みを知っていますか。」

としき　「レジぶくろの有料化ですね。」

林さん　「そのとおりです。レジぶくろのようなプラスチックごみは，海中や海底にもありますが，海岸で回収されたものについて示した次の**グラフ**を見てください。レジぶくろとして多く使われているものがポリぶくろです。」

グラフ　海岸で回収されたプラスチックごみの割合

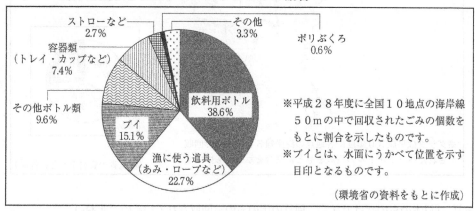

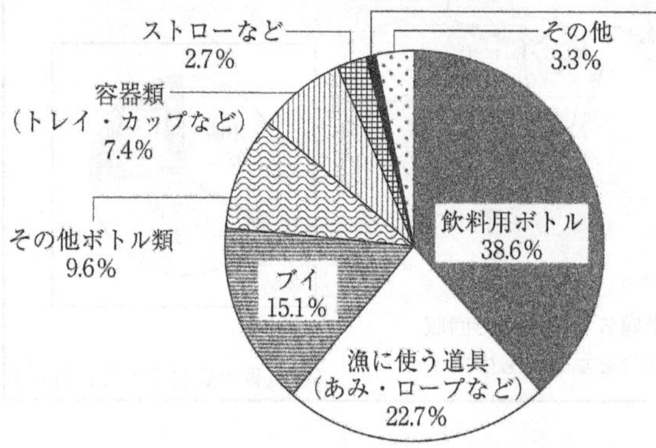

※平成２８年度に全国１０地点の海岸線５０ｍの中で回収されたごみの個数をもとに割合を示したものです。

※ブイとは、水面にうかべて位置を示す目印となるものです。

（環境省の資料をもとに作成）

かおり　「海岸で回収されたプラスチックごみの中で，ポリぶくろは0.6%ですね。レジぶくろを有料にしても，ごみを減らす効果は小さいのではないですか。」

林さん　「よく気がつきましたね。レジぶくろの有料化には，プラスチックごみを減らすきっかけとして，みなさんの生活に身近なレジぶくろの利用について考えてもらうという意味もあるのですよ。」

としき　「**グラフ**のポリぶくろ以外にも注目すると，できるだけプラスチックごみを出さないようにするために，わたしたちにできる身近なことは何かな。」

かおり　「［　　　　　　　　　　　　　　］ことが考えられるね。」

問題３　［　　］にはどのような言葉が入るでしょうか。あなたの考えを書きなさい。

たかしさんたちのグループは，自然災害を防ぐ取り組みについて調べるため，長崎県庁（けんちょう）で担当の西さんと話をしています。

たかし　「大雨によって川がはんらんしたというニュースを見ることがありますが，これまでにどのような水害がありましたか。」

西さん　「1982年の７月には長崎大水害が起きました。このとき，長崎市の中島川（なかしまがわ）にかかる眼鏡（めがね）橋の一部も流されてしまいました。」

たかし　「その後，どのような対策（たいさく）を行ったのですか。」

西さん　「再建した眼鏡橋を守り，川のはんらんを防ぐため，次のページの**写真１**，**写真２**のように中島川の両側に水路を作る工夫をしたのです。」

写真１　眼鏡橋付近の上流からの様子

写真２　眼鏡橋付近の下流からの様子

※写真１、写真２にある矢印は、川の流れの向きを示しています。

せいや　「その工夫で，どうして眼鏡橋を守ることができるのかな。」

たかし　「両側に水路を作ったことで［　　　　　　　　　　］から，眼鏡橋が流されることを防ぐことができるのですね。」

西さん　「そのとおりです。」

問題４　［　　］にはどのような言葉が入るでしょうか。あなたの考えを書きなさい。

たかしさんたちは，引き続き西さんと話をしています。

西さん　「長崎大水害が起きた当時は，離島部は別として，長崎県内のどこかで大雨が予想されると県全体を対象に注意報や警報を発表していました。」

たかし　「その方法ではとても広いはんいを対象としているので，大雨警報が出されていても，それほど雨が降らない地域もあったのではないですか。」

西さん　「そのとおりです。現在は気象予報の精度が上がり，長崎県内にある21の市や町ごとに注意報や警報が出されるように改善されました。」

せいや　「大雨に関する地域ごとの正確な情報を手に入れることができるようになったことで，わたしたちは［　　　　　　　　　　］ことができますね。」

問題５　［　　］にはどのような言葉が入るでしょうか。あなたの考えを書きなさい。

３　みなこさんは，休日を家族と過ごしています。

みなこさんは，お父さんの運転する車で出かけることになり，目的地に向かう途中，橋をわたっています。

みなこさんたちがわたった橋

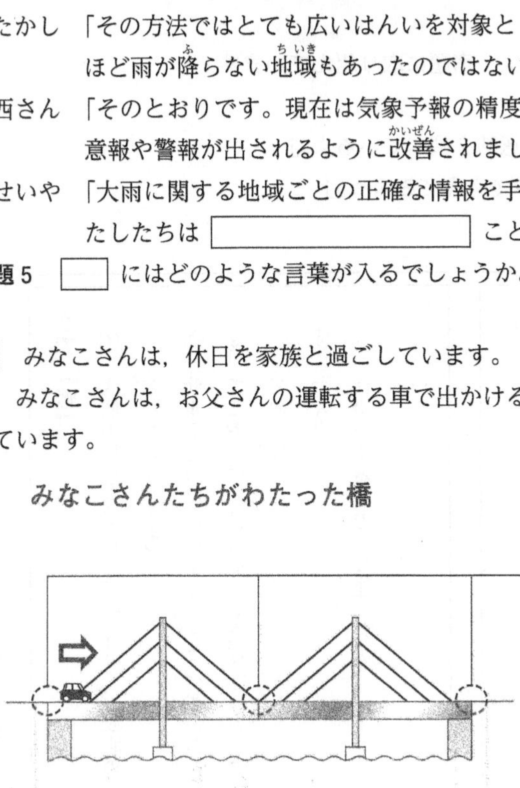

つなぎ目の拡大図

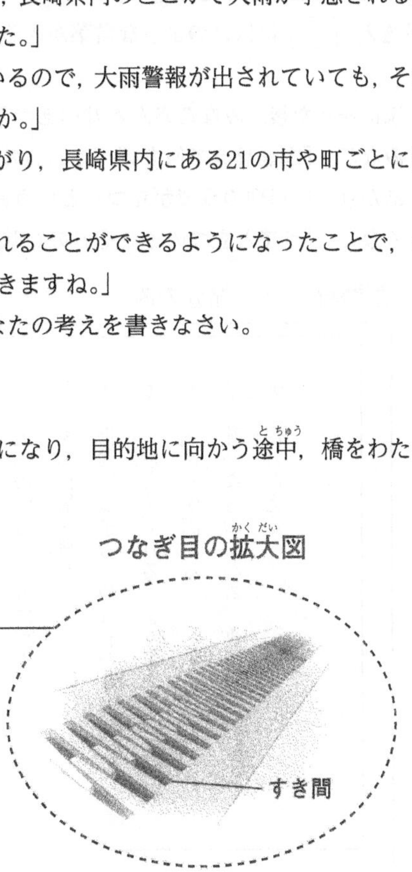

※◌は橋のつなぎ目の位置を示しています。
真ん中のつなぎ目から両はしのつなぎ目までは等しい長さです。

みなこ　「橋をわたり始めたときに，大きな音がしたよ。」

お父さん「橋の**つなぎ目**を通ったからだよ。橋の両はしと真ん中に**つなぎ目**があるから，あと2回大きな音がするよ。真ん中の**つなぎ目**を通ってから最後の**つなぎ目**を通るまでの時間を計ってごらん。」

みなこ　「18秒だったよ。」

お父さん「橋をわたる間はずっと時速45kmで走っていたから，計った時間を使って計算すると，この橋の全体の長さは何mになるかな。」

みなこ　「計算してみるね。できた。□ mになるね。」

問題1　□ にあてはまる数を答えなさい。また，具体的な**数**や**式**を用いて**求め方**も書きなさい。

みなこさんとお父さんは，会話を続けています。

お父さん「ところで，多くの部分が鉄などの金属で作られている橋の**つなぎ目**には，必ず**すき間**があるのだよ。どうしてかわかるかな。」

みなこ　「どうしてだろう。」

お父さん「金属の性質に注目して，考えてみよう。」

みなこ　「そうか。□ から，**すき間**をつくる必要があるのだね。」

問題2　□ にはどのような言葉が入るでしょうか。あなたの考えを書きなさい。

家に帰った後，みなこさんと妹のあかりさんは，宿題に取り組んでいます。

みなこ「**国語辞典**で何を調べているの。」

あかり「『料理の**うでが立つ**』という言葉の意味を調べているよ。」

みなこ「**うで**と**立つ**のそれぞれの意味を調べて考えてみよう。」

国語辞典（一部分のみ）

うで【腕】

① 人間の肩から手首までの部分で，衣服の袖がおおうところ。
② サルなどの前足やイカ・タコなどのあし。
③ てこや，てんびんなどで支点から力点までの横棒。
④ わん力。
⑤ 仕事をする能力。技能。力量。
…

た・つ【立つ】

① 縦にまっすぐになる。起き上がる。
② 上へのぼる。上方に高くなる。
③ ある位置を離れる。
④ 世間に広まる。知れわたる。
⑤ 一段とすぐれる。よくできる。
⑥ 気持ちが高ぶる。
⑦ 確かなものになる。決まる。
⑧ 用にたえる。
…

（国語辞典をもとに作成）

あかり　「どちらの言葉もいろいろな意味をもっているね。」

みなこ　「**うで**と**立つ**のそれぞれの意味から適切なものを選んで組み合わせるとわかりそうだね。」

あかり　「なるほど。『料理の**うで**が**立つ**』の場合は，［　ア　］という意味になるのだね。それにしても**立つ**には，こんなにもたくさんの意味があるのだね。」

みなこ　「日常生活の中には，**立つ**のそれぞれの意味を使った言葉がたくさんあるよ。例えば，①番の意味で使われているものとして『茶柱が**立つ**』と言うよね。」

あかり　「『料理の**うで**が**立つ**』や『茶柱が**立つ**』以外の意味で**立つ**が使われている言葉には，どのようなものがあるかな。」

みなこ　「例えば，［　イ　］番の意味を使ったものでは，『［　ウ　］』という言葉があるよね。」

問題３　［　ア　］にはどのような言葉が入るでしょうか。**うで**と**立つ**，それぞれの**国語辞典**の言葉を使って，『料理の**うで**が**立つ**』の意味を書きなさい。

問題４　［　イ　］には**国語辞典**の**立つ**の意味の中から番号を**一つ**選んで書きなさい。また，［　ウ　］には選んだ番号の意味にあてはまるように，**立つ**を使った言葉を**一つ**書きなさい。

４　たくみさんの学級では，お楽しみ会の準備をしています。

たくみさんとのりこさんは，お楽しみ会で長崎県産品コーナーをつくり，ミカンとナシを実際に見せてしょうかいすることにしました。

準備のために果物（くだもの）屋へ行くと，ミカンとナシの盛（も）り合わせが**A**セットと**B**セットの２種類で売られていました。

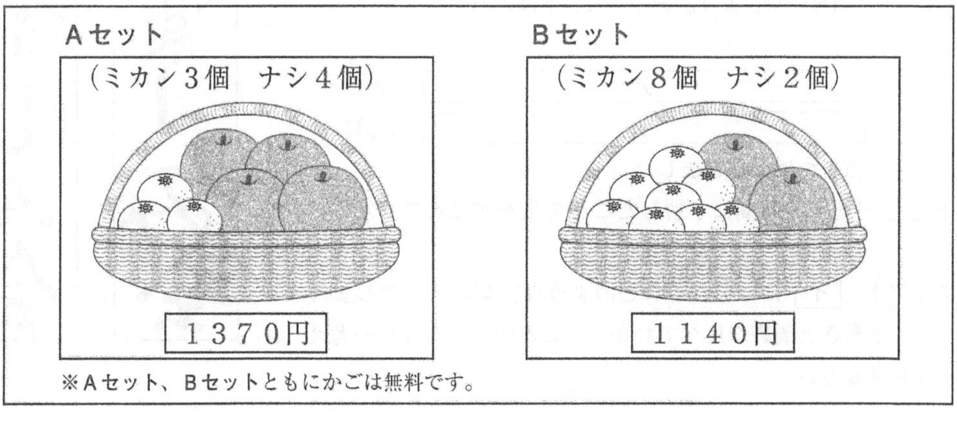

たくみ　「ミカン１個の値段（ねだん）と，ナシ１個の値段はいくらかな。」

のりこ　「どのミカンも１個の値段が同じで，どのナシも１個の値段が同じだと考えて，次のページの**メモ**のように計算したら，ミカン１個とナシ１個のそれぞれの値段を求めることができたよ。」

たくみ　「**メモ**に１１４０×２－１３７０＝９１０という式を書いているよね。この式を書いた理由を説明してくれないかな。」

のりこ　「いいよ。［　　　　　　　　　　］と考えたのだよ。」

たくみ　「なるほど。まず，果物の数に注目して求めたのだね。」

メモ

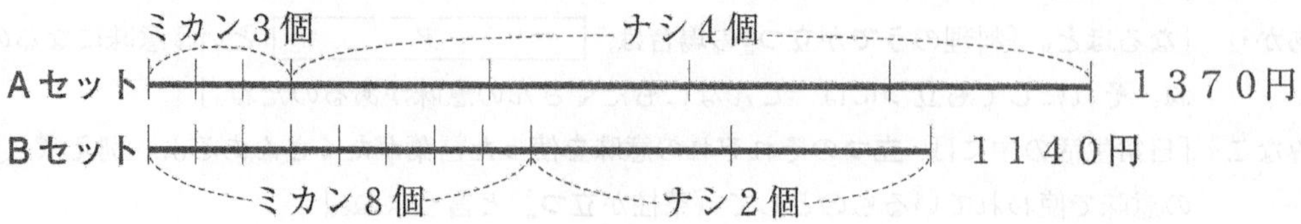

１１４０×２－１３７０＝９１０
９１０÷（８×２－３）＝７０
１３７０－７０×３＝１１６０
１１６０÷４＝２９０

問題１　［　　］にはどのような言葉が入るでしょうか。あなたの考えを書きなさい。

のりこさんは，お楽しみ会に向けて会場の題字を書く係になりました。**下書き**と**清書**を比べながら，田中先生と話をしています。

田中先生「筆を使っててていねいに書くことができましたね。下書きでも，とめ，はね，はらいなど一つ一つの文字がしっかり書けていましたが，**清書**のほうがバランスよく書けていますね。」

のりこ「**清書**では，より読みやすく，全体のバランスをとるために，
［　　　ア　　　］ことと
［　　　イ　　　］ことに
気をつけて書きました。」

田中先生「書写の時間に学習したことを生かすことで，すてきな題字ができましたね。」

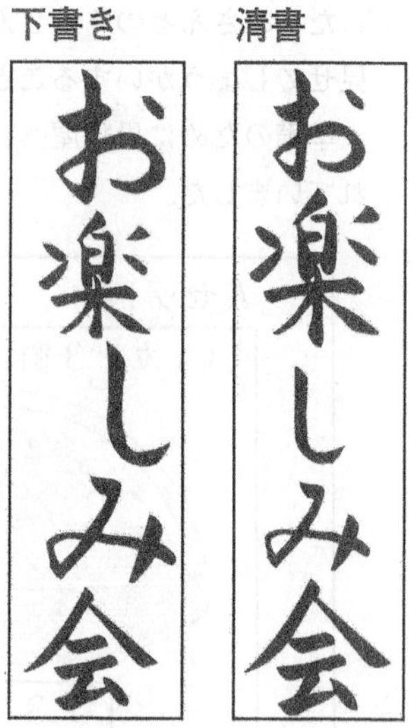

問題２　［ア］，［イ］にはそれぞれどのような言葉が入るでしょうか。**下書き**と**清書**を比べてわかったことから，あなたの考えを書きなさい。

じょうじさんたちは，お楽しみ会で出すクイズについて話し合っています。教室には，**2020年11月のカレンダー**がかかっています。

じょうじ「今月は１日が日曜日だったね。」

よしお「近所の映画館は毎月１日に入場料金が割引になるから，家族で映画を見に行ったよ。」

るいか「それはいいね。ちなみに来月の１日は火曜日だね。**カレンダー**を見なくてもわかるよ。」

２０２０年１１月のカレンダー

日	月	火	水	木	金	土
1	2	3	4	5	6	7
8	9	10	11	12	13	14
15	16	17	18	19	20	21
22	23	24	25	26	27	28
29	30					

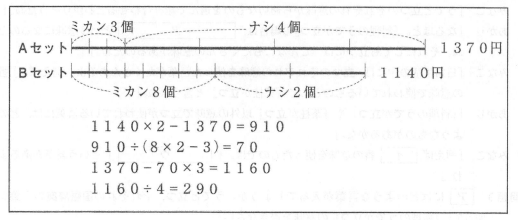

よしお　「どうしてわかるの。」
るいか　「11月は30日まであるよね。30を７でわるとあまりが２だから，12月１日は日曜日の２日後の火曜日だということがわかるよ。」
よしお　「なるほど。では，2021年で１日が日曜日になるのは何月かな。」
るいか　「それをクイズにしよう。月ごとの日数と，日数を７でわったあまりを表にまとめてみたよ。」

表　２０２０年１１月から２０２１年１２月までの、月ごとの日数と日数を７でわったあまり

月	11月	12月	1月	2月	3月	4月	5月	6月	7月	8月	9月	10月	11月	12月
日　数	30	31	31	28	31	30	31	30	31	31	30	31	30	31
日数を７でわったあまり	2	3	3	0	3	2	3	2	3	3	2	3	2	3

じょうじ　「この表から考えると，2021年８月１日は日曜日だということがわかるね。」
よしお　「どうしてわかるの。」
じょうじ　「表の日数を７でわったあまりを使って説明するね。

[　　　　　　　　　　]

から，2021年８月１日は，2020年11月１日と同じ日曜日だということがわかるよ。」

問題３　[　　] にはどのような言葉が入るでしょうか。具体的な数や式を用いて，あなたの考えを書きなさい。

じょうじさんたちは，田中先生の誕生日（たんじょうび）について話をしています。
じょうじ　「お楽しみ会がある日は，田中先生の24さいの誕生日だ。」
よしお　「お楽しみ会は来週の水曜日だから，田中先生が何曜日に生まれたのかがわかるね。これをクイズにするのはどうかな。」
るいか　「それはいいね。さっそく答えを求めよう。」
よしお　「まず，田中先生の生まれた日が，お楽しみ会がある日の何日前かを計算しよう。この24年間に２月29日は６回あったから，

２４年間の日数 ＝（３６５×１８＋３６６×６）日

と表すことができる。今から計算するね。」
るいか　「ちょっと待って。その計算をする必要はないよ。求めたいのは24年間の日数ではなく，24年間の日数を７でわったあまりだから，このように計算を工夫すると簡単（かんたん）にあまりを求めることができるよ。」

$$365 \times 18 + 366 \times 6 = \boxed{ア} \times 24 + 1 \times 18 + 2 \times 6$$

よしお　「なるほど。このように工夫すると，24年間の日数を７でわったあまりが [イ] であることを簡単に求めることができるね。」

じょうじ　「田中先生が生まれた日はお楽しみ会の日のちょうど24年前だから，田中先生が生まれたのは [ウ] 曜日だね。」

問題４ [ア] にあてはまる数を答えなさい。また，るいかさんは，どのように考えて「このように計算を工夫すると簡単にあまりを求めることができる」と言ったのでしょうか。具体的な**数や式**を用いて，**考え方**を書きなさい。

問題５ [イ] にあてはまる数と，[ウ] にあてはまる**漢字一字**を答えなさい。

【作　文】（四五分）〈満点：七〇点〉

次のグラフは、「読書をすることの良いところは何だと思うか」という質問に対する全国の調査結果を示したものです。

グラフ

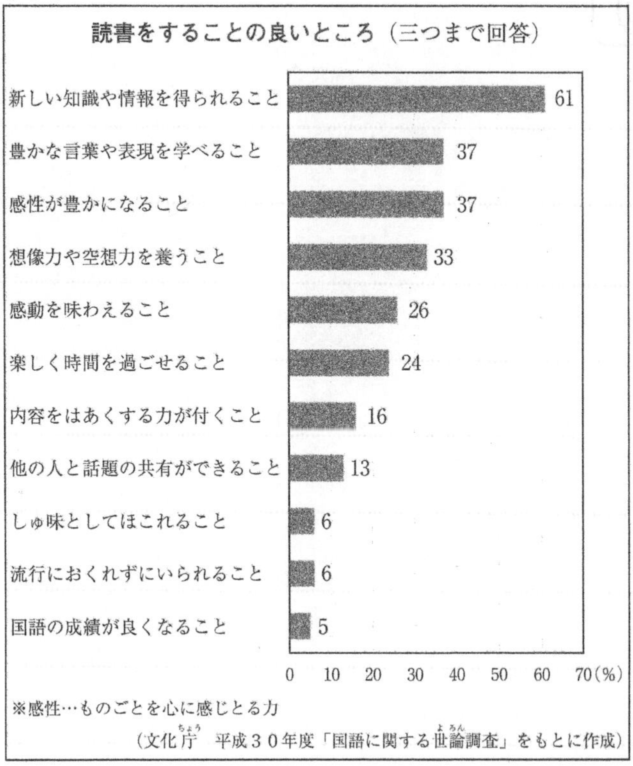

問題

「あなたが読書から得たこと」について、感じたり考えたりしたことを、次の【条件】に合わせて解答用紙に書きなさい。

【条件】

一、グラフの結果と関連させて書くこと。

二、自分の経験をあげて書くこと。

三、五百字以上六百字以内で書くこと。

【注意】

一、題名や名前は書かないこと。

二、原こう用紙の一行目から書き始めること。

三、必要に応じて、段落に分けて書くこと。

四、数字や記号を記入するときには（例）のように書くこと。

（例）

10
%

MEMO

大切なことはメモしておこうネ！

2021 年 度

解 答 と 解 説

《配点は解答欄に掲載してあります。》

＜総合問題解答例＞

1 問題1 （その日を過ぎると） 安全ではない （ので,） 食べないほうがよい
問題2 ア 空気中の水蒸気が冷やされると水になる
イ 寒い日に教室の窓ガラスの内側に水てきがつく
問題3 ウ 急がば回れ
問題4 エ 算数の授業で，暗算が得意な先生が計算を間ちがえた
問題5 オ 体を動かしやすい
カ 清潔さを保つ

2 問題1 ア 海流 イ 風
問題2 ウ ③ エ ① オ ②
問題3 飲料用ボトルのごみを減らすために水とうを使う
問題4 橋の下を流れる水の量が減る
問題5 早めにひ難の準備をする

3 問題1 450
求め方
時速を秒速に変えると 45÷3600＝0.0125
橋の半分の長さは 0.0125×18＝0.225
橋全体の長さは 0.225×2＝0.45
0.45km＝450m
問題2 金属は温度が上がるとのびる
問題3 ア 料理の技能が一段とすぐれる
問題4 イ ⑥ ウ 腹が立つ

4 問題1 Bセットの値段を２倍したものから，Aセットの値段を引けば，ミカン13個分の値段が求められる
問題2 ア かなを漢字よりも小さくする
イ 文字の中心をそろえる
問題3 表の日数を７でわったあまりを，2020年11月から2021年７月までたすと，
2＋3＋3＋0＋3＋2＋3＋2＋3＝21
となり，21は７でわりきれる
問題4 ア 364
考え方
364＝7×52より，364は７でわりきれるから，364×24も７でわりきれる。だか

ら，24年間の日数を７でわったあまりは，1×18＋2×6を７でわれば求めることができる。

問題５　イ　２　　ウ　月

○配点○

1　問題１・問題２イ　各5点×2　　問題２ア・問題４　各6点×2　　問題３　3点
問題５　各4点×2

2　問題１　各3点×2　　問題２　各2点×3　　問題３・問題４・問題５　各7点×3

3　問題１答え・問題４イ　各3点×2　　問題１求め方　5点　問題２・問題３　各6点×2
問題４ウ　4点

4　問題１・問題３　各7点×2　　問題２　各3点×2　　問題４答え・問題５　各4点×3
問題４考え方　5点　　計130点

＜総合問題解説＞

1　（総合問題：食品，ことわざ，ひ服）

問題１　期限の表示には２種類あり，消費期限は安全に食べられる期限を表している。賞味期限は品質が変わらずにおいしく食べられる期限を表している。

問題２　ア　冷やされていたとうふやハムは周りの空気に比べて温度が低く，空気中の見えない水蒸気(すいじょうき)を冷やすので，そこだけ水蒸気が水てきの形に姿を変える。水を熱するとふっとうして水蒸気になることと逆のことが起こっている。

イ　水や空気が冷やされたり温められたりすることで，水てきや水蒸気に変化する身の周りの例を考える。

問題３　ウ　急いでいるといつもは使わないような方法を選んでしまいたくなるが，時間はかかってもいつも使っている確実な方法を選んだほうが結果としては早く物事を達成できるという意味。

問題４　エ　「さるも木から落ちる」とは，そのことがどんなに得意だとされている人でも失敗することや間ちがえることがあるという意味で用いられる。同じような意味で「弘法(こうぼう)も筆の誤(あやま)り」や「河童(かっぱ)の川流れ」といったことわざがある。

問題５　オ　体育着を着ることにはどのようなよい点があるのか考える。「体を動かしやすい」という理由のほかにも，「けがをしにくい」という理由もあげられるだろう。

カ　給食を配ぜんするときは衛生面に気をつけなければならない。服のそでやかみの毛が食事につかないように清潔さを保つことが給食着の大きな役割(わり)である。

基本　2　（総合問題：環境問題，割合，表の読み取り，防災）

問題１　海岸に流れ着いたものは，波や風の力で運ばれてきたと考えられる。

問題２　まず，日本海側のＡ海岸はもっとも韓国(かんこく)に近く，そのえいきょうが大きいと考えられるので，３つのグラフのうち韓国のペットボトルの割合が多い③があてはまる。次に，Ｃ海岸は太平洋に面していて，中国や韓国のペットボトルが流れ着くとは考えにくいので日本のペットボトルが94％をしめるグラフ②があてはまる。残る海岸Ｂは３つのなかでもっとも南にあり，中国に近いため中国のペットボトルの割合が大きい①のグラフがあてはまる。

問題３　わたしたちの生活の中でできる身近なことを考える。問題文中のグラフの中でごみの割合がいちばん大きく，生活で使うことが多いであろう飲料用ペットボトルを減らすためにできることは何かを考えるとよい。

問題４　眼鏡(めがね)橋が流されてしまったのは，川の水の量が増えて流れが強くなってしまったからである。両側に水路を作ることで，川を流れる水は分散され，橋の下を流れる水の量を減らすことができる。

問題５　注意報や警報(けいほう)が広いはんいを対象としていると雨の程度に差があり，同じ警報が出ている地域(ちいき)の人でもひ難する必要がある人とない人がいて，判断が難しくひ難がおくれてしまう場合がある。地域ごとの正確な情報を手に入れることができるようになれば，早く適切な判断ができるようになり，ひ難の準備も早めに行うことができる。

３　**（総合問題：橋の長さ，金属の性質，言葉の意味）**

問題１　１時間は3600秒なので，時速45kmを秒速に直すと，

$45 \div 3600 = 0.0125$

より，秒速0.0125kmである。秒速0.0125kmで18秒走ったときのきょりは，

$0.0125 \times 18 = 0.225$(km)

真ん中のつなぎ目から両はしのつなぎ目までは等しい長さなので橋全体の長さを出すために２倍する必要がある。

$0.225 \times 2 = 0.45$(km)

みなこさんはmで答えを出しているので，kmをmに直すと，

0.45km＝450m

よって，答えは450である。

問題２　この橋には太陽の光をさえぎるものがなく，太陽の光によって日中や夏場は表面温度がかなり上がると考えられる。金属は温度が上がるとのびる性質をもっているので，すき間をつくる必要がある。

問題３　「料理のうでが立つ」の場合，うでの意味は⑤の「技能」で，立つの意味は⑤の「一段とすぐれる」がふさわしい。よって答えは，「料理の技能が一段(いちだん)とすぐれる」となる。うでの⑤には「能力」「力量」の意味もあるが，この場合は才能や素質だけでなく料理の「技術」がすぐれているという意味もふくまれるので「技能」という表現がよりふさわしいだろう。

問題４　②「けむりが立つ」(けむりが上へのぼる)，③「旅に立つ」(旅に出かける)，④「うわさが立つ」(うわさが広まる)，⑦「予定が立つ」(予定が決まる)，⑧「役に立つ」(はたらきにたえる)などが例としてあげられる。

４　**（総合問題：和と差の計算，漢字，カレンダー，あまりの数）**

問題１　Ａセットのナシの数はＢセットのナシの数の２倍なので，Ｂセットの値段(ねだん)を２倍にすると，ナシの合計金額は等しくなり，ＡセットとＢセットの値段の差はミカンの合計金額の差になる。どのミカンも１個の値段は同じなので，ミカンの合計金額の差をミカンの個数の差でわれば，ミカン１個の値段を求めることができる。

問題２　**清書**と**下書き**をよく見くらべてちがうところを見つける。**下書き**と比べて**清書**のほうが，かなと漢字の大きさのバランスがよく，文字の中心がそろっていて読みやすくなっていることがわかる。

問題３　2020年11月から**表**中の日数を７でわったあまりをたしていった数が，「その月の１日が日曜日から数えて何日目なのか」にあたる。しかし，たしていっただけではその日が何曜

日かを求めることができない。そこで，2020年11月が日曜日からはじまり30日までであることを利用して12月１日の曜日を求めている問題文中の例と同じようにして，何曜日かを求める。たしていった数を７でわったあまりの数は０～６の７種類あり，これは同じく日曜日から数えて何日目なのか，すなわち何曜日なのかを表す。あまりの数が１であれば月曜日，２なら火曜日…６なら土曜日と考えると，日曜日になるのはあまりの数が０のときである。以上のことから，表中の「日数を７でわったあまり」を７月までたしていったとき，その和は７でわりきれてあまり０であるから，その翌月の８月は１日が日曜日である。

問題４　「364は７でわりきれる」ので，365を364と１，366を364と２にわけて考える。

$$365\times18+366\times6$$
$$=(364+1)\times18+(364+2)\times6$$
$$=364\times18+1\times18+364\times6+2\times6$$
$$=364\times(18+6)+1\times18+2\times6$$
$$=364\times24+1\times18+2\times6$$

と式の形を変えることができ，この式全体を７でわったあまりは$1\times18+2\times16$の部分を７でわったあまりと等しい。このようにして，24年間の日数を７でわったあまりは，工夫すると簡単に求めることができる。

問題５　$(1\times18+2\times6)\div7=4$あまり2

田中先生が生まれた日は水曜日の２日前なので月曜日である。

問題３のときとちがって，現在から過去の曜日を求めようとしているので，求めたい曜日は２日後ではなく，２日前のものだということに注意する。

★ワンポイントアドバイス★

ことわざからひ服，書写の知識まで，はば広い分野から出題されている。計算問題では，単位や答え方に気をつけて落ち着いて答えを出し，その求め方や考え方も簡潔に書けるように練習しよう。

＜作文問題解答例＞《学校からの解答例の発表はありません。》

読書をすることの良さは，グラフにもあるようにたくさんあると思いますが，私が読書から得たことは主に二つあります。

一つ目は，言葉の知識が付くことです。これは，グラフの「新しい知識や情報を得られること」「豊かな言葉や表現を学べること」と近いと思います。私は六年生の国語の教科書に出てきた『注文の多い料理店』を読んで，宮沢賢治さんの本に興味をもち，何冊か読んでみました。宮沢賢治さんの本は，書かれた時代が古いこともあって，私には少し難しい表現が多く，意味を知らない言葉も出てきました。読むのに少し時間はかかりましたが，今まで知らなかった言葉を調べて知っていくことは，自分にとって楽しいだけでなくとても良い勉強になると感じました。

二つ目は，人の気持ちを考えられるようになったことです。これを強く感じたのは，あさのあつこさんの『バッテリー』という作品を読んだときです。野球のバッテリーを組む少年二人がすれ違いなどを経て成長していく物語です。主人公の心情を追っていくことで，この場面ではこのような気持ちになることもあるのかという新しい気付きがいくつもありました。これは普段の生活で友達の気持ちを考えるときにも役立っていると思います。

読書をすることで，さまざまな力を付けることができていると感じます。これからもたくさん本を読んで，自分の力にしていきたいと思います。

○配点○

70点

＜作文問題解説＞

基本 **（作文：テーマ型　自分の経験をふまえて考えを述べる）**

グラフの情報と関連させて自分の体験を書く問題である。五百字～六百字の指定なので，三～五段落に分けて書くとわかりやすい文章になる。グラフには読書をすることの良いところがいくつかあげられているので，それらにつながるような「読書から得たこと」を２，３個書けると良い。自分の経験をあげて書くという条件があるので，自分が読んで得たものがあった作品の名前や軽いあらすじ，特ちょうなどを書くとより具体的な作文になる。「感じたり考えたりしたこと」を書く作文なので，自分が読書の経験を経てどのように感じたのか，今後読書に対してどのような姿勢で向き合っていきたいのかなどまで書けるとなお良い。

★ワンポイントアドバイス★

問題文中の条件に対して，適切な自分の経験を簡潔に書いてまとめられるようになることが大切。日ごろから，自分が成長したと感じるエピソードや印象的な出来事をふり返っておくと，与えられた時間を有効に使うことにもつながる。

MEMO

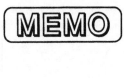

大切なことはメモしておこうネ！

2020年度

★★★★★★★★★★★★★★★★★★★★★★★★

入　試　問　題

2020年度

長崎県立中学校入試問題

【適性検査】（60分）　＜満点：130点＞

1　ひろやさんたちは，学習発表会で日本の森林について発表する準備をしています。

ひろやさんたちは，森林の面積について調べ，**資料１**と**資料２**を見ながら話をしています。

ひろや「調べた県の面積と森林面積を**資料１**にまとめたよ。」
えいこ「色分けして地図に表したら，発表を聞いている人がわかりやすいよね。」
ひろや「そうだね。では，森林面積の割合をもとに，**資料２**に色分けするね。」

資料１　県の面積と森林面積

（万 ha）

県名	県の面積	森林面積
鳥取	35	26
島根	67	52
岡山	71	48
広島	85	61
山口	61	44
徳島	41	31
香川	19	9
愛媛	57	40
高知	71	60

資料２　県の面積にしめる森林面積の割合により色分けした地図

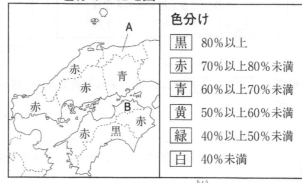

色分け
黒　80%以上
赤　70%以上80%未満
青　60%以上70%未満
黄　50%以上60%未満
緑　40%以上50%未満
白　40%未満

（**資料１**、**資料２**ともに林野庁の資料をもとに作成）

問題１　ひろやさんは，**資料１**から県の面積にしめる森林面積の割合を計算し，**資料２**の地図を色分けしています。地図の二つの県**A**と**B**は，それぞれ何色でしょうか。**資料２の色分け**から選び，答えなさい。

ひろやさんたちは，森林を守ることについて調べ，次のページの**資料３**と**資料４**を見ながら話をしています。

えいこ「人工林では，木を植えてから51年以上になると切って使うのに適した時期になるとわかったよ。社会科の授業でも，植えて，育てて，切ることをくり返すことが，森林を守るために大切だと習ったね。」
ひろや「そういえば，人工林を育てている間は手入れが必要だったね。」
ゆきな「でも今は，間ばつをしていない人工林が増えていると聞いたよ。また，**資料３**からは，［　ア　］ことが読み取れるよ。」
ひろや「どうしてそのようなことが起きているのかな。」

えいこ 「それは，林業で働く人が減っていることや，**資料４**から読み取れるように，

［　イ　］

ことなどが理由だそうだよ。」

ゆきな 「森林を守るために何ができるか，みんなで考えていきたいね。」

資料３　人工林の面積の変化

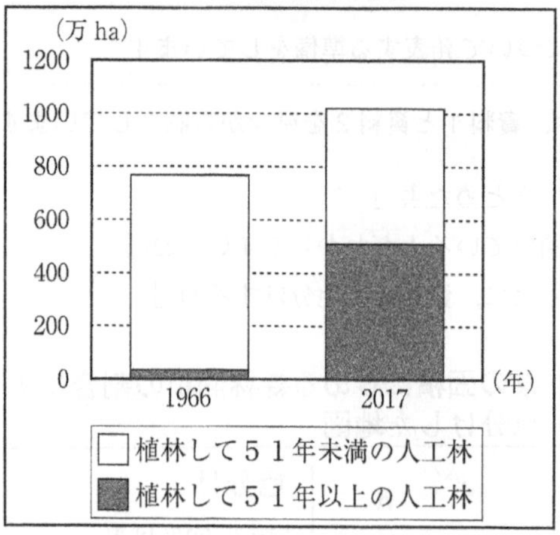

資料４　木材使用量の変化

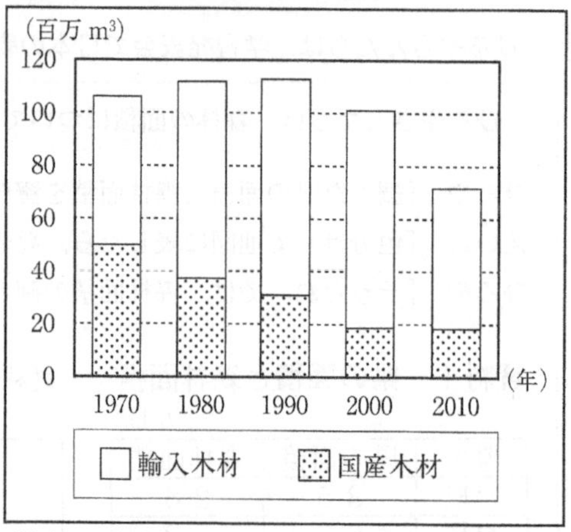

（**資料３**、**資料４**ともに林野庁の資料をもとに作成）

問題２　［ア］と［イ］には，それぞれどのような言葉が入るでしょうか。あなたの考えを書きなさい。

ひろやさんたちは，森林について調べたことを**ポスター**にまとめています。

ポスター

森林について知ろう!
森林の広さ
日本の国土面積の約３分の２が森林である。
ウ
災害を防止する
・森林が土をつかむことで山がくずれにくい。
水資源をたくわえる
・飲み水や農業用水などになる。
地球温暖化を防ぐ
・二酸化炭素を吸って、酸素を出している。
資材を生み出す
・木材や紙などになる。
森林を守るには
人工林では、木を植えて、育てて、切ることをくり返すことが大切である。
そだてる
きる
うえる

ゆきな 「［　ウ　］という見出しは，**ポスター**を見た人に伝わるかな。」

えいこ 「内容に合っているから，いいと思うよ。」
ひろや 「その見出しの下のほうにある土をつかむとは，どのような意味かな。」
えいこ 「 エ 様子を表しているよ。」

問題3 ウ には，どのような言葉が入るでしょうか。あなたの考えを**8文字以内**で書きなさい。
問題4 エ には，どのような言葉が入るでしょうか。何のどのような様子を表しているか，あなたの考えを書きなさい。

2 たかしさんの学校では，さまざまな委員会活動を行っています。

図書委員のたかしさんたちは，学校図書館の利用について話し合いをしています。

たかし「学校図書館をもっと利用してもらうために，図書だよりにおすすめの本をのせよう。みんなはどのような本が好きなのかな。」
みさと「1年間に3回調べている図書館の貸し出し冊数のうち，今回調べた結果を参考にしてみよう。」
たかし「この**表**は，今回調べた結果をもとに，各学年で貸し出された本の種類別の冊数をまとめたものだよ。」

表 各学年で貸し出された本の種類別冊数 （冊）

	文学	文化・芸術	自然・生き物	歴史・社会	産業	その他	合計
1年生	64	13	16	1	2	0	96
2年生	65	22	3	2	5	0	97
3年生	76	14	2	3	4	0	99
4年生	69	19	4	4	5	2	103
5年生	73	22	2	10	5	3	115
6年生	ア	イ	6	6	4	1	90

ようこ「この**グラフ**は，今回調べた結果をもとに，全校で貸し出された本の種類別の割合を表したものだよ。」
みさと「文学が多く貸し出されていることがわかるね。」
たかし「これをもとに，おすすめの本を選んでみよう。」

グラフ 全校で貸し出された本の種類別割合（%）

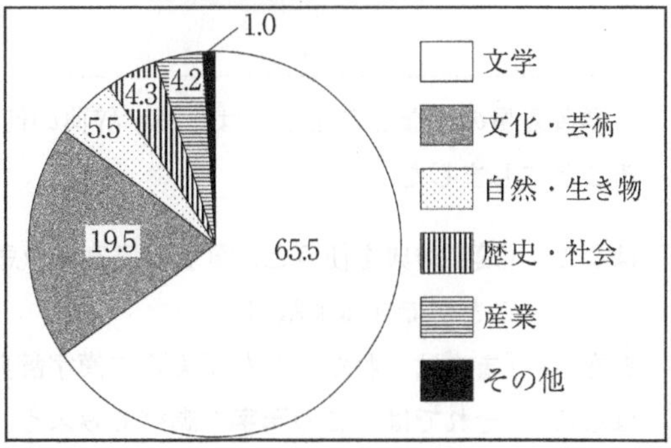

問題1 ア ， イ にあてはまる数を答えなさい。

たかしさんたちは，６年生の貸し出し冊数が前回と比べると少なくなっていることに気づき，**アンケート**をとることにしました。

たかし　「まずは，みんながどのくらい読書が好きかを知りたいね。」
みさと　「その質問については，結果をグラフで表すとわかりやすそうだね。」
ようこ　「本を読む冊数が以前に比べて減った人には，理由をくわしく聞きたいな。」
たかし　「人によって，いろいろな理由があるだろうからね。」
みさと　「それでは，６年生を対象に**アンケート**をつくってみよう。」

アンケート

読書についてのアンケート

○○小学校図書委員会

質問１　あなたはどのくらい読書が好きですか。
（回答）　ア　好き　　イ　きらい
質問２　あなたは本を読む冊数が以前に比べてどのように変わりましたか。
（回答）　ア　増えた　　イ　減った　　ウ　変わらない
質問３　質問２でイを選んだ人は、どうして減ったのか、その理由を教えてください。
（回答）　ア　読みたい本がない　　イ　ほかにしたいことがある

ご協力ありがとうございました。

みさと　「**アンケート**はこれでどうかな。」
たかし　「**アンケート**をつくるときは，知りたいことがわかるように，質問や回答のしかたをくふうすることが大切だね。」
ようこ　「**アンケート**をつくる前に話していたことを考えると，**質問１**と**質問３**は，回答のしかたをくふうしたほうがよさそうだね。」

問題２　ようこさんは，「回答のしかたをくふうしたほうがよさそうだ」と言っています。**質問１**と**質問３**の回答のしかたを，それぞれどのように変えればよいでしょうか。あなたの考えを，その理由もあわせて書きなさい。

学習委員のはなこさんたちは，漢字辞典の使い方について知ってもらうために，新聞をつくることにしました。

はなこ　「漢字辞典を使うと，漢字の読み方や意味，使い方などを知ることができるよね。」
あきら　「まずは，わたしたちが実際に漢字辞典を使ってみよう。」
はなこ　「それでは，この**漢字**を調べてみよう。」
みすず　「この**漢字**は読み方が『さくら』だから，それを使って引くといいね。」

漢字

桜

あきら 「読み方がわからないときは，どうしたらいいのかな。」
はなこ 「読み方がわからないときは，ほかの方法があるよ。この**漢字**は ＿＿＿＿ ，それを使って引くといいね。」
あきら 「なるほど。いろいろな引き方があって，便利だね。」

問題３ ＿＿ にはどのような言葉が入るでしょうか。**（例）**にならって，あなたの考えを**二つ**書きなさい。

（例）（　　読み方　　）が（　　さくら　　）だから

美化委員のそうたさんたちは，学校のごみ置き場を整理する話し合いのために，理科室に集まっています。

そうた 「ごみ置き場には，針金（はりがね）やかさなどの鉄のごみがたくさんあったよ。」
あかね 「鉄の回収（かいしゅう）工場では，人の手を使わず大量の鉄を移動させるために，磁石（じしゃく）を使った機械が使われているそうだよ。」
けんじ 「どのようなしくみなのかな。」
そうた 「理科室にあるものを使って，**模型**（もけい）をつくってみよう。」

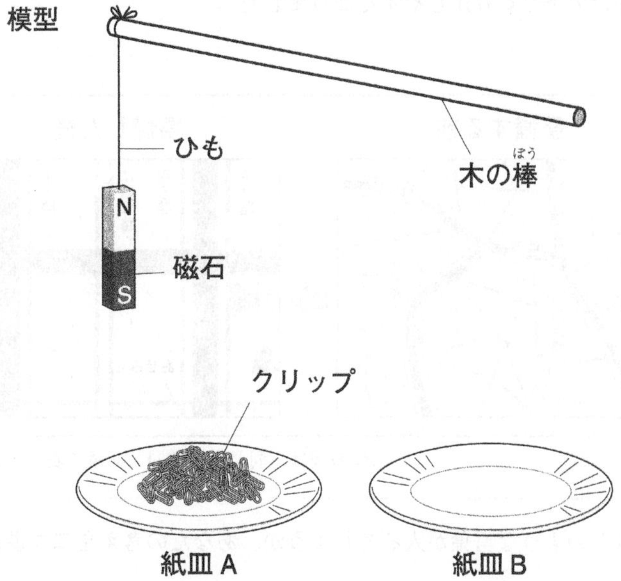

そうた 「**模型**をつくってみたよ。この**模型**を使って，**紙皿Ａ**にある鉄でできている**クリップ**を，**紙皿Ｂ**に移動させてみよう。」
あかね 「でも，この**模型**では回収工場の機械のようには移動させることができないよ。」
けんじ 「そうだね。これでは，**クリップ**が磁石にくっついたままになってしまうね。どうすればいいのかな。」
あかね 「そうか。磁石ではなく，電磁石を使った模型にすればいいと思うよ。」
そうた 「なぜ電磁石を使った模型だと，**クリップ**を移動させることができるのかな。」

あかね　「電磁石は，[　　　　　　　　　　]
　　　　ので，**クリップ**をくっつけたりはなしたりすることができるからだよ。」
そうた　「では，さっそく電磁石を使った模型につくりかえよう。」

問題４　[　　]にはどのような言葉が入るでしょうか。電磁石の性質に注目して，あなたの考えを書きなさい。

3　まもるさんたちは，校外学習で米農家の森山さんを訪（たず）ねました。

まもるさんたちは，米づくりについて森山さんと話をしています。

まもる　　「米づくりにはどのような作業があるのですか。」
森山さん　「田植えやいねかりだけでなく，田おこしや種まき，水の管理など一年中作業があります。」
すすむ　　「米づくりの負担（ふたん）を減らすために，何か行われていることはありますか。」
森山さん　「図のように，水田や農道，用水路などの整備が進められています。」
まもる　　「このような整備が行われると，[　　　　　　　　　　]ことができるようになりますね。」
森山さん　「おかげで米づくりがしやすくなりました。」

図

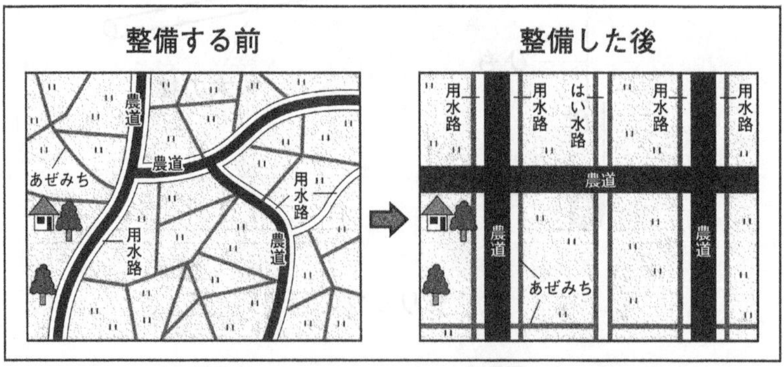

※二つの図は、同じ場所を同じ面積で表しています。

問題１　[　　]にはどのような言葉が入るでしょうか。あなたの考えを**二つ**書きなさい。

まもるさんたちは，米の品種について話をしています。

まもる　　「全国各地にはさまざまな米の品種があると聞いています。それぞれの米にはいろいろな特長があるのですね。」
森山さん　「それらの特長があるのは，多くの人においしく食べてもらえるように品種改良に取り組んできた人たちがいたからですよ。」
さきこ　　「品種改良には味をよくするだけでなく，ほかにも目的があることを学習したね。」

すすむ　「そうだね。品種改良をすることで，
　　　　［　　　　　　　　　　　　　　　　　　　　］こともできるので，
　　　　安定した生産量につながっていたね。」
森山さん「これも米づくりに関わる人の努力とくふうの一つなのです。」

問題2　［　］にはどのような言葉が入るでしょうか。あなたの考えを書きなさい。

まもるさんたちは，森山さんにもらった米で弁当をつくる話し合いをしています。

まもる　「おいしいお弁当をつくって外で食べたいね。お弁当はお昼に食べる予定だから，安心して食べるためにはくふうが必要だね。」
すすむ　「そうだね。おにぎりをラップフィルムでくるんでつくるのも，くふうの一つだよ。食べやすいし，衛生的で安心だね。」
さきこ　「わたしはおにぎりを担当するよ。ガスこんろの一つを使って，なべで米をたくから，おかずづくりで使えるガスこんろは残り一つだよ。」
まもる　「おかずは青菜のごまあえとジャーマンポテトを，すすむさんと二人でつくるね。包丁とまな板も一つずつしかないから，まず計画を立てよう。」

それぞれの料理の調理手順と時間のめやす

【青菜のごまあえ】
あ　青菜を洗う　（５分）
い　湯をわかし青菜をゆでる（５分）
う　ゆでた青菜を水にとる　（５分）
え　青菜をしぼって、切る　（５分）
お　青菜をあえ衣であえる　（５分）

【ジャーマンポテト】
か　じゃがいもを洗う　（５分）
き　じゃがいもの皮をむいて切り、水につける　（１０分）
く　たまねぎとベーコンを切る　（５分）
け　じゃがいもをゆでる　（１０分）
こ　材料をいため、味付けしてむらす　（５分）

計画表A

（時間）	0分…5分	5分…10分	10分…15分	15分…20分	20分…25分	25分…30分	30分…35分	35分…40分
まもる担当	あ→	い→	う→	え→	お→			
すすむ担当	か→	き―――――→			く→	け―――――→		こ→

計画表B

（時間）	0分…5分	5分…10分	10分…15分	15分…20分	20分…25分	25分…30分	30分…35分	35分…40分
まもる担当	あ→	い→	う→	け―――――→		こ→		
すすむ担当	か→	き―――――→		え→	く→	お→		

※計画表の中のあ～こは上の調理手順のことです。

まもる　「**計画表A**では，それぞれの料理を二人が別々に担当して手順どおりにつくるようにしたよ。」
すすむ　「**計画表B**は時間を短縮して，同じ時間にできあがるようにしたよ。」
さきこ　「わたしは**計画表B**のほうが［　ア　］というくふうがあるので，安全に調理ができていいと思うよ。」

まもる　「そうだね。ところで，ゆでた青菜を水にとるのはどうしてかな。」
さきこ　「水にとることで，青菜の［　　イ　　］ので，できあがりがよくなるからだよ。」

問題 3　すすむさんは「衛生的で安心だ」と言っています。なぜ衛生的で安心なのでしょうか。あなたの考えを書きなさい。

問題 4　［ア］にはどのような言葉が入るでしょうか。あなたの考えを書きなさい。

問題 5　［イ］にはどのような言葉が入るでしょうか。あなたの考えを書きなさい。

4　けんたさんの家族は，科学館に来ています。

けんたさんたちは，自然環境コーナーの展示を見ながら話をしています。

けんた　「ここには，都市部の夏の暑さ対策の一つとして，道路などのくふうについての説明があるよ。」
なおこ　「どのようにくふうされた道路なのかな。」
お父さん　「保水材という水を吸収しやすいものを入れてあるのだよ。」
なおこ　「水をたくさん吸収した保水材が道路を冷やすのかな。」
お母さん　「そうではないよ。水には蒸発するときに周りの熱をうばう性質があり，それを利用しているのだよ。学校にある**緑のカーテン**も，この性質を利用しているよね。」

緑のカーテン

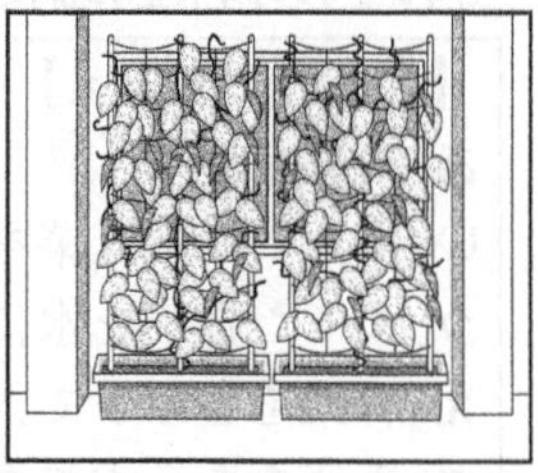

けんた　「そうか。植物の根から吸い上げられた水は，［　　　　　　］ので，周りの温度を下げる効果があるのだね。」
なおこ　「保水材を入れた道路と**緑のカーテン**との間には，意外な共通点があるね。」

問題 1　［　　］にはどのような言葉が入るでしょうか。水がどこを通り，どこから出ていくかにふれながら，あなたの考えを書きなさい。

けんたさんたちは，天気コーナーに行きました。

案内係　「ここでは，気象衛星から送られてきた日本付近の画像を見ることができます。」
けんた　「気象衛星の情報をもとに，天気を予想することができるのですね。」
案内係　「次のページに５月に気象衛星から送られてきた６時間ごとの画像が３枚あります。5月によく見られる雲の動きになるように画像を並べかえてみましょう。」

あ

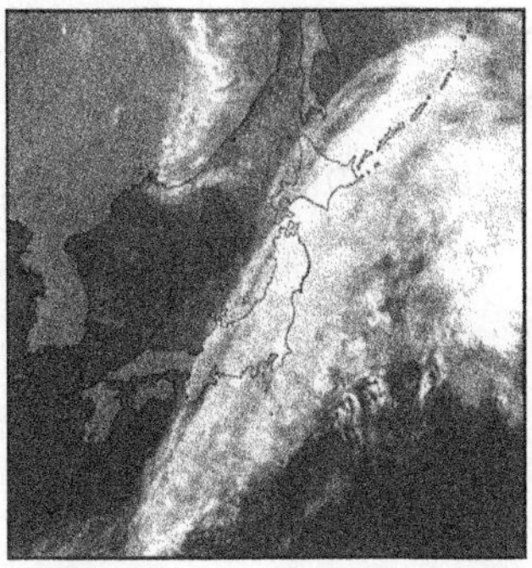

い

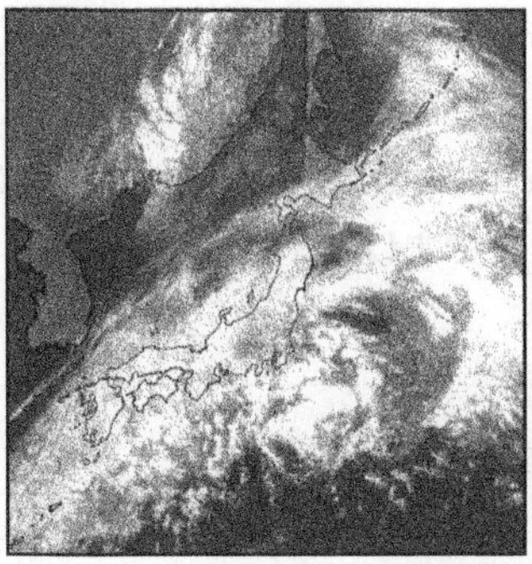

う

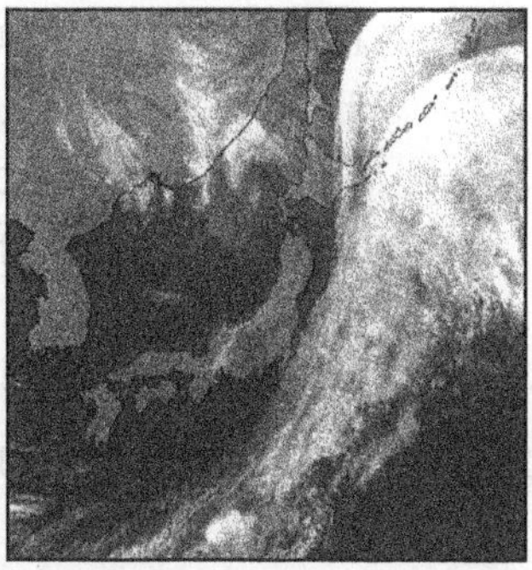

（日本気象協会の気象衛星画像をもとに作成）

問題２　案内係の方が「５月によく見られる雲の動きになるように画像を並べかえてみましょう」と言っています。３枚の画像**あ**～**う**を，時間の経過に従（したが）って左から順番に並べかえて，答えなさい。また，そのように並べかえた理由について，あなたの考えを書きなさい。

けんたさんたちは，算数コーナーへ行きました。かけられる数とかける数がどちらも１から19まで書かれた表の前で，案内係の方と話をしています。

案内係　「みなさん，これは　１×１　から　19×19　までの積が書かれた表です。」
けんた　「学校で習った九九の表の４倍くらいの広さですね。」
案内係　「全部覚えるのは大変なので，今日は，**図１**のボードを使って計算する方法を説明します。例えば，14×９　を計算するとき，まず，かける数の９を①に書きます。次に，一の位どうしの積　４×９＝36　を②と③に書いて，①と②に書いた数の和と③の数を並べて書くと，**図２**のように，答えの126が求められます。」

図１

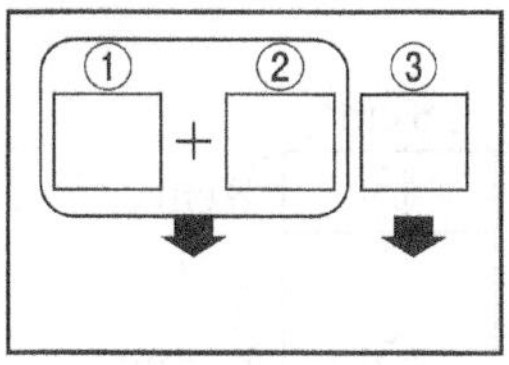

図２

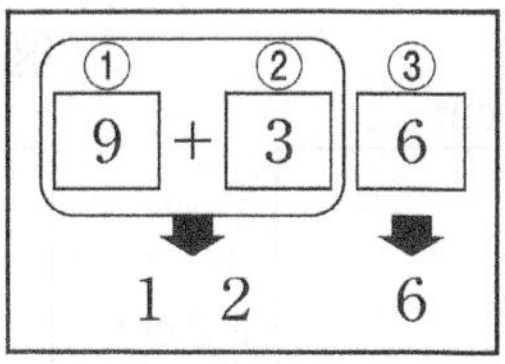

［注意］
一の位どうしの積が１けたのときは、その数を③に書き、②には０を書きます。

なおこ　「おもしろいですね。」
案内係　「では，問題です。十の位が１である２けたの数と１けたの数をかけた積が133でした。さて，かけた２つの数は，何と何だったでしょうか。**図３**のボードを使って考えてみましょう。」

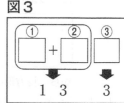

図３

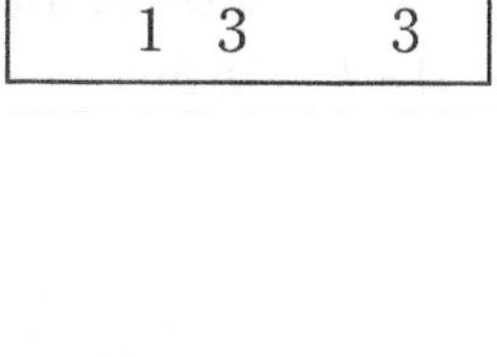

けんた　「133は一の位が３ですね。学校で習った九九の81個の答えのうち，一の位が３なのは，３と ア だけだから，前のページの**図３**の②にあてはまる数は イ だとわかります。だから，①にあてはまる数は ウ です。」

なおこ　「なるほど。ということは，積が133になる２つの数は，２けたのほうが エ で，１けたのほうが オ ですね。」

案内係　「はい，正解です。」

問題３　ア ～ オ にあてはまる数を答えなさい。

けんたさんたちは，十の位が１である２つの２けたの数のかけ算について，案内係の方と話をしています。

案内係　「次は，（２けた）×（２けた）の計算です。例えば，13×18 の計算では，まず 13＋８＝21 を①に書きます。次に３×８＝24 を②と③に書いて，①と②に書いた数の和と③の数を並べて書くと，**図４**のように，答えの234が求められます。」

図４

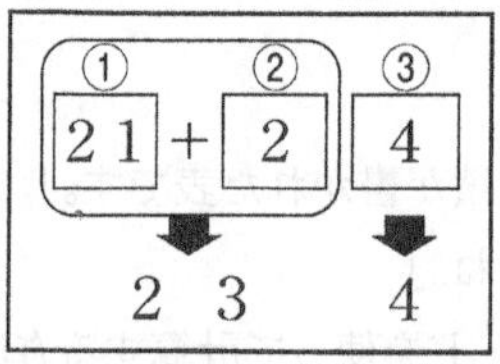

［注意］
一の位どうしの積が１けたのときは、その数を③に書き、②には０を書きます。

けんた　「どうしてこの方法で 13×18 の積が求められるのですか。」

案内係　「はい，それでは長方形を使って考えてみましょう。**図５**の長方形の面積は 13×18＝234 で234cm²ですね。この長方形を**図６**のように３つの長方形㋐，㋑，㋒に分けてみますよ。」

図５

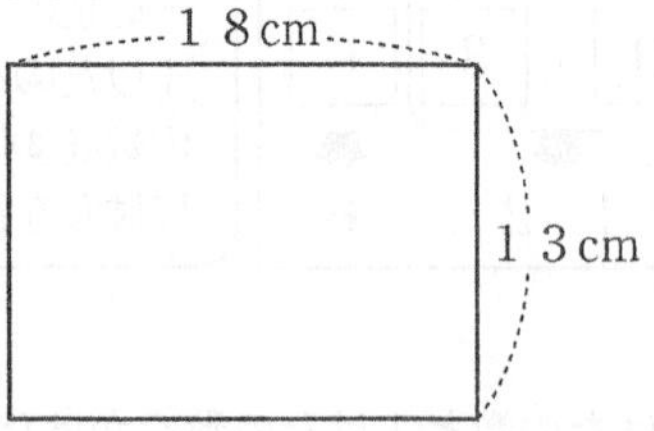

図６

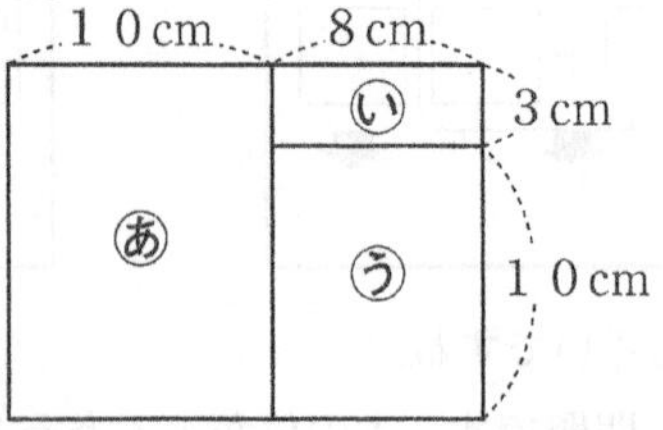

なおこ　「そうか。**図６**の長方形㋐，㋑，㋒の中の１つを動かして，面積を考えればいいのですね。つまり，

カ

から，長方形の面積の和は 210＋24＝234 で234cm²となるのですね。」

けんた　「だから，この方法で 13×18 の積が求められるのですね。」

案内係　「はい，そうです。では，図７のボードを見てください。これは，十の位が１である２つの２けたの数の積を求めるときに書かれたものですが，これだけで，③に書かれる数がわかるのですよ。」

図７

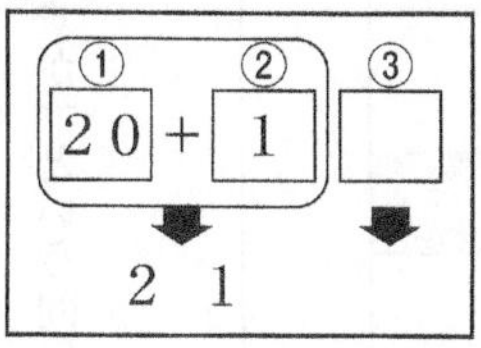

けんた　「わかりました。③に書かれる数は　キ　です。」

なおこ　「①が20であることから考え始めれば，答えがわかりますね。」

問題４　カ　にはどのような言葉が入るでしょうか。**解答用紙の図６**に，長方形ⓐ，ⓘ，ⓤの中の，どの長方形をどのように動かせばよいかをかき加えた上で，式「13＋８＝21」を用いて，あなたの考えを書きなさい。

問題５　キ　にあてはまる数を答えなさい。

【作　文】（四五分）〈満点：七〇点〉

わたしたちは、地域や社会の人たちと関わり合いながら生活しています。次のグラフは、「地域や社会をよくするために何をすべきかを考えることがありますか」という問いに対する全国の調査結果を示したものです。

グラフ

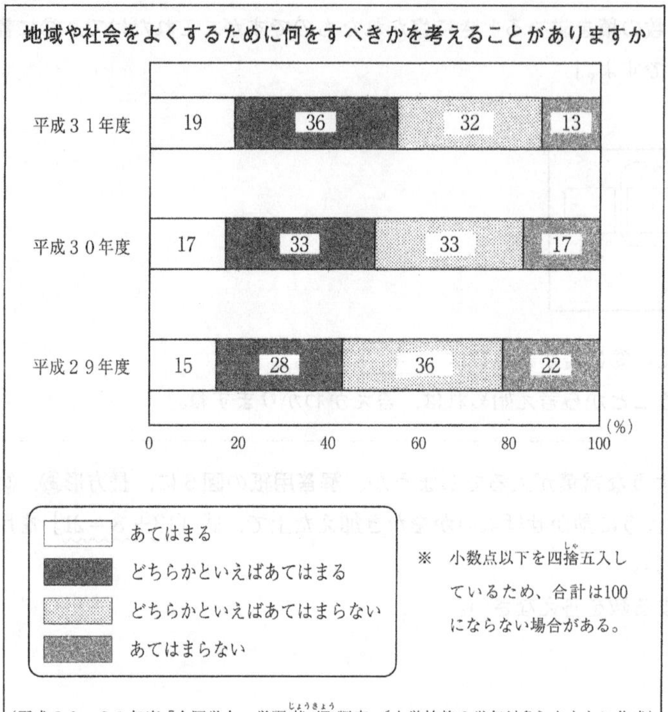

（平成２９～３１年度「全国学力・学習状況調査」〔小学校第６学年対象〕をもとに作成）

問題　これまでのあなたの「**地域や社会の人たちとの関わり**」をふり返り、考えたり感じたりしたことを、次の【条件】に合わせて解答用紙に書きなさい。

【条件】

一、**グラフから読み取れたことを書くこと。**
二、**自分の経験や具体例をあげて書くこと。**
三、**五百字以上六百字以内で書くこと。**

【注意】

一、題名や名前は書かないこと。
二、原こう用紙の一行目から書き始めること。
三、必要に応じて、段落に分けて書くこと。
四、数字や記号を記入するときには（例）のように書くこと。

（例）

10
%

2020　年　度

解　答　と　解　説

《2020年度の配点は解答欄に掲載してあります。》

＜総合問題解答例＞

1 問題1　A　赤(色)
B　緑(色)

問題2　ア　植林して５１年以上の人工林の面積が増えている
イ　輸入木材の使用量の方が国産木材よりも多く，国産木材の使用量が少なくなっている

問題3　ウ

森	林	の	は	た	ら	き	

問題4　エ　木の，土の中にしっかり根を張っている

2 問題1　ア　４６
イ　２７

問題2　質問１　回答のしかた　「好き」だけではなく，「とても好き」や「あまり好きではない」などを入れる。
理由　どのくらい好きかを知りたいから。
質問3　回答のしかた　自由記述にする。
理由　いろいろな理由を聞きたいから。

問題3　(　部首　)が(　きへん　)だから
(　総画数　)が(　１０画　)だから

問題4　電流が流れているときは磁石の性質をもつようになり，電流が流れていないときは磁石の性質をもたなくなる

3 問題1　・大型の機械を使う
・どの田にも水を入れやすくする

問題2　病害虫に強い種類の米をつくる

問題3　手で直接おにぎりをさわらないので，病原体がつきにくいから。

問題4　包丁を使う係とガスこんろを使う係に分かれている

問題5　緑色があざやかになる

4 問題1　くきの中の管を通り，葉の表面から水蒸気となって出ていく

問題2　順番　い → あ → う
理由　日本付近では，このころ雲はおよそ西から東に動いていくから。

問題3　ア　６３
イ　６

ウ　7
エ　19
オ　7

問題4　図6

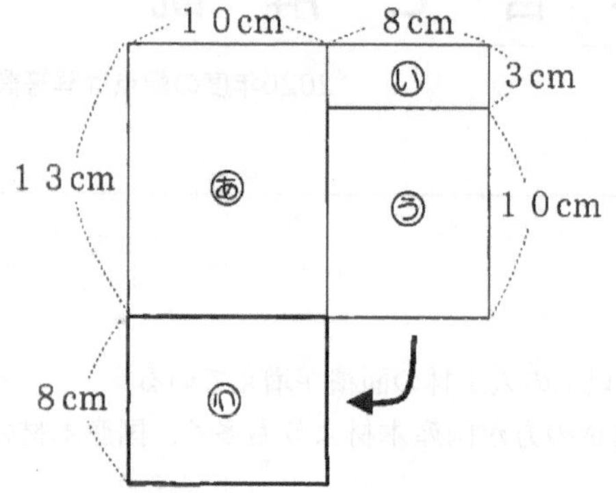

カ　図のように長方形㋒を動かすと，㋐と㋒を合わせた長方形のたてが13＋8＝21で21cm，横が10cmなので，面積は21×10＝210で210cm^2となり，㋑の面積は3×8＝24で24cm^2となる

問題5　キ　6

○配点○

1　問題１・問題３　各4点×3　　問題２・問題４　各6点×3
2　問題１・問題２・問題３　各4点×6　　問題４　8点
3　問題１・問題３・問題５　各4点×4　　問題２・問題４　各6点×2
4　問題１　6点　　問題２・問題４図６・問題５　各4点×4　　問題３　各2点×5
　問題４カ　8点　　　計130点

＜総合問題解説＞

1　**（総合問題：割合，グラフ，ポスター）**

問題1　Ａは鳥取県で，県の面積に対する森林の割合は26÷35×100＝約74％。Ｂは香川県で，県の面積に対する森林の割合は9÷19×100＝約47％。資料２に基づき，Ａは赤色，Ｂは緑色に色分けする。

問題2　資料３のグラフを見ると，1966年から2017年にかけて，植林して51年以上の人工林の割合が増えていることがわかる。また，資料４のグラフを見ると，国産木材より輸入木材の方が多く，国産木材の使用量は年々減少していることがわかる。

問題3　「災害を防止する」「水資源をたくわえる」「地球温暖化を防ぐ」「資材を生み出す」これらはすべて森林が引きおこす作用について述べている。

問題4　木の根に土がからむことで山の地ばんがしっかりしたものになり，山くずれを防ぐことができる。

基本　2　**（総合問題：割合，表，アンケート，漢字，電磁石）**

問題1　表中の１年生～６年生の学年ごとの合計の冊数をすべて足すと，96＋97＋99＋103＋115＋90＝600(冊)。グラフに着目すると，貸し出された文学の本の割合は全体の65.5％であり，１年生～６年生に貸し出された文学の本の冊数の合計は，600×65.5÷100＝393

(冊)となる。このうち，１年生～５年生に貸し出された文学の本の冊数は表から読み取れるため，６年生に貸し出された文学の本の冊数が393－(64＋65＋76＋69＋73)＝46(冊)であることがわかり，これは表中の**ア**のらんにあてはまる。６年生全体で貸し出された本の合計の冊数の合計から，6年生に貸し出された文学，自然・生き物，歴史・社会，産業，その他の冊数をすべて引くと，90－(46＋6＋6＋4＋1)＝27(冊)となり，これが表中の**イ**のらんにあてはまる。

問題2　ようこさんの最後の発言にある「アンケートをつくる前に話していたこと」とは，「みんながどのくらい読書が好きかを知りたい」「本を読む冊数が以前に比べて減った人には理由をくわしく聞きたい」ということである。どのくらい読書が好きかということについては，「好き」「きらい」以外にも選ぶことができれば回答者それぞれの読書が好きな気持ちの度合いをよりくわしく知ることができる。本を読む冊数が減った理由については，「読みたい本がない」「ほかにしたいことがある」以外にも様々な理由が考えられ，理由は人それぞれであるため，この場合は自由記述式で理由を回答してもらうのが効果的である。

問題3　漢字辞典は，部首や読み方，総画数から漢字を調べることができる。

問題4　電磁石に電流が流れているときは磁石としてはたらくが，電流が流れていないときは磁石としてのはたらきは失われる。

3 （総合問題：米づくり，調理）

問題1　整備を行った結果，農道が広くなり大型の機械が通れるようになった。また，整備した後は用水路がすべての田に面するようになって，用水路から水を引きやすくなっている。

問題2　品種改良によっていねに病害虫をつきにくくすることで，より安定した米の生産が可能になる。

問題3　手で直接食材をさわると，手についている病原体がそのまま食材についてしまうことがある。

問題4　ガスこんろは火を使い，包丁は刃物なので両方ともとても危険な器具である。計画表Ａと計画表Ｂの手順のちがいに注目すると，青菜をしぼって切る作業とじゃがいもをゆでる作業を担当する人が入れかわっていることが分かる。計画表Ｂではまもるさんはガスこんろを使う作業をすべて担当し，すすむさんが包丁を使う作業をすべて担当するようになっていて，危険を減らすための分担のくふうがされている。

問題5　ゆでた青菜を熱いままで置いておくと，黄かっ色になってしまうことがあるので，それを防ぎ緑色をよりあざやかにするために冷水に取る。

4 （総合問題：植物，天気，かけ算）

問題1　植物は水を根から吸い上げる。吸い上げた水は植物のくきの中の管を通り，葉の表面の小さい穴から水蒸気として放出される。

問題2　西から東にふくへん西風のえいきょうを受けて，雲も西から東へ動く。

問題3　九九の答えのうち一の位が3なのは，3と63だけである。よって②に入るのは63の十の位である6である。①にあてはまるのは，13－6＝7である。よって，積が133になる２つの数は，１けたのほうは①と同じになるので7と決まり，２けたのほうは133÷7＝19となる。

問題4　長方形あ，うがともに10㎝の辺を持っていることに注目し，長方形うを移動させて考えると，長方形あ，うが合体したことで長い方の辺は13＋8＝21㎝になり，21㎝×10㎝の大きな長方形と3㎝×8㎝の長方形いの２つで長方形全体の面積を考えることができる。

問題5　十の位が１である２つの２けたの数を1●，1▲と表す。(●，▲は１けたの整数)
①が20であることから，1●＋▲＝20となる。また，②より，●×▲を計算した結果の十の位は1となる。これにあてはまる●，▲の組み合わせは(●，▲)＝(2，8)，(8，2)のみであり，いずれの場合も●×▲＝16となる。③にあてはまるのは●×▲を計算した結果の一の位であるので，6とわかる。

★ワンポイントアドバイス★

はば広い分野から出題されている。記述問題では，問われていることを簡潔に表現できるようにしておきたい。計算問題や，知識だけでは答えられない問題も多いので，しっかり考える時間を取れるよう，時間配分には気をつけよう。

＜作文問題解答例＞《学校からの解答例の発表はありません。》

平成29年度から平成31年度にかけ，「地域や社会をよくするために何をすべきかを考えることがありますか」という問いに対し，「あてはまる」もしくは「どちらかといえばあてはまる」と答えた小学６年生の割合は年々増えている。また，平成31年度のグラフに注目すると，「あてはまる」もしくは「どちらかといえばあてはまる」と答えた人が全体の半分以上になっていることから，問いに答えた小学６年生の半分以上が「地域や社会をよくするために何をすべきか」を考えたことがあると言ってよいだろう。

わたしも，毎日学校の行き帰りに道で出会った人にあいさつをするようにしているし，地域で行われるお祭りなどの行事やごみ拾い，ボランティア活動にもよく参加している。そうしていると，地域の人にわたしのことを覚えてもらえるし，仲良くなることもできる。まわりの人たちのためにわたしが行動すると，わたしにもいいことが返ってくるような気がする。

わたしは，地域や社会のために何をすべきか考えるだけでなく，自分の考えたことを実際に行動に移すことが大切だと思う。行動に移すことで自分がその地域で生活しやすくなるとともに，地域のことを考えて行動する人がもっと増えれば社会全体もよりよいものになっていくと思うので，わたしはこれからも積極的に自分のまわりに住んでいる人たちと関わっていきたい。

○配点○
70点

＜作文問題解説＞

基本　**(作文：テーマ型　自分の意見を述べる)**

グラフから読み取った情報と自分の体験をふまえて書く問題である。五百字～六百字の指定なので，三～五段落に分けて書くとわかりやすい文章になる。

問題は次の手順でまとめるとよい。

①グラフから読み取れたことを書く。

平成29年度，平成30年度，平成31年度のグラフを比べて，その割合の変化に注目する。また，最新のデータ(平成31年度)で回答者(小学６年生)がどのようなけい向にあるのかについてもふれる。

②自分の体験を書く
　①でふれたことをふまえて自分の体験を書く。
③自分の意見で文章をまとめる
　①②をふまえた自分が感じたことや自分の意見を述べて，文章の結論としてまとめる。

★ワンポイントアドバイス★

自分がどんな体験をしたことでどんな意見を今もっているかが伝えられるようにしよう。

MEMO

大切なことはメモしておこうネ！

2019年度

★★★★★★★★★★★★★★★★★★★★★★★★

入　試　問　題

2019年度

長崎県立中学校入試問題

【適性検査】（60分）　＜満点：130点＞

[1] みさきさんたちは，1年生をむかえる会を開くことにしました。

みさきさんは，1年生へ**手紙**を書きました。友達と**手紙**について話をしています。

手紙

> **1ねんせい**のみなさんへ
> にゅうがくおめでとう。みなさんがにゅうがくするのをたのしみにまっていました。こんどのきんようびの1じかんめに，「**1ねんせい**をむかえるかい」をします。そのあとは**こうえん**にいって，いっしょにあそびましょう。たのしみにしていてくださいね。
> 6ねんせいより

みさき「ひらがなで書いたけれど，漢字がないと読みにくいね。」

はると「それに読み方は同じでも漢字が異(こと)なるものがあるから，ひらがなばかりだと伝わりにくいこともあるね。」

なつみ「確かに**手紙**の**こうえん**は『公園』と書くけれど，『こうえん』と読む漢字は［ア］もあるよね。」

ゆうた「読み方が同じでも，漢字には，［　　イ　　］という役割(やくわり)もあるから，ひらがなだけでなく漢字も使うと伝わりやすくなるね。」

みさき「一つの漢字でも読み方が異なることもあるよね。例えば**1ねんせい**の『生』という漢字は，『い（きる）』『しょう』『なま』などとも読むよ。」

はると「『生』のように，読み方がたくさんある漢字を知っているかな。」

なつみ「知っているよ。［ウ］は五つ以上あるよ。漢字はおもしろいね。」

問題1　［ア］，［イ］にはどのような言葉が入るでしょうか。あなたの考えを書きなさい。ただし，［ア］には二字熟語(じゅくご)が入ります。

問題2　［ウ］にあてはまる漢字をあげ，その読み方を**五つ**書きなさい。ただし，送り仮名は書かないこととします。

みさきさんたちは，1年生をむかえるために校内の安全について話をしています。

みさき「校内のかくれた危険(きけん)と事故の原因を保健の授業で学習したね。事故の原因には，まわりの環境(かんきょう)と人の行動があったね。」

ゆうた「生活委員会の**新聞**（次のページ）に事故の防止についての記事があったよ。」

はると「この**新聞**に書かれた事故は，［　　　　　　］ことで防げると思うよ。」

なつみ 「一人一人の心がけが大切だね。」

新聞

生活新聞	生活委員会４月号

気をつけよう！校内の事故！
先日、５年生がろう下を走ってすべり、けがをするという事故が起きました。そうじの後、バケツが置かれたままで、まわりのゆかがぬれていたそうです。わたしたちにできることを考え、事故やけがをなくしていきましょう。

問題３ [　　] にはどのような言葉が入るでしょうか。あなたの考えを**二つ**書きなさい。

みさきさんたちは，１年生に読み聞かせをするために学校の図書館で本を探（さが）しています。

みさき 「１年生の読み聞かせによい本はないかな。」
ゆうた 「図書委員会のおすすめの本について書かれた**しょうかいカード**が，たくさん掲示（けいじ）されているよ。見てみよう。」

しょうかいカード

「ふたりは　いつも」 アーノルド・ローベル　作	「どんなかんじかなあ」 中山　千夏　作	「どうぞのいす」 香山　美子　作
友達思いのがまくんとかえるくんのお話です。いつもいっしょでおたがいに親友を喜ばせようといろいろなことをがんばっているふたりの姿（すがた）がほほえましくて、かわいくて、すてきです。読み終わったとき、友達っていいなと思える一冊（さつ）です。	目が見えない、耳が聞こえない友達の世界。ひろくんはさまざまな方法で友達の世界を知ろうとし、発見したすごいところを友達に伝えます。そんなひろくんの世界とは。相手の立場に立って考えることの大切さに気づかせてくれる一冊です。	うさぎの作ったいすには「どうぞのいす」という立札（たてふだ）が。だれの物かはわからないけれど、「どうぞ」の言葉でいすの上の物をもらった動物たちが、次々とお礼の物を置いていき、「どうぞ」のリレーをしていきます。だれかにいいことをしたくなる一冊です。

みさき 「わたしはこの３枚の**しょうかいカード**の本を読みたいな。なぜかというと，どの**しょうかいカード**からも，相手への [　　ア　　] が伝わってくるからだよ。」
なつみ 「そうだね。どれも１年生に読んであげたいね。」
はると 「これらの本はどこにあるのかな。」
ゆうた 「本だなには番号が表示されているよ。この番号は次のページの**表**と同じ番号だよ。」
みさき 「なるほど。**表**と本だなの番号を手がかりにすると本を探せるね。」
はると 「図書館では，探したい本をすぐに見つけられるようにするくふうとして本を [　　イ　　] のだね。」

なつみ「この図書館では，本の背(せ)に作者の名前の頭文字がつけられているよ。それも手がかりにして，本を探そう。」

表

0	総記・百科事典など
1	道徳・宗教(しゅうきょう)
2	歴史・地域(ちいき)のこと
3	社会のしくみ
4	自然・天気・生き物
5	機械・乗り物・環境
6	いろいろな仕事
7	図工・体育・音楽
8	言葉
9	文学

問題4 [ア]，[イ] にはどのような言葉が入るでしょうか。あなたの考えを書きなさい。ただし，[ア] は**8文字以内**とします。

2 ゆりかさんは，ホームステイをしている留学生のジョンさんと話をしています。

ゆりかさんたちは，海外から日本に来た人に関する**資料1**，**資料2**，**資料3**を見ながら話をしています。　　　　（**資料2**，**資料3**は次のページにあります。）

ゆりか「海外から多くの人が日本に来ているよ。そのことによって，わたしたち日本人にとっては，消費がのびて経済(けいざい)が豊かになることや，[　　　　]ことなどのよい面があるよね。」

ジョン「そうだね。」

ゆりか「ところで，何人くらいの人が来ているのかな。」

ジョン「2016年には2,404万人が来ているね。」

ゆりか「2013年と2016年を比べてみよう。」

資料1　海外から日本に来た人の推移(すいい)

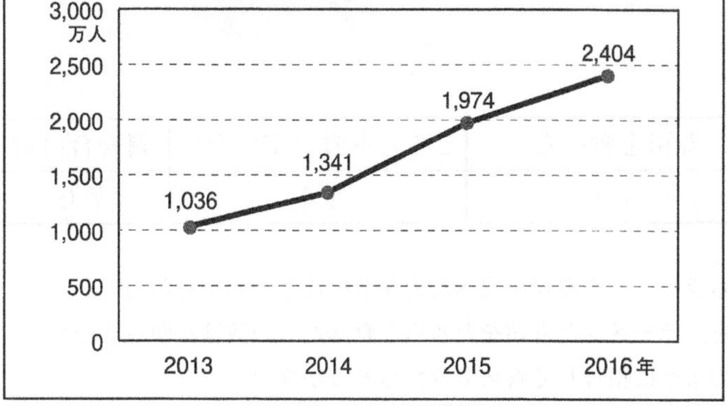

資料２　２０１３年に海外から日本に来た人の地域別人数　（万人）

アジア	８１２
北アメリカ	９８
ヨーロッパ	９０
その他	３６

資料３　２０１６年に海外から日本に来た人の地域別割合

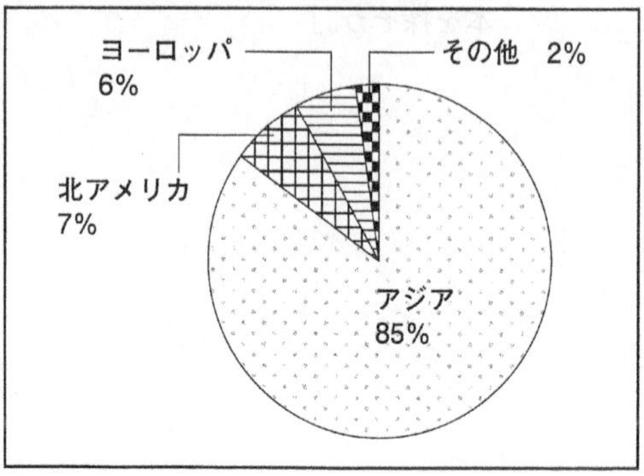

（**資料１**、**資料２**、**資料３**はすべて日本政府観光局の資料をもとに作成）

問題１　□　にはどのような言葉が入るでしょうか。あなたの考えを書きなさい。

問題２　2016年にアジアから日本に来た人の数は，2013年と比べるとどのように変化していますか。変化した人の数を求めて説明しなさい。なお，変化した人の数については，**四捨五入して上から２けたのがい数にして答えなさい。**

ゆりかさんたちは，海外から日本に来た人たちの食事について話をしています。

ジョン「海外でも日本の食べ物は人気なのだよ。そのなかでもラーメンと寿司は多くの観光客が楽しみにしているよ。」

ゆりか「旅行中に，ラーメンや寿司を食べた人の数を商店街の人が調査した**表１**があるよ。」

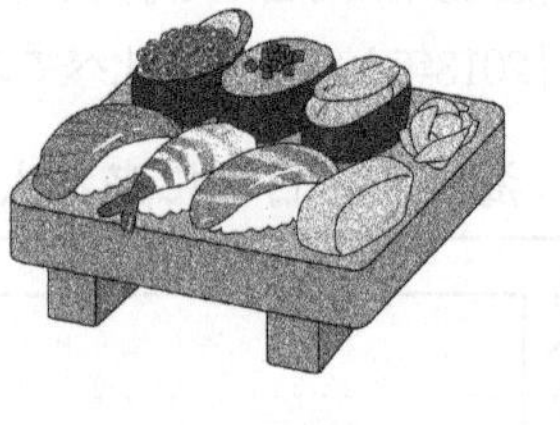

表１　（人）

ラーメンを食べた	寿司を食べた	どちらも食べていない	調査合計数
５８	３５	１１	７６

ジョン「本当だ。**表１**からもラーメンや寿司を食べた人が多いことがわかるね。」

ゆりか「でも，**表１**を見ても，ラーメンと寿司をどちらも食べた人の数はわからないね。」

ジョン「次のページの**表２**のように整理して考えてみたらどうかな。」

ゆりか「ラーメンと寿司をどちらも食べた人は，［ア］人だね。」

表2

（人）

		ラーメン		合　計
		食べた	食べていない	
寿司	食べた			
	食べていない			
合　計				

問題3　ア　にあてはまる数を答えなさい。

ゆりかさんは，お父さんとジョンさんの３人で食事をするために観光案内パンフレットを見ています。

お父さん　「パンフレットには，いろいろな**マーク**がついているよね。」

マーク

ジョン　「ナイフとフォークが並んでいるのが，レストランの**マーク**だよね。日本では，いろいろなところにこのような**マーク**が使われているね。」

ゆりか　「このような**マーク**は，みんなにやさしいまちづくりのくふうの一つだね。」

問題4　ゆりかさんは「このような**マーク**は，みんなにやさしいまちづくりのくふうの一つだ」と言っています。どのような人のために，どのようなくふうがされているのでしょうか。あなたの考えを書きなさい。

ゆりかさんたちは，レストランに着きました。

ゆりか　「食事をしている人の横に補助犬がいるよ。」

ジョン　「そういえば，レストランの入り口に**マーク**がはってあったね。」

マーク

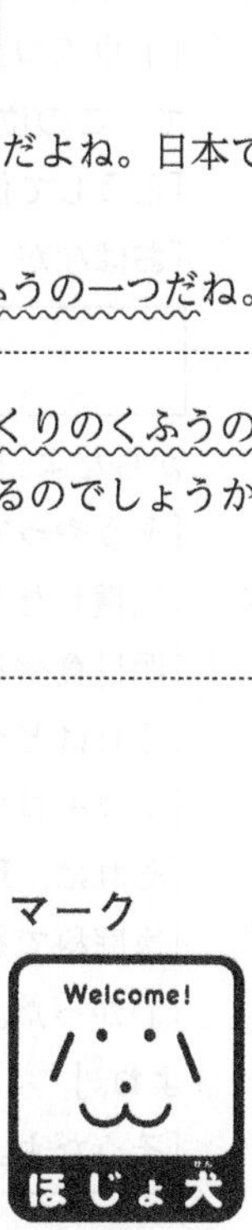

お父さん　「あの**マーク**がはってある店は，目が不自由な人などの生活を支える補助犬を連れて利用できるのだよ。」

ゆりか　「これもみんなにやさしいまちづくりのくふうの一つだよね。補助犬がいるときには，ことが大事だよね。」

お父さん 「そうした気配りの大切さにも**マーク**は気づかせてくれるね。」

問題５ [　　] にはどのような言葉が入るでしょうか。あなたの考えを，その理由もあわせて書きなさい。

3 たかしさんの家族は，おじいさんとおばあさんの家に遊びに来ています。

たかしさんたちは，トウモロコシ畑で収穫(しゅうかく)を始めました。

さくら 「あれ，トウモロコシにひげみたいなものがついているけど，これは何なのかな。」

たかし 「それは**めばな**にあるめしべが集まったもので，実ができるためには必要なものだよ。」

さくら 「**おばな**はどこにあるのかな。」

たかし 「トウモロコシの場合は**めばな**より上の方にあって，この位置関係が大事なのだよ。」

さくら 「どうして位置関係が大事なのかな。」

たかし 「**おばな**が上にあるほうが [　　ア　　] からだよ。」

さくら 「そうやって，このまるまるとしたトウモロコシができたのだね。」

お母さん 「収穫したトウモロコシは，明日食べようね。」

たかし 「明日食べるのなら，山登りの前に食べたいな。」

さくら 「それはどうしてかな。」

たかし 「トウモロコシの主な養分のことを考えたからだよ。」

さくら 「それは，理科の時間にヨウ素液を使って調べた養分のことだね。」

たかし 「家庭科でも五大栄養素を学んだね。」

さくら 「わかった。トウモロコシのその養分は五大栄養素の一つの [　イ　] にふくまれるよね。」

たかし 「そうだよ。山登りの前に食べると，[　イ　] は，[　　ウ　　] からだよ。」

お母さん 「そういうことなら山登りの前に食べようね。」

問題1 ア にはどのような言葉が入るでしょうか。**おばな**と**めばな**の位置関係と，実をつくるはたらきを関係づけて，あなたの考えを書きなさい。

問題2 イ ， ウ にはどのような言葉が入るでしょうか。あなたの考えを書きなさい。ただし， イ は栄養素を書き， ウ はその栄養素のはたらきに注目して書きなさい。

たかしさんたちは，倉庫で**炭火アイロン**を見つけました。

炭火アイロン

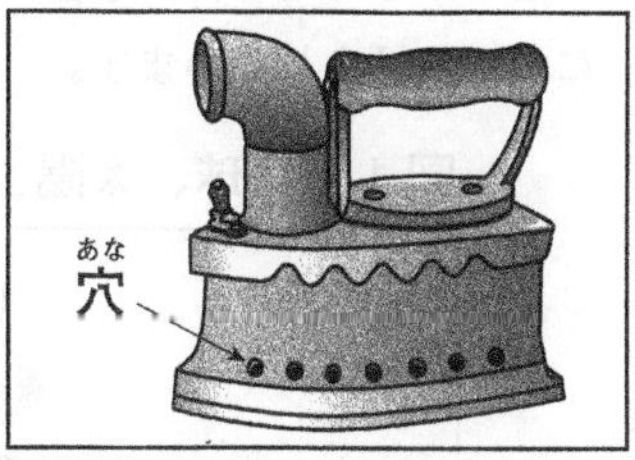

たかし　「これは，昔のアイロンだよね。」

おばあさん　「火のついた炭を入れて底を温めて，熱で布のしわをのばしていたよ。」

さくら　「上にはえんとつのようなものがついていて，下にはいくつか穴があいているね。何のためなのかな。」

たかし　「下の穴がないと，［　　　　　　］からだよ。長時間使うためのくふうだね。」

問題3 ［　　］ にはどのような言葉が入るでしょうか。あなたの考えを書きなさい。

たかしさんたちは，おじいさんの部屋にある本を整理するために本だなを作ることにしました。

たかし　「おじいさん，**本だなとその部品の図**をかいてみたよ。どうかな。」

おじいさん　「木材でものを作るときに大切なのは，板の厚さだよ。板の組み方によって，部品の大きさが変わるからね。」

たかし　「倉庫に板があったけど，使っていいかな。」

おじいさん　「いいよ。板の厚さは１㎝だったよ。」

さくら　「**部品Ａ**と**部品Ｃ**が１枚ずつ，**部品Ｂ**が２枚必要だね。」

本だなとその部品の図

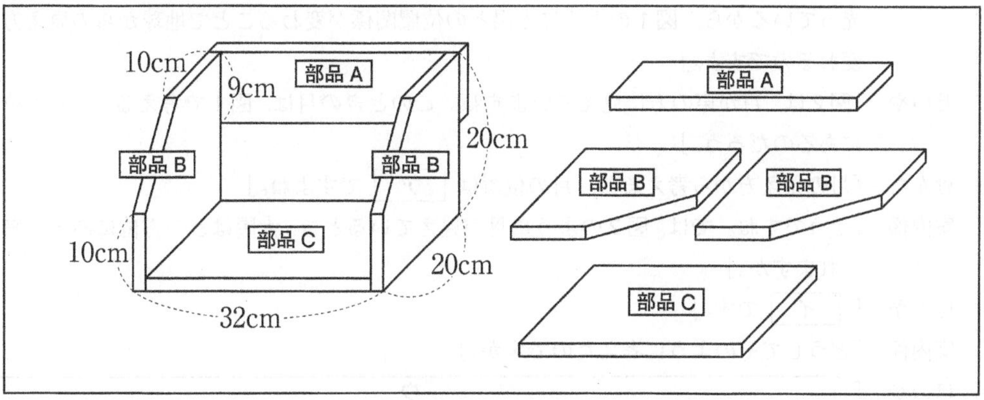

問題４　部品Ａ，部品Ｂ，部品Ｃを倉庫にあった１枚の板（はば20㎝，長さ100㎝）から切り出すにはどのようにしたらよいでしょうか。解答用紙の図を１枚の板に見立てて，実際に切る部分を実線（――）でかき入れなさい。ただし，方眼のマスの１辺を１㎝とし，のこぎりでけずられる部分は考えないものとします。

４　せいやさんたちは，校外学習で科学館に来ています。

せいやさんたちは，宇宙（うちゅう）コーナーで図１と図２を見ながら科学館の案内係の方と月の見え方について話をしています。

図１　地球、太陽、月の位置関係

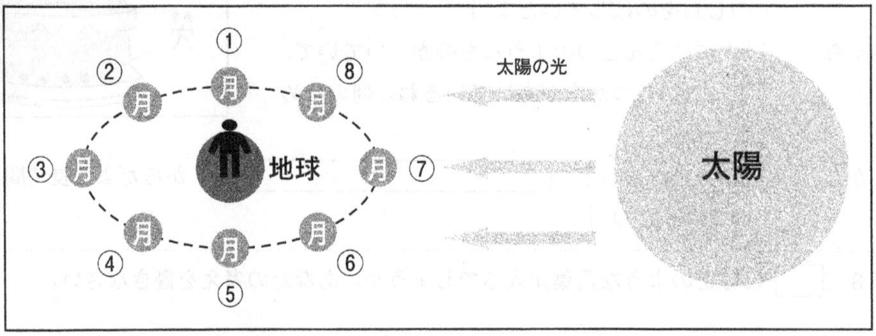

図２　ある日の月の様子

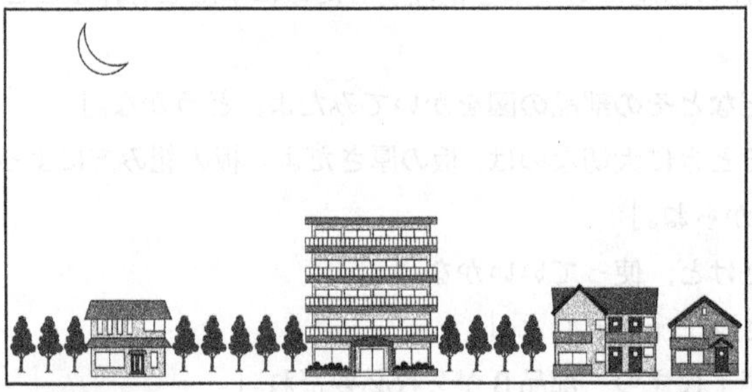

案内係「図１を見てください。太陽は自ら光を出しているけれど，月は太陽の光を受けて光っているから，図１のように太陽との位置関係が変わることで地球からの見え方が変わるのですよ。」

せいや「図２は，月が東の方に見えていますね。このときの月は，図１で考えると，どの位置にあるのだろう。」

けんた「月の見え方から考えると，月の位置は［　ア　］ですよね。」

案内係「そうですね。では，図２のように月が見えているとき，太陽はどの方位にあると考えられますか。」

ほのか「［　イ　］です。」

案内係「どうしてそのように考えたのですか。」

ほのか「［　　　　ウ　　　　］

と考えたからです。」

案内係　「その通り。よくわかりましたね。」

せいや　「太陽と月の位置関係を考えればいろいろなことがわかりますね。」

問題１　ア ～ ウ にはどのような番号または言葉が入るでしょうか。あなたの考えを書きなさい。ただし，ア は図１の①～⑧から**一つ**選び，ウ は月の見え方に注目して書きなさい。

せいやさんたちは，算数クイズコーナーに行きました。

案内係　「ここに二つの箱があります。左の箱にはくじが450枚入っていて，そのうちの36枚が当たりくじです。当たりくじの割合は何％ですか。」

せいや　「はい，８％です。」

案内係　「そうですね。右の箱にはくじが150枚入っていて，当たりくじの割合は16％です。さて，この二つの箱に入っているくじを混ぜ合わせると，当たりくじの割合は何％になるでしょうか。」

ほのか　「右の箱に入っている当たりくじの枚数を計算すると24枚なので，当たりくじは合わせて60枚です。くじは全部で600枚だから，当たりくじの割合は10％です。」

案内係　「その通り。この問題を**図１**のように表してみました。何か気づくことはありませんか。」

図１

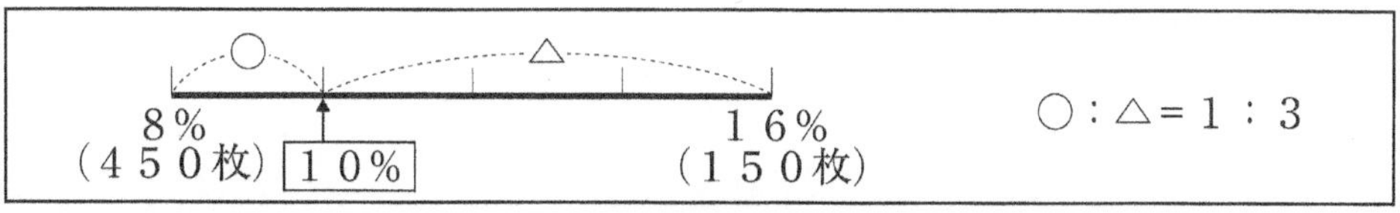

けんた　「８から16までの長さの比を　１：３　にしたところが，答えの10です。」

せいや　「450×１＝150×３　という関係が成り立っています。」

案内係　「はい，そうですね。では，次の問題です。当たりくじの割合が５％のくじが240枚あります。このくじに，当たりくじの割合が20％のくじを混ぜて，当たりくじの割合を11％にするには，当たりくじの割合が20％のくじを何枚混ぜればいいでしょうか。」

ほのか　「まずは，**図１**と同じように図に表してみよう。すると，**図２**のようになるね。」

図２

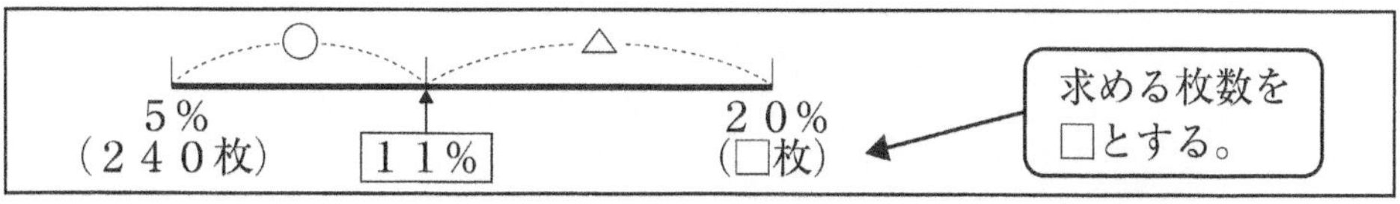

けんた　「５から11までの長さと11から20までの長さの比を求めると，○：△＝ ア ： イ だから，当たりくじの割合が20％のくじを何枚混ぜればいいかは，

［　　　　　ウ　　　　　］と求めることができます。」

問題２　ア ，イ にあてはまる数を答えなさい。ただし，ア ： イ は，簡単（かんたん）にした比で表しなさい。

問題3 ［ウ］にはどのような言葉が入るでしょうか。具体的な数や式を用いて，あなたの考えを書きなさい。

せいやさんたちは，最後の問題に取り組んでいます。

案内係「みなさんの前にあるのは，くじが100枚ずつ入った袋（ふくろ）で，合わせて60袋あります。これらの袋は，当たりくじの割合が５％，12%，14%のいずれかであり，60袋に入っているくじをすべて混ぜ合わせると，当たりくじの割合は６％になります。さて，当たりくじの割合が５％，12%，14%の袋はそれぞれ何袋ずつあるでしょうか。」

せいや「まず，当たりくじの割合が５％と12%の袋について考えてみよう。」

ほのか「図に表して考えると，12%のくじを１袋と５％のくじを［ア］袋混ぜ合わせると，当たりくじの割合は６％になるよ。」

けんた「なるほど。14%の袋についても同じように考えるといいね。」

せいや「よし，わかった。当たりくじの割合が５％，12%，14%の袋はそれぞれ［イ］袋，［ウ］袋，［エ］袋です。」

案内係「はい，正解です。」

ほのか「図を利用すれば，見通しをもって考えを進めることができるのですね。」

問題4 ［ア］～［エ］にあてはまる数を答えなさい。

【作　文】（四五分）〈満点：七〇点〉

わたしたちは、毎日多くの人と、自分の考えや思いを伝え合いながら生活しています。次の**グラフ**は「相手との伝え合いにおいて、『たがいの考えていることをできるだけ言葉にして伝え合うこと』と『考えていることを全部は言わなくても、心を通わせわかり合うこと』のどちらを重視しているか」という問いに対する調査結果を示したものです。

グラフ

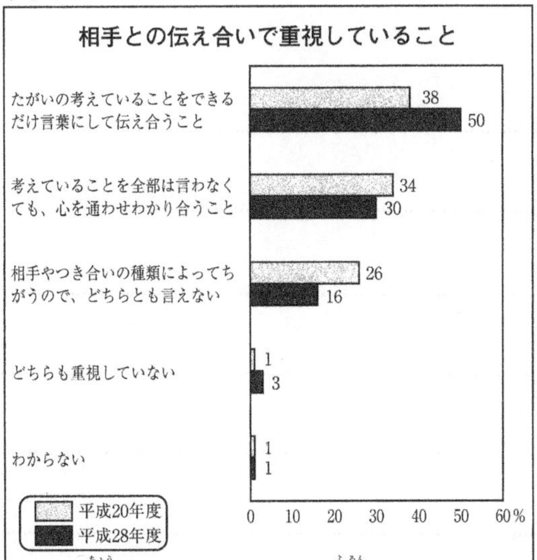

（文化庁　平成28年度「国語に関する世論調査」をもとに作成）

資料

言葉以外での気持ちの表現方法の例

○表情　○視線　○間の取り方
○姿勢　○身ぶり　○声の大きさ

問題

「**伝え合うために大切なこと**」について、あなたが考えたり感じたりしたことを次の**【条件】**に合わせて**解答用紙**に書きなさい。

【条件】

一、グラフから読み取れたことを書くこと。**資料**は参考にしてもよい。

二、**自分の経験**と関連させて書くこと。

三、**五百字以上六百字以内**で書くこと。

【注意】

一、題名や名前は書かないこと。

二、原こう用紙の一行目から書き始めること。

三、必要に応じて、段落に分けて書くこと。

四、数字や記号を記入するときには**（例）**のように書くこと。

（例）

10
%

MEMO

大切なことはメモしておこうネ！

2019 年 度

解 答 と 解 説

《2019年度の配点は解答欄に掲載してあります。》

＜総合問題解答例＞

1 問題1 ア 講演
イ 意味を表す
問題2 ウ 明
読み方 あか
あ
みょう
めい
あき
問題3 ろう下を走らない
ぬれたゆかをふく
問題4 ア 思いやりの気持ち
イ 内容や種類ごとに分類し，整理している

2 問題1 さまざまな国の人と交流ができる
問題2 1,200万人増加している。
問題3 ア 28
問題4 日本語がわからない人のために，ひと目で意味が伝わるように図で表している。
問題5 補助犬は目が不自由な人などを支えるために働いているので，声をかけたりさわったりしないで見守る

3 問題1 ア 風がふいたときなどに，おばなから花粉が落ち，めばなの先について受粉しやすくなる
問題2 イ 炭水化物
ウ 体を動かすために必要なエネルギーとなってはたらく
問題3 空気を取り入れられず，炭が燃焼し続けない
問題4

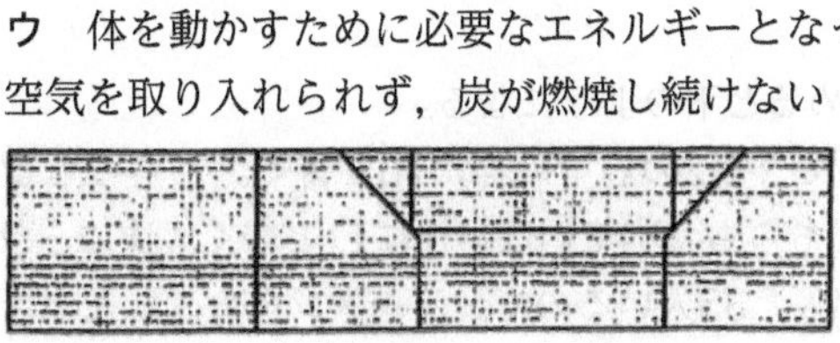

4 問題1 ア ⑥
イ 東
ウ 月は東側が明るく光っているから，太陽は月よりもさらに東にある
問題2 ア 2
イ 3

問題3　ウ　240×2÷3を計算すると160になるので，160枚
問題4　ア　6
　　　　イ　52
　　　　ウ　6
　　　　エ　2

○配点○
1　問題1　各3点×2　　問題2・問題4　各6点×3　　問題3　各4点×2
2　問題1・問題4・問題5　各6点×3　　問題2・問題3　各7点×2
3　問題1・問題3・問題4　各8点×3　　問題2イ　3点　　問題2ウ　6点
4　問題1・問題4ア　各4点×4　　問題2　3点(完答)　　問題3　6点
問題4イウエ　8点(完答)　　計130点

＜総合問題解説＞

1　(総合問題：同音異義語，漢字，読み取り，本の分類)

問題1　同じ読み方で，漢字が異なるものを同音異義語という。ほかには「公演」などがある。

問題2　「明」の読み方は，「あか(るい)」「あ(ける)」「明(みょう)日」「説明(めい)」「あ(ける)」のほかに，中国の王朝だった「みん」がある。ほかには，「上」で「じょう」「あ(がる)」「うえ」「うわ」「かみ」「のぼ(る)」などもある。

問題3　新聞には，ろう下を走ってすべったことと，そうじの後，バケツが置かれたままで，まわりのゆかがぬれていたことが書かれていることから考える。

問題4　3枚の**しょうかいカード**の共通点を，空白の前の「相手への」につながるように書く。また，**表**から，本の内容や種類ごとに番号がつけられていることを読み取る。

基本　2　(総合問題：観光客，マーク)

問題1　日本に来る外国人が多いことによる利点を考える。

問題2　**資料2**より，2013年にアジアから日本に来た人数は812万人。**資料1**より，2016年に海外から日本に来た人数は2,404万人で，**資料3**より，そのうちアジアから来た人の割合は85%。よって，2016年にアジアから日本に来た人数は，2,404(万)×85÷100＝2,043.4(万人)となる。2013年と比べると，2,043.4(万)－812(万)＝1,231.4(万人)，四捨五入すると1,200万人増加したことがわかる。

問題3　**表1**を参考にして，**表2**を埋めると下のようになる。
表1より，調査合計数は76人なので，**表2**の右下の枠に76と書く。どちらも食べていない人が11人いるので，ラーメンと寿司どちらも食べていない枠に11と書く。次に，ラーメンを食べた人と寿司を食べた人がそれぞれ58人，35人いるので，ラーメンを食べた人の合計に58，寿司を食べた人の合計に35と書く。以上より，寿司を食べていない人の合計は76－35＝41(人)，ラーメンを食べていない人の合計は76－58＝18(人)と分かる。さらに，寿司を食べてラーメンを食べていない人は18－11＝7(人)，ラーメンを食べて寿司を食べていない人は41－11＝30(人)。よって，ラーメンと寿司をどちらも食べた人は，35－7＝28(人)(58—30＝28(人))と求められる。

		ラーメン		合計
		食べた	食べていない	
寿司	食べた	28	7	35
	食べていない	30	11	41
合計		58	18	76

問題4　日本語がわからなくても，ナイフとフォークが並んでいる絵から，レストランだと理解できる。 また，バスの絵から，バスの停留所があることや，女の人と男の人の絵から，トイレがあると理解できる。

問題5　ゆりかさんの発言の前後のお父さんの発言に，「目が不自由な人などの生活を支える補助犬」「気配りの大切さ」とあることから考えると，補助犬に声をかけたりさわったりしてはいけないとわかる。

3　**（総合問題：受粉，養分，炭の燃焼，板の切り出し）**

問題1　受粉は，おばなの花粉がめしべの先につくことで起こる。おばながめばなより上にあることで，風がふいたときに花粉がめしべの先に落ちやすくなる。

問題2　トウモロコシの主な養分は炭水化物である。炭水化物は体を動かすエネルギーとなる。

五大栄養素には，炭水化物のほかに，たんぱく質，脂質，ビタミン，無機質がある。たんぱく質は肉や魚などに多くふくまれ，筋肉などのからだをつくる。脂質はからだを動かすエネルギーや熱となり，肉や乳製品(にゅうせいひん)の脂身に多くふくまれる。ビタミンは野菜や果物などに多くふくまれており，からだの調子を整える。無機質はカルシウムや鉄など16種類あり，海藻や乳製品，きのこ類に多くふくまれ，骨や歯などをつくるはたらきをする。

問題3　炭の火が消えないようにするために，穴をあけることで炭が多くの新しい空気にふれるようにしている。上のえんとつのようなものからは水蒸気が出る。

問題4　本だなの絵から，部品Cの横の長さは，部品Bの板の厚さを除いた32－(1＋1)＝30(cm)であることが分かる。よって，部品A，B，Cのサイズはそれぞれ下のようになる。

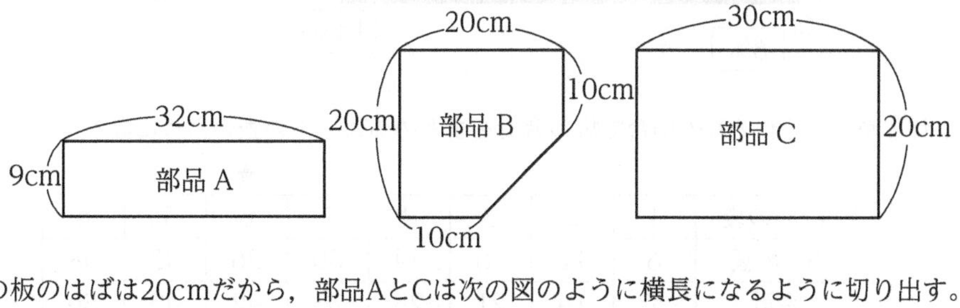

1枚の板のはばは20cmだから，部品AとCは次の図のように横長になるように切り出す。部品Bは，どのように切っても長さ20cm分は必要になるが，図のように二枚並べて切り出すと，部品Aを切り出す分(30＋20×2＋32－100＝2(cm))がたりなくなってしまう。

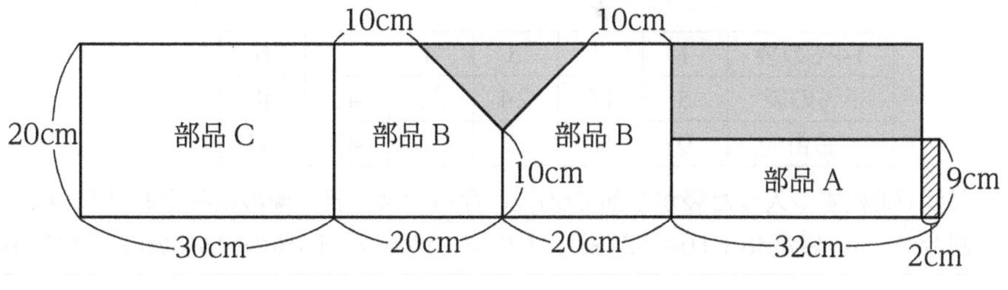

よって，解答のように2枚の部品Bを離して，その間から部品Aを切り出せばよい。

4 **（理科，算数：月の見え方，比の計算）**

問題1　月は，太陽の光があたっている部分が明るく見えることを考えると，**図1**の①～⑧での地球からの月の見え方は，右の図のようになる。

よって，月が⑥の位置にあるとき，**図2**のように見える。

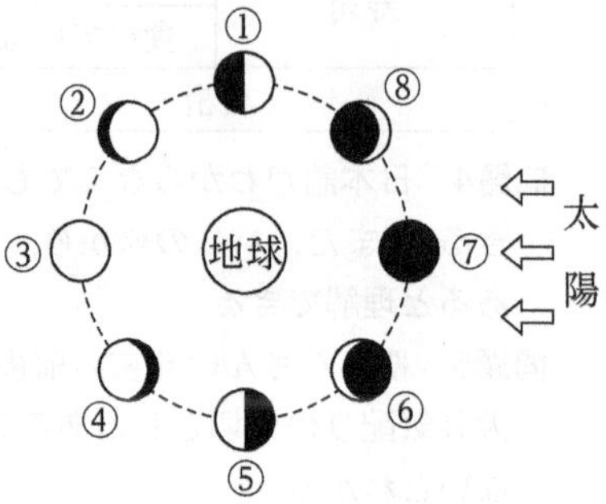

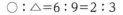

問題2　5から11までの長さと11から20までの長さの比を求めると，

○：△＝(11－5)：(20－11)＝6：9＝2：3

問題3　**図1**と同様に考えると，5から11までの長さと，11から20までの長さの比は，

○：△＝6：9＝2：3

となり，これが□：240と等しい。よって，求める枚数□＝160。

問題4　まず，当たりくじの割合が5％と12％の袋について考えると，図①より，当たりくじの割合が6％になるのは，12％のくじが1袋，5％のくじが6袋のときである。よって，当たりくじの割合が12％のくじの袋と5％のくじの袋の比は，1：6となる。

図①

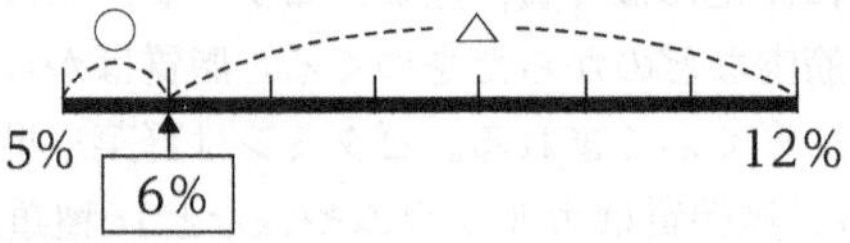

○：△　=1：6

同じように，当たりくじの割合が5％と14％の袋について考えると，図より，当たりくじの割合が6％になるのは，14％のくじが1袋，5％のくじが8袋のときである。よって，当たりくじの割合が14％のくじの袋と5％のくじの袋の比は，1：8となる。

図②

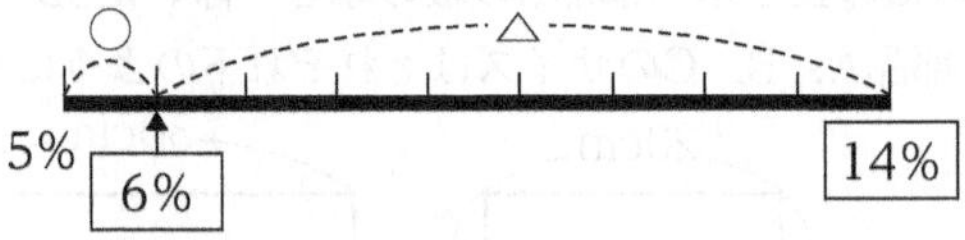

○：△　=1：8

これらから，それぞれの場合で袋の合計をまとめると，下の表のようになる。

						★		
12％の袋	1	2	3	4	5	6	7	8
5％の袋	6	12	18	24	30	36	42	48
合計	7	14	21	28	35	42	49	56

		★				
14％の袋	1	2	3	4	5	6
5％の袋	8	16	24	32	40	48
合計	9	18	27	36	45	54

くじが100枚ずつ入った袋が全部で60袋になるのは，表の★の組み合わせなので，当たりくじの割合が5％の袋が36＋16＝52(袋)，12％の袋が6袋，14％の袋が2袋のときである。

★ワンポイントアドバイス★

幅広い分野から出題されている。記述問題では，問われていることを簡潔に表現できるようにしておきたい。計算問題や，知識だけでは答えられない問題も多いので，しっかり考える時間を取れるよう，時間配分には気をつける。

＜作文問題解答例＞《学校からの解答例の発表はありません。》

グラフを見ると，平成20年度では38％の人が「たがいの考えていることをできるだけ言葉にして伝え合うこと」を重視しており，平成28年度ではさらに増えて50％もの人が言葉にすることを重視している。これに対して，「考えていることを全部は言わなくても，心を通わせわかり合うこと」を重視している人は平成20年度で34％，平成28年度では減少して30％だった。つまり，よりたくさんの人が「考えていることをできるだけ言葉にして伝え合うこと」が重要だと考えるようになっているとわかる。

私も，相手と伝え合うために大切なのは，考えていることをおたがいにできるだけ言葉にすることだと思う。実際に，次のような経験をしたことがある。

姉がおつかいに行くというので，私はまんじゅうを買ってきてほしいとたのんだ。私はこしあんが好きで，姉もそのことを知っていると思っていたので，当然こしあん入りのまんじゅうを買ってきてくれると考えていた。しかし，姉が買ってきたのは，つぶあん入りのまんじゅうで，私が「どうしてこしあんのまんじゅうを買ってくれなかったの？」と聞くと，姉は「だってそう言われなかったから」と言い，けんかになってしまった。

このことから私は，自分が考えていることを相手にわかってもらうには，たとえ相手が親しい人であっても，きちんと言葉で伝えることが大事なのだと感じた。

○配点○

70点

＜作文問題解説＞

基本（作文：テーマ型　自分の意見を述べる）

グラフから読み取った情報と自分の体験をふまえて書く問題である。五百字～六百字の指定なので，三～五段落に分けて書くとわかりやすい文章になる。

問題は次の手順でまとめるとよい。

①グラフから読み取れたことを書く。

平成20年度のデータと，平成28年度のデータを比べて人々が何を重視するけい向にあるかを書くとよい。

②自分はどのような立場なのかを述べる。

①で読み取った情報をふまえて，自分は何が大切だと思うか簡単に述べる。

③自分の体験を書く。

②で述べた意見に説得力をもたせるような体験を書く。自分がそのような意見をもつようになったきっかけの体験等を書くとよい。どんな体験を書くか考えてから自分の意見を固めてもよ

い。

④自分の意見で文章をまとめる。

③をふまえた自分の意見を述べて文章をまとめる。

★ワンポイントアドバイス★

自分がどんな体験をしたことでどんな意見を今もっているかが伝えられるようにしよう。

平成30年度

★★★★★★★★★★★★★★★★★★★★★★★★★

入　試　問　題

平成30年度

長崎県立中学校入試問題

【適性検査】 (60分)　＜満点：130点＞

1　ひろしさんは，友だちと日本の伝統文化に関するイベントに出かけました。それぞれの展示(てんじ)コーナーでは，案内係の方が展示しているものについて説明をしています。

ひろしさんたちは，俳句(はいく)が展示されているコーナーに行きました。

俳句１

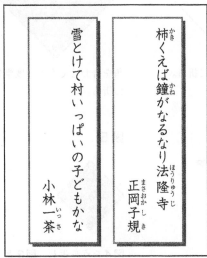

柿(かき)くえば鐘(かね)がなるなり法隆寺(ほうりゅうじ)　正岡子規(まさおかしき)

雪とけて村いっぱいの子どもかな　小林一茶(いっさ)

俳句２

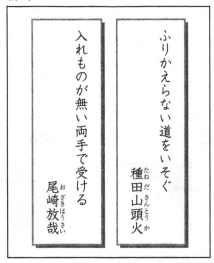

ふりかえらない道をいそぐ　種田山頭火(たねださんとうか)

入れものが無い両手で受ける　尾崎放哉(おざきほうさい)

ひろし　「たくさんの俳句があるね。」

案内係　「ここには，いろいろな俳句を展示しているのですよ。みなさん，俳句は知っていますか。」

ゆうき　「はい。**俳句１**は国語の授業で学習しました。」

かずこ　「**俳句２**は国語の授業で学習した俳句とはちがいますね。」

案内係　「どのようなところがちがうと思ったのですか。」

かずこ　「**俳句１**と**俳句２**を比べると，**俳句１**は［　　　　　］という決まりがありますが，**俳句２**はその決まりにしたがってつくられていません。」

案内係　「よく気づきましたね。情景を思いうかべながら声に出して読んでみると，それぞれのよさをより感じられますよ。」

問題１　［　　］にはどのようなことばが入るでしょうか。あなたの考えを**二つ**書きなさい。

ひろしさんたちは，日本の遊びがしょうかいされているコーナーに行きました。

案内係　「**折り紙**を折りませんか。」

ひろし　「あまりやったことがないので，うまく折れないかもしれません。」

案内係　「まずは，**図１**から**図５**の順番にていねいに折ってみましょう。これができれば，いろいろなものが折れるようになりますよ。」

ひろし　「これならうまく折れそうです。やってみます。」

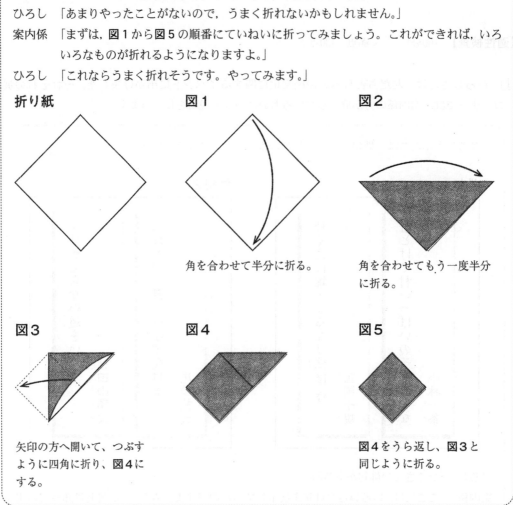

折り紙

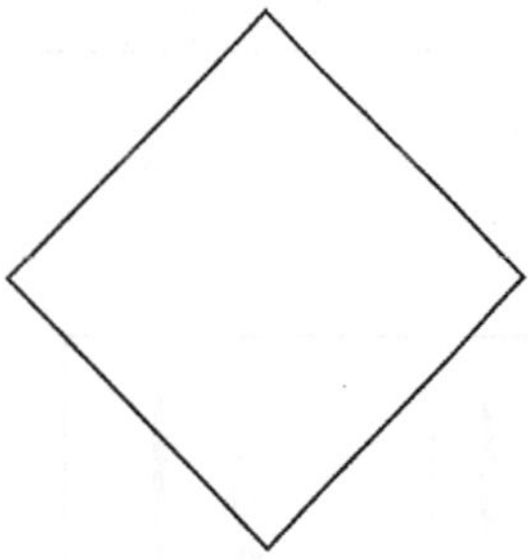

図１

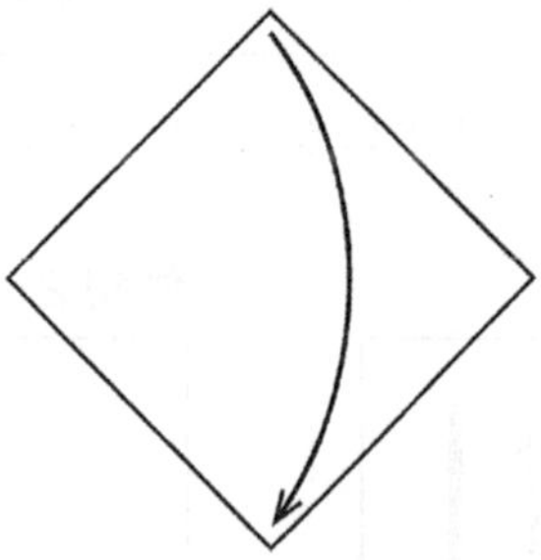

角を合わせて半分に折る。

図２

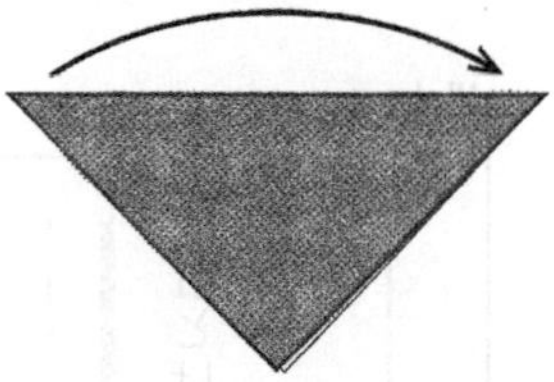

角を合わせてもう一度半分に折る。

図３

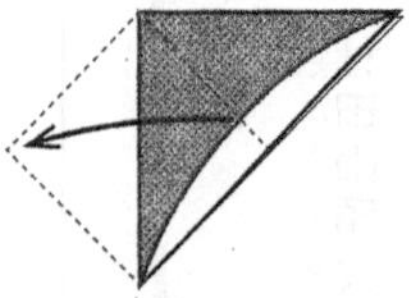

矢印の方へ開いて、つぶすように四角に折り、**図４**にする。

図４

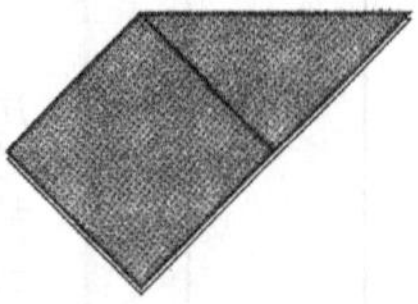

図５

図４をうら返し、**図３**と同じように折る。

問題２　**図４**を開いたとき，**折り紙**にはどのような折り目がついているでしょうか。折り目を**解答用紙**の**折り紙**に実線（――）でかき入れなさい。

ただし，問題用紙や解答用紙を折ったり切ったりしてはいけません。

なお，**解答用紙**の**折り紙**の点線（………）は，**図５**を開いたときの折り目を表したものです。

ひろしさんたちは，歴史と文化について展示されているコーナーに行きました。

案内係　「ここには，いろいろな時代の貴族の女性の服装を展示しています。」

ひろし　「次のページの**絵１**と**絵２**の服装にはちがいが見られるね。」

ゆうき　「次のページの**年表**をもとに二つの貴族の服装のちがいについて考えると，奈良時代は［　　ア　　］と考えられ，平安時代になると［　　イ　　］と考えられるね。」

ひろし　「服装や文字など，人々のくらしは時代の背景とかかわっているのだね。」

年表

時代	主なできごと
古墳	漢字、仏教などが大陸から伝わる。
飛鳥	小野妹子が遣隋使となる。
	第１回遣唐使が送られる。
奈良	東大寺の大仏ができる。
	鑑真が中国(唐)から日本にわたる。
平安	遣唐使が停止される。
	かな文字の使用が広がる。
	女性による文学作品が多く生まれる。
	藤原氏がさかえる。

絵１
奈良時代の貴族の服装

絵２
平安時代の貴族の服装

問題３　ア，イ にはどのようなことばが入るでしょうか。あなたの考えを書きなさい。

ひろしさんたちは，文字の歴史についての資料を見て，話をしています。

資料１

於	衣	宇	以	安
お	え	う	い	あ
お	え	う	い	あ

資料２

於	江	宇	伊	阿
オ	エ	ウ	イ	ア
オ	エ	ウ	イ	ア

案内係　「かな文字は万葉仮名として使われた漢字をもとにつくられたのですよ。**資料１**と**資料２**を見るとつくられ方がわかりますよ。」

かずこ　「本当だ。ひらがなとかたかなは，つくられ方がちがうようだよ。」

ゆうき　「ひらがなは［　　ア　　］ようだね。
かたかなは［　　イ　　］ようだね。」

ひろし　「これらのかな文字をわたしたちが受けついで使っているのだね。」

問題４　ア，イ にはどのようなことばが入るでしょうか。あなたの考えを書きなさい。

2　あきらさんは，夏休みに，家族で山のキャンプ場に出かけました。

（**図１**，**図２**は次のページにあります。）

あきらさんたちは，到着後，**図１**に示している川にそって**A地点**から**B地点**に向かって探検しています。**A地点**で**図２**のように積み重なった地層を見つけました。

あきら　「よく見ると，**れきと砂の層**には丸みを帯びた**れき**がたくさんあるね。」

お父さん　「**れきと砂の層**にある**れき**の中から，海にすむ魚や貝の化石がふくまれたものが見つかったそうだよ。」
お母さん　「その化石をふくんだ**れき**も，丸みを帯びていたよね。」
みどり　「どうして**A地点**で見つかったのかな。」
お父さん　「その理由は，**れき**が海にすむ魚や貝の化石をふくんでいたことと，丸みを帯びていたことから考えられるよ。」
あきら　「つまり，はじめに，海底にたい積した層の中で化石ができ，その後，
［　　　　　　　　　　］ということだね。」

図1　キャンプ場周辺の様子

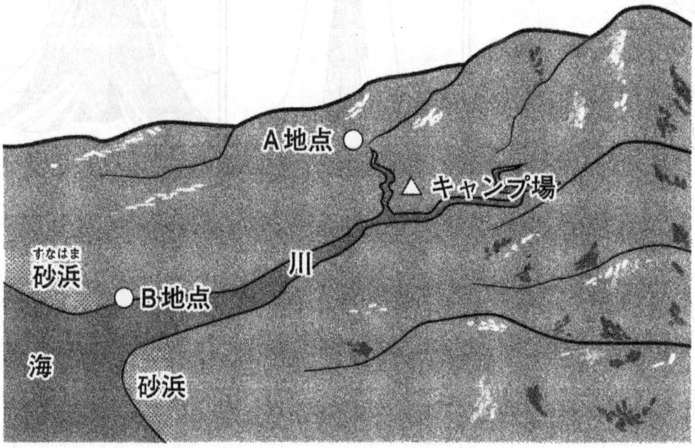

図2　A地点の地層

問題1　［　］にはどのようなことばが入るでしょうか。あなたの考えを書きなさい。

あきらさんたちは，河口付近の**B地点**に着きました。
お父さん　「この辺りは，丸くて小さい石がたくさんあるね。」
みどり　「よく見ると，形が丸い石ばかりではなく，角ばった石もあるよ。」
お母さん　「それに，小さな穴(あな)がたくさん空いた石もあるよ。」
あきら　「角ばった石や小さな穴が空いた石がここにあるということは，
［　　　　　　　　　　］ということが考えられるね。」

問題2　［　］にはどのようなことばが入るでしょうか。あなたの考えを書きなさい。

探検を終えたあきらさんたちは，自分たちが住む地域(ちいき)の川のことについて話をしています。以前は次のページの**図3**の様子だった川が，現在は次のページの**図4**のように変わっています。
お母さん　「以前は，両岸をコンクリートで固めていたね。」
お父さん　「大雨がふって水が大量に流れるときに，両岸がくずれないようにするためだね。」
みどり　「では，なぜ現在のような川にしたのかな。」
お母さん　「災害を防ぎつつ，より自然な川にするためだよ。」

みどり　「おかげで，景色が美しくなり，川遊びもできるようになったね。」

あきら　「それだけじゃないよ。
　　　　□などと自然を守ることにもつながっているのだよ。」

図３　以前の様子

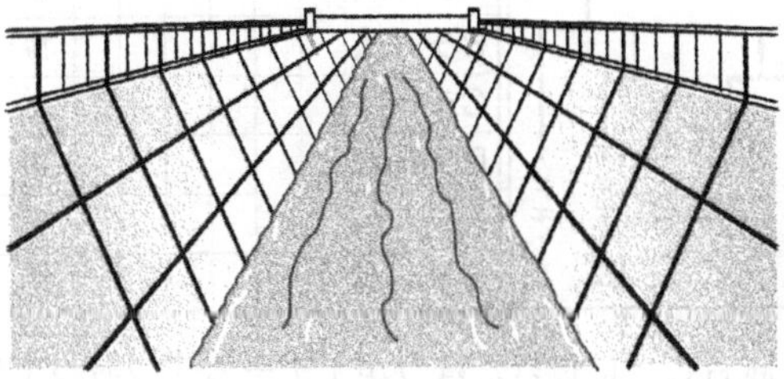

図４　現在の様子

問題３　□にはどのようなことばが入るでしょうか。あなたの考えを書きなさい。

あきらさんたちは，野外調理場で夕食の野菜いためをつくる準備をしています。

みどり　「まずはしっかり手を洗(あら)いましょう。」

お父さん　「夏は気温や湿度(しつど)が高いから，食中毒などの感染症(かんせんしょう)には十分気をつけなければならないね。」

みどり　「**野菜いためを調理する**時に，食中毒を予防するためにできることには手を洗うこと以外にどんなことがあるのかな。」

あきら　「□ことなどがあるね。」

問題４　□にはどのようなことばが入るでしょうか。あなたの考えを書きなさい。

次の日の朝，あきらさんたちは，みそしるをつくる準備をしています。

お母さん　「まずは煮干(にぼ)し（いりこ）をなべの水につけましょう。30分ぐらいつけておくと，よりおいしいだしがとれるのよ。」

あきら　「水につける前に，**煮干しにひと手間かける**ことによって，よりおいしいだしがとれるよ。」

みどり　「どんなことをするのかな。」

あきら　「［　ア　］ことだよ。」

みどり　「何のために，そうするのかな。」

あきら　「［　イ　］ためだよ。」

問題５　［ア］，［イ］にはどのようなことばが入るでしょうか。あなたの考えを書きなさい。

3 ひろきさんの学級ではお楽しみ会の準備をしています。

ひろきさんの班(はん)は，かるた大会の運営をすることになり，試合の進め方について話し合っています。

ひろき 「わたしたちの学級には30人いるから，5人ずつで６つのチームをつくろう。」

かなこ 「試合の進め方については，**表１**のようにトーナメント戦で優勝(ゆうしょう)を決めるのはどうかな。トーナメント戦というのは１試合ごとに負けたほうが１チームずつ減っていき，最後に残った１チームが優勝となるやり方だよ。」

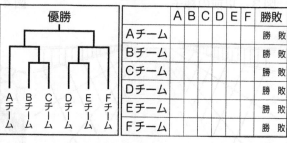

表１

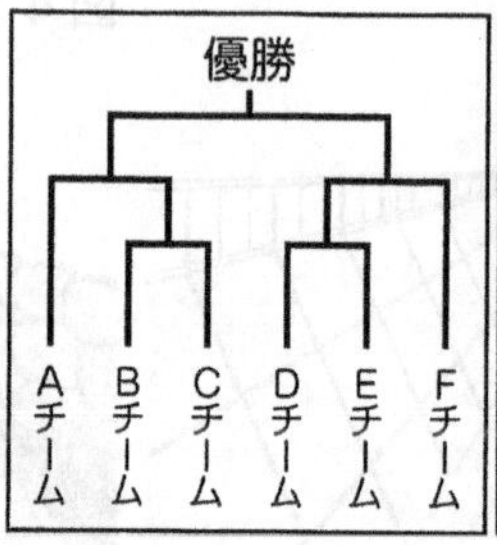

表２

	A	B	C	D	E	F	勝敗
Aチーム							勝 敗
Bチーム							勝 敗
Cチーム							勝 敗
Dチーム							勝 敗
Eチーム							勝 敗
Fチーム							勝 敗

たける 「総当たり戦という方法もあるよ。総当たり戦というのは６つのチームがどのチームとも１回ずつ試合をするやり方だよ。**表２**を使って結果を整理するとわかりやすいね。」

ひろき 「どちらがいいかな。総当たり戦だと　６×５÷２＝15　で全部で15試合を行うことになるね。たしかに［　　　　　　　　］から，トーナメント戦よりも総当たり戦のほうが，学級のみんなにとって，よりよい進め方だと思うよ。」

問題１　ひろきさんは「総当たり戦だと　６×５÷２＝15　で全部で15試合を行う」と言っています。ひろきさんはどのように考えて「６×５÷２」という式を立てたのでしょうか。あなたの考えを書きなさい。

問題２　［　　］にはどのようなことばが入るでしょうか。「トーナメント戦」と比べたときの「総当たり戦」の短所と長所についてふれながら，あなたの考えを書きなさい。

つばささんの班は，**例**のような「漢字しりとり」クイズをつくっています。

例　気候 → 工事 → 自由 → 有名

つばさ 「この『漢字しりとり』クイズは，二字熟語(じゅくご)の二番目の漢字と，音(おん)は同じだけれど別の漢字で始まる二字熟語を考えて，しりとりをしていくルールだよ。次のような問題を考えてみたよ。」

答案 → 安［ア］ → ［イ］図 → ［ウ］心 → 真理

問題３　［ア］～［ウ］に入る**漢字一字**をそれぞれ書きなさい。

ふみやさんの班は，算数クイズを出すことにしました。そこで，ふみやさんたちは，先生のところへ相談に行きました。

$$\frac{1}{2}\quad\frac{1}{3}\quad\frac{2}{3}\quad\frac{1}{4}\quad\frac{3}{4}\quad\frac{1}{5}\quad\frac{2}{5}\quad\frac{3}{5}\quad\frac{4}{5}\quad\frac{1}{6}\quad\frac{5}{6}\quad\frac{1}{7}\quad\frac{2}{7}\quad\frac{3}{7}\quad\frac{4}{7}\quad\frac{5}{7}\quad\frac{6}{7}$$

先　生　「これらの数は分母が２から７までの真分数です。ただし，約分できる分数は除(のぞ)いています。これらを小さい順に並(なら)べかえてください。」

ふみや　「はい，並べかえました。」

$$\frac{1}{7}\quad\frac{1}{6}\quad\frac{1}{5}\quad\frac{1}{4}\quad\frac{2}{7}\quad\frac{1}{3}\quad\frac{2}{5}\quad\frac{3}{7}\quad\frac{1}{2}\quad\frac{4}{7}\quad\frac{3}{5}\quad\underset{①}{\boxed{\frac{2}{3}}}\quad\underset{②}{\boxed{\frac{5}{7}}}\quad\underset{③}{\boxed{\frac{3}{4}}}\quad\underset{④}{\boxed{\frac{4}{5}}}\quad\frac{5}{6}\quad\frac{6}{7}$$

先　生　「この数の並びにはおもしろい規則があります。一つ目の規則は，並んだ二つの真分数についてです。大きい方から小さい方を引くと，分子は必ず１になるというものです。」

れいこ　「①と②だと $\frac{5}{7}-\frac{2}{3}=\frac{1}{21}$，②と③だと $\frac{3}{4}-\frac{5}{7}=\frac{1}{28}$，本当だ。」

先　生　「二つ目の規則は，並んだ三つの真分数についてです。例えば，①，②，③だと，①と③の分母の和は $3+4=7$ で，分子の和は $2+3=5$ です。これらを分母と分子とする分数が②になっています。」

ふみや　「そうか。真ん中の真分数の分母は，その両どなりの真分数の分母の和で，同じように分子は，両どなりの分子の和になっているという規則ですね。」

あきお　「でも，この規則は②，③，④では成り立たないのではないですか。」

れいこ　「いいえ。ちゃんと成り立ちますよ。なぜなら，

［　　　　　　　　　　　　　　］からです。」

先　生　「その通り。この二つの規則は，真分数の分母が２から７までだけでなく，２からどんなに大きな数まででも成り立つのですよ。」

問題４　［　　］にはどのようなことばが入るでしょうか。具体的な**数**や**式**を用いて，あなたの考えを書きなさい。

ふみやさんたちは，先生の話をもとに，算数クイズをつくりました。

$$\cdots\quad\frac{5}{9}\quad\underset{⑤}{\boxed{\frac{\square}{7}}}\quad\frac{7}{\square}\quad\frac{\square}{\square}\quad\underset{⑥}{\boxed{\frac{\square}{\square}}}\quad\frac{5}{8}\quad\cdots$$

ふみや　「これは，分母が２から13までの真分数を小さい順に書き並べたものの一部分だよ。」

あきお　「先生がおっしゃった規則を使うと，⑤は［ア］で，⑥は［イ］だとわかるね。」

問題５　［ア］，［イ］にあてはまる数を答えなさい。

4 かおるさんの学級では学習発表会の準備をしています。

かおるさんの班は，太陽光発電について発表することにしました。同じ班のけんたさんの家は，太陽光発電でつくった電気を使っています。かおるさんたちは，けんたさんの家と屋根の様子をかいた図を見ながら話をしています。

図

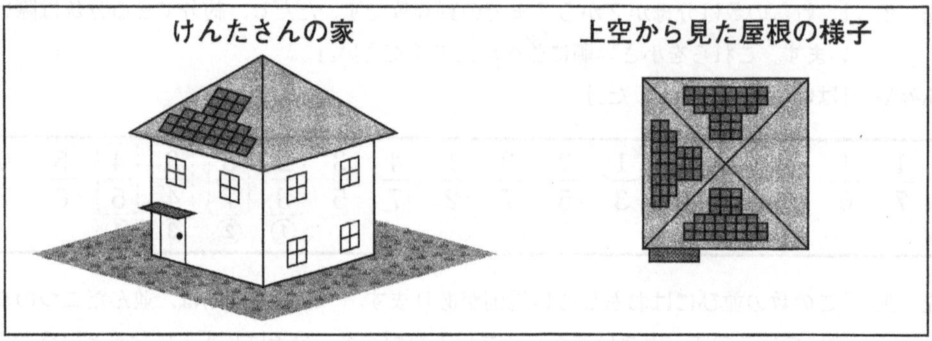

けんた 「太陽光で発電するために屋根に取り付けているものは，理科の授業で学習した光電池だよ。」

まゆこ 「学習したものがけんたさんの家に使われているね。ところで，どうして屋根の三つの面だけに光電池を取り付けているのかな。」

かおる 「近くの建物などで，一つの面には，かげができるからかな。」

けんた 「家の近くには，建物や木はないよ。」

まゆこ 「わかった。光電池を屋根の三つの面に取り付けているのは，太陽の動きと関係しているのだね。つまり，［ ア ］だね。」

かおる 「なるほど。それなら，電気をつくるはたらきがもっとも大きいのは，昼ごろだよね。」

けんた 「電気をつくるはたらきは，時刻（じこく）だけでなく天気によっても変わるから，必ずしもそうとは言えないよ。」

まゆこ 「電気をつくるはたらきは，光電池に当たる光の［ イ ］や［ ウ ］に関係するからだね。」

問題１ ［ア］にはどのようなことばが入るでしょうか。あなたの考えを書きなさい。

問題２ ［イ］，［ウ］にはどのようなことばが入るでしょうか。あなたの考えを書きなさい。

かおるさんの班は，光電池がつくった電気が，その後どのように使われるかについて，くわしく調べてみることにしました。数日後，次のページの**グラフ１**と**グラフ２**について，先生と話をしています。

けんた 「先生。**グラフ１**の『再生可能なエネルギー』とは何のことですか。」

先　生 「それは，自然を生かしたエネルギーのことだよ。太陽光以外に［ ア ］や［ イ ］などがあるよ。」

かおる 「**グラフ１**の『太陽光発電（住宅（じゅうたく））』は，住宅に取り付けた光電池でつくった電気のことですよね。」

先　生　「そのとおりだよ。」

まゆこ　「家庭で使い切れず余った電気を他の場所で使うために，電力会社が買い取っているのだね。つくった電気をむだにしないよいしくみだね。」

先　生　「他の再生可能なエネルギーについても買い取るしくみになっているのですよ。」

けんた　「**グラフ２**を見ると，総買取電力量は年々増えていることがわかるよ。」

かおる　「**グラフ１**を見ると，太陽光発電（住宅）の買取電力量は減っているように見えるけれど，本当はどうなのかな。」

まゆこ　「最近は光電池を取り付ける住宅が増えているみたいだから，太陽光発電（住宅）の買取電力量は増えているのではないかな。」

先　生　「太陽光発電（住宅）の買取電力量の変化を正しく知るには，**グラフ１**と**グラフ２**を関係づけて読み取る必要がありますね。」

グラフ１

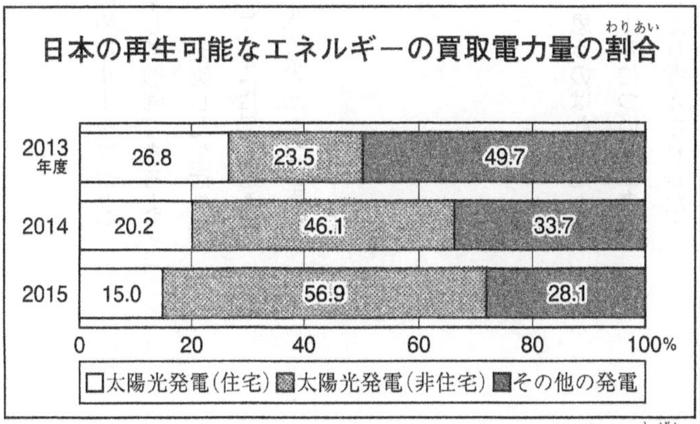

グラフ２

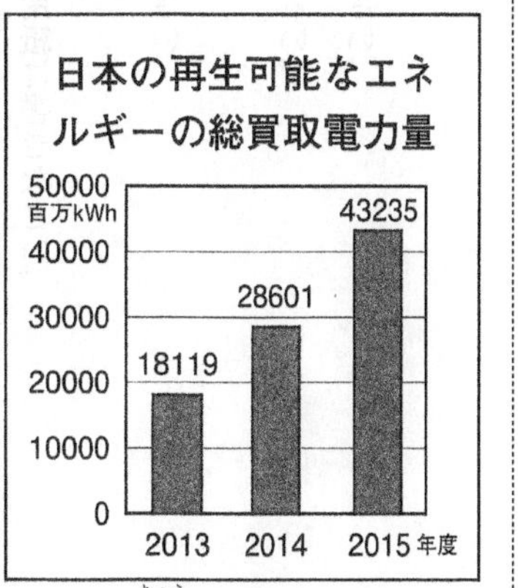

（グラフ１、グラフ２ともに資源エネルギー庁の資料をもとに作成）

問題３　ア，イ にはどのようなことばが入るでしょうか。あなたの考えを書きなさい。

問題４　太陽光発電（住宅）の買取電力量はどのように変化していますか。2013年度と2015年度の太陽光発電（住宅）の買取電力量を求めて説明しなさい。なお，総買取電力量については，**四捨五入して上から２けたのがい数にして計算**しなさい。

【作　文】（四五分）〈満点：七〇点〉

次の文章を読んで、あとの問題に答えなさい。

　ロン・クラーク著（亀井よし子訳）『みんなのためのルールブック』は、子どもたちが、おたがいに思いやりをもって楽しく勉強できるように、そして大人になってからも、毎日を大切にして、充実した生活を送れるようにとの願いをこめてつくられた本です。この本には、「あたりまえだけど、とても大切なこと」として五十のルールが示してあります。それらの中に、次の①～③のルールがあります。

> ① **人の名前をしっかりおぼえよう**
> ② **相手の目を見て話そう**
> ③ **意外な親切でびっくりさせよう**

問題　あなたは、筆者がこれらのルールを大切だと思うのはなぜだと考えますか。①～③の中から**一つを選び**、選んだルールについて筆者が大切だと思う理由を、**あなたの経験をもとに感じたり考えたりしたこと**と関連させて、**五百字以上六百字以内**で**解答用紙**に書きなさい。

【注意】

一、選んだルールの**番号**を最初に書いてください。
二、題名や名前は書かないでください。
三、原こう用紙の一行目から書き始めてください。
四、必要に応じて、段落に分けて書いてください。

平成30年度

解答と解説

《平成30年度の配点は解答欄に掲載してあります。》

＜適性検査解答例＞

1 問題1 5・7・5の17音でできている
季節を表す言葉が入っている

問題2

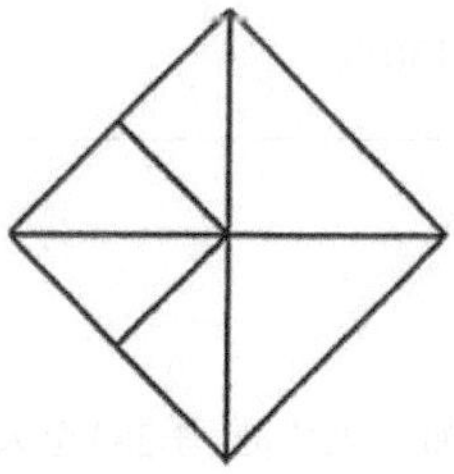

問題3 ア 大陸のえいきょうを受けていた
イ 日本風の服装が生まれた

問題4 ア 漢字の文字全体をくずしてつくられた
イ 漢字の文字の一部をとってつくられた

2 問題1 大きな力で陸上に押し上げられた

問題2 以前近くの火山がふん火した

問題3 魚など，水辺の生き物がすむ場所をつくる

問題4 野菜や調理器具をしっかり洗う

問題5 ア 煮干しの頭とはらわたを取る
イ にがみが出ないようにする

3 問題1 6つのチームが，それぞれ5試合ずつ試合を行うが，たとえばA対B，B対Aは同じ試合であることから，求める式は「6×5÷2」となる。

問題2 時間はかかるけれど，勝っても負けてもすべてのチームが5試合できる

問題3 ア 易
イ 意
ウ 都

問題4 ②と④の分母の和は7＋5＝12，分子の和は5＋4＝9で，これらを分母と分子とする分数$\frac{9}{12}$を約分すると③の$\frac{3}{4}$になる

問題5 ア $\frac{4}{(7)}$
イ $\frac{8}{13}$

4 問題1 ア 太陽は，東から出て南の高いところを通り，西にしずむため，その動きに面した屋根に取り付けられているということ

問題2　イ　強さ
　　　　ウ　向き
問題3　ア　風力
　　　　イ　地熱
問題4　2013年度は4824百万kWh，2015年度は6450百万kWhとなるので，太陽光発電(住宅)の買取電力量は増えている。

○推定配点○

1　問題1　各3点×2　　問題2　7点　　問題3・問題4　各4点×4
2　問題1　10点　　問題2・問題3　各6点×2　　問題4　4点　　問題5　各3点×2
3　問題1・問題4・問題5イ　各8点×3　　問題2　6点　　問題3　各2点×3
　問題5ア　5点
4　問題1・問題4　各8点×2　　問題2・問題3　各3点×4　　計130点

＜適性検査解説＞

1　（国語・算数・社会：俳句，図形の展開，歴史）

問題1　俳句とは，5音，7音，5音の計17音からなる詩であり，季節を表す語(季語)を入れるという決まりがある。

問題2　問題の図2までは，角を合わせて半分に2回折っているので，ここまでの折り目は右の図のようになる。図3で，2つに折ってできた2つの三角形のうちの1つの三角形の頂点から底辺へ折り目ができるので，解答に示したような折り目になる。

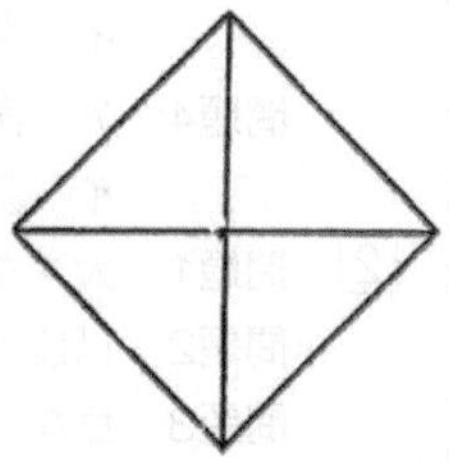

問題3　奈良時代までは大陸との交流が盛んに行われていたため，大陸の文化が多くとり入れられた。平安時代になり遣唐使が停止されたことにより，日本独自の文化が育っていった。

問題4　同じ文字から変化した「お」や「う」のひらがなとかたかなを比べると，それぞれの違いがわかりやすい。カタカナの「オ」や「ウ」は漢字の文字の一部をとってつくられたと推察できる。

基本 2　（理科・家庭：地層，環境保護，調理）

問題1　海底に海の生物の死がいが積もり化石となる。その後，海底が陸上に押し上げられた。角がけずられ丸みを帯びているのは，水のはたらきで角がけずられたためである。

問題2　火山のふん火によってできる石には小さな穴が空いており，水に流されていないため角ばっている。

問題3　現在の川の様子を見て，川岸の植物など，自然を守ることにつながる要素を探す。

問題4　食中毒の予防には，食材を清潔にあつかうことが重要である。

問題5　煮干しの頭やはらわたには，にがみがふくまれている。これを取りのぞくことによって，にがみのない，よりおいしいだしがとれる。

3　（算数・国語：組合せ，漢字，分数）

問題1　6チームすべてがそれぞれ5試合ずつ行うことになるが，A対BとB対Aのように組合せの重複が発生する。つまり，重複分を除くと(6×5)試合の半分になる。

問題2　「たしかに…から」という文章になっているので，まず短所を先に述べ，「しかし」などの接続詞でつなぎ，最後に総当たり戦がこの場合に優れている理由として長所を述べる。チームの強さに関わらず，学級の「みんな」が楽しめる理由を考えよう。

問題3　「図」には,「ず」という読みの他に,「と」という読みもある。「真理」から,「心」の読みが「しん」であるとわかるので,「としん」という単語に当てはまる漢字を探す。

問題4　分母と分子が同じ数でそれぞれわりきれる場合，約分をすることができる。約分によって見かけ上の数字は変わるが，表す数は変わらない。

問題5　一つ目の規則より，⑤の分子を□とすると，$\frac{\square}{7}-\frac{5}{9}$の分子が1になる。よって，□×9−5×7＝1より，□＝4とわかる。次に二つ目の規則を使うと，左から3番目の□は，$\frac{5+7}{9+\square}=\frac{4}{7}$より，9＋□＝21，□＝12　4番目の分数は，分子が7−4＝3，分母が12−7＝5となる。よって，⑥の分子は3＋5＝8，分母は5＋8＝13となる。

4　**(理科・社会：再生可能なエネルギー，グラフの読み取り)**

問題1　太陽は，東からのぼり，南の空を通って西にしずむ。光電池が取り付けられていない面は北向きと考えられる。

問題2　光電池に当たる光の量が多いほど，光の強さが強いほど，電気をつくるはたらきが大きい。光が当たる向きが，光電池に対して垂直に近いほど，当たる光の量が多い。

問題3　自然を生かしたエネルギーには，太陽光の他に，風や地熱を利用したものがある。

問題4　太陽光発電(住宅)の買取電力量は，総買取電力量に割合をかけることで求めることができる。2013年は18000×0.268＝4824(百万kWh)，2015年は43000×0.15＝6450(百万kWh)である。

★ワンポイントアドバイス★

幅広い分野から出題されている。文章で答える問題が多いため，問われている内容を適切に理解し，簡潔に表現する練習をしておきたい。また，記述量が多いので時間配分にも気をつけよう。

＜作文問題解説＞《学校からの解答例の発表はありません。》

選んだルールの番号　①

人の名前をしっかりおぼえることが大切だと筆者が思うのは，名前を呼びあうことで相手との関係が近くなり，よりよいコミュニケーションをとることができるようになるからだと私は考えます。

私は小学三年生の時，名前を呼びまちがえられたことがあります。クラスがえをしてからだいぶ時間がたっていたので，とてもショックでした。その子は人の名前を覚えるのがとても苦手らしく，私のほかにも何人も呼びまちがえていました。名前をまちがえられた子はみんな，とても傷ついているようでした。

また，私も友達の名前を呼びまちがえてしまったことがあります。会って間もないころで，名前をうろ覚えだったからです。呼びまちがえてしまったとき，友達はとても傷ついたようすだったので，とても反省しました。その友達は，会って間もない私の名前をしっかり覚えてくれていました。私の名前をしっかり呼んでくれ，とてもうれしく思うとともに，まちがえてしまったことを本当に申し訳なく思いました。

人の名前をしっかりおぼえず，呼びまちがえてしまうと，相手はとても傷つきます。逆に，しっかりおぼえると，相手はうれしく思い，より仲良くなれます。よりよいコミュニケーションをとることができるようになるので，人の名前をしっかりおぼえることは大切です。

○配点○

70点

＜作文問題解説＞

基本（作文：テーマ型　自分の意見を述べる）

筆者がこのルールを大切だと思う理由を考え，自分の体験をふまえて書く問題である。五百字～六百字の指定なので，三～五段落に分けて書くとわかりやすい文章になる。

問題は次の手順でまとめるとよい。

①テーマに結び付けられる体験を探す。

三つのルールの中から一つを選び，それに結び付けられる体験を考える。自分の中では，そのような意味づけをしていなかった体験でも，このような視点から意味づけが可能だと判断できれば，それを取り上げることも可能である。

②その体験を通して考えたことをまとめる。

①で選んだ体験をふまえて，筆者がなぜそのルールを大切に思うのかをまとめる。自分の経験をもとに感じたこと，考えたことも忘れずに書くようにする。

★ワンポイントアドバイス★

筆者が大切だと思う理由を考える問題だが，自分の考えも必ず書くようにしよう。

平成29年度

★★★★★★★★★★★★★★★★★★★★★★★

入　試　問　題

平成29年度

長崎県立中学校入試問題

【適性検査】（60分）　＜満点：130点＞

1　しんたさんの学級では，通学路の清掃（せいそう）をしてくださっているボランティアの方々と交流会を行うことにしました。

しんたさんは，ボランティア代表の田中さんに**手紙**を書きました。

手紙

夏になり、だんだんと熱く（例）なってきました。
　いつもわたしたちのために通学路をきれいにしてくださって、ありがとうございます。わたしたちの学級では、いつもお世話になっているボランティアのみなさんへのお礼の気持ちをこめて、交流会を行いたいと考え、次のとおり計画しました。

・日時
　平成二十八年七月十四日(木)
　　午前十時～十二時
・場所
　△△公民館
・内容
　レクリエーションなど

　代表を努めていらっしゃる田中さんから、たくさんの方々に参加をよびかけていただけるとありがたいです。
　みなさんに会うのを楽しみにしています。

七月一日
　　○○小学校六年一組一同

ボランティア代表　田中おさむ　様

しんた「代表の田中さんにこの**手紙**を送って，ボランティアのみなさんに交流会への参加をよびかけてもらおうと考えているんだ。」

さくら「いくつか書き直したほうがよいところがあるみたいだよ。相手に失礼にならないように，敬語（けいご）にしたほうがよいところがあるね。」

ゆみこ「そうだね。それに，『熱く』は『暑く』が正しいね。ほかに漢字の誤り（あやま）はないかな。」

問題１　しんたさんは，──線を引いた部分を敬語に直すことにしました。どのように書き直すとよいでしょうか。あなたの考えを書きなさい。

問題２　**手紙**の中から（例）以外の漢字の誤りを**一つ**見つけ，（例）にならって正しく書き直しなさい。

（例）　熱く→暑く

しんたさんたちは，交流会の内容について話し合いをしています。

しんた「音楽の授業で学習した歌を歌うのはどうだろう。」
ゆみこ「『ふるさと』はどうかな。」
しんた「その歌ならボランティアのみなさんもきっと知っていると思うよ。」
さくら「『ふるさと』の１番の**歌詞**（かし）はこれだね。」
しんた「この**歌詞**にどのような思いがこめられているか考えて歌ったらいいね。」
さくら「この**歌詞**には，[　　ア　　]という思いがこめられているのだったね。」
ゆみこ「そうだね。楽譜（がくふ）をよく見て歌い方もくふうするといいね。」
しんた「ほかにも学校で学習したことをしょうかいしたいな。」
ゆみこ「国語の授業で学習した俳句（はいく）はどうかな。」
しんた「それはいいね。どの句がいいかな。」
ゆみこ「わたしは『菜の花や月は東に日は西に』という与謝蕪村（よさぶそん）の俳句をしょうかいしたいな。」
しんた「その俳句でよまれている季節は[　イ　]だったね。」
さくら「わたしは最初，月が出ている夜の情景がよまれているのだと思っていたよ。でも，この俳句は夜の情景ではなく[　ウ　]の情景をよんだものだったね。」

歌詞

『ふるさと』
うさぎ追いし　かの山
小ぶなつりし　かの川
夢は今も　めぐりて
忘（わす）れがたき　ふるさと

問題３　[ア]～[ウ]にはどのようなことばが入るでしょうか。あなたの考えを書きなさい。

交流会当日，しんたさんが公民館へ行くと，**写真**のような水飲み場がありました。

しんた「このような形の水飲み場は初めて見ました。」
田中さん「この水飲み場には，ユニバーサルデザインが取り入れられているんだよ。」
しんた「ユニバーサルデザインとは何ですか。」
田中さん「ユニバーサルデザインとは，すべての人にとって使いやすい形や機能を考えたデザインのことなんだよ。」

写真

問題4　**写真**の水飲み場には，どのような人のために，どのようなくふうがなされているでしょうか。あなたの考えを**二つ**書きなさい。

交流会後，しんたさんたちは，興味をもったことについて調べるため，学校図書館に行きました。そこで見つけた**グラフ1**と**グラフ2**を見ながら話をしています。

グラフ1

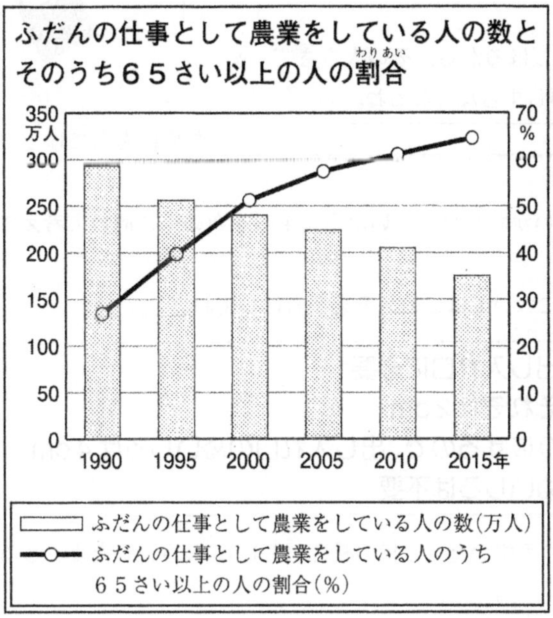

グラフ2

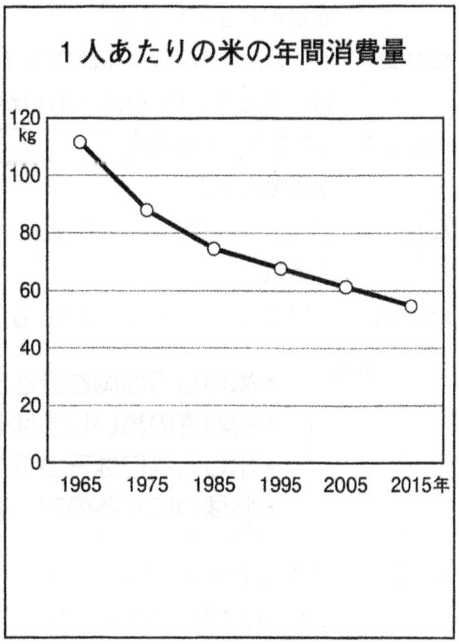

（**グラフ1**、**グラフ2**ともに農林水産省の資料をもとに作成）

しんた「ボランティアの方々の中に，米づくりなどの農業をしている方がいたね。」
ゆみこ「その方のお話では，昔は手作業だったけれど，さまざまな農業機械が取り入れられたことで作業が楽になり，作業にかかる時間も短くなったそうだよ。」
しんた「それはよいことだね。」
ゆみこ「でも，農業がかかえる問題もあるそうだよ。」
しんた「そうか。**グラフ1**を見ると，
［　　　　　　　　　　　　］
ということがわかるね。」
さくら「それに，**グラフ2**を見ると，米の消費量が減っていることがわかるよ。」
ゆみこ「そうだね。そういえば，米の消費量を増やすためにいろいろな取り組みが行われているそうだよ。」

問題5　［　　］にはどのようなことばが入るでしょうか。**グラフ1**を参考にして，あなたの考えを書きなさい。

問題6　ゆみこさんは「米の消費量を増やすためにいろいろな取り組みが行われている」と言っています。どのような取り組みが考えられるでしょうか。あなたの考えを書きなさい。

2 なおこさんは，お父さんの誕生日会の準備をしています。

なおこさんは，プレゼントとして，手帳とその手帳を入れるきんちゃくをわたす予定です。そこで，お母さんといっしょにきんちゃくを作ろうとしています。

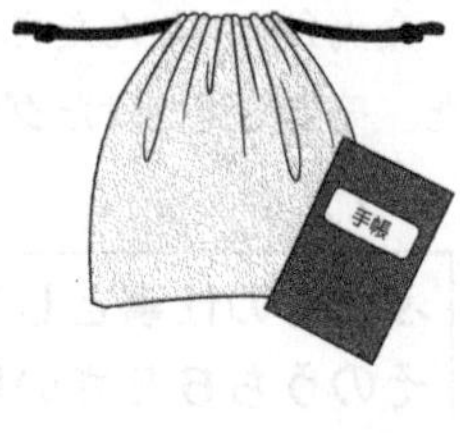

なおこ　「この手帳を入れるきんちゃくを作るためには，手帳の大きさにぬいしろを足した分の布を準備すればいいよね。」

お母さん　「この手帳を入れるためには，ぬいしろを足しただけでは布が足りないわよ。」

なおこ　「そうか，きんちゃくはひもでしぼるから，その大きさでは，きんちゃくの出し入れ口がしまらなくなるね。」

お母さん　「そうよ。それに［　　　　　　　　］ためにも布にゆとりが必要なのよ。」

なおこ　「ゆとりをどれくらいとればいいかわかりにくいから，手帳を布の上に置いて考えてみるね。」

お母さん　「それはいい考えね。ぬいしろについてはこのメモを参考にしてね。」

メモ
- ぬいしろは両わきと出し入れ口に必要
- 両わきのぬいしろはそれぞれ2cm
- 出し入れ口は三つ折りにするので、出し入れ口のぬいしろは4cm
- 底はわにするので、ぬいしろは不要

なおこ　「たてと横のゆとりは，それぞれ手帳のたてと横の長さの0.4倍の長さにしたよ。しるしをつけてから布をたつね。」

お母さん　「できあがりの形や大きさをよく考えて布を準備することが大事ね。」

問題1　［　　］にはどのようなことばが入るでしょうか。あなたの考えを書きなさい。

問題2　なおこさんは図のように布をたちました。きんちゃくを作るために必要な布のたてと横の長さを答えなさい。

ただし，手帳の入れ方は，図のとおりとします。また，手帳の大きさは図の30cmものさしの目もりのとおりとします。

図

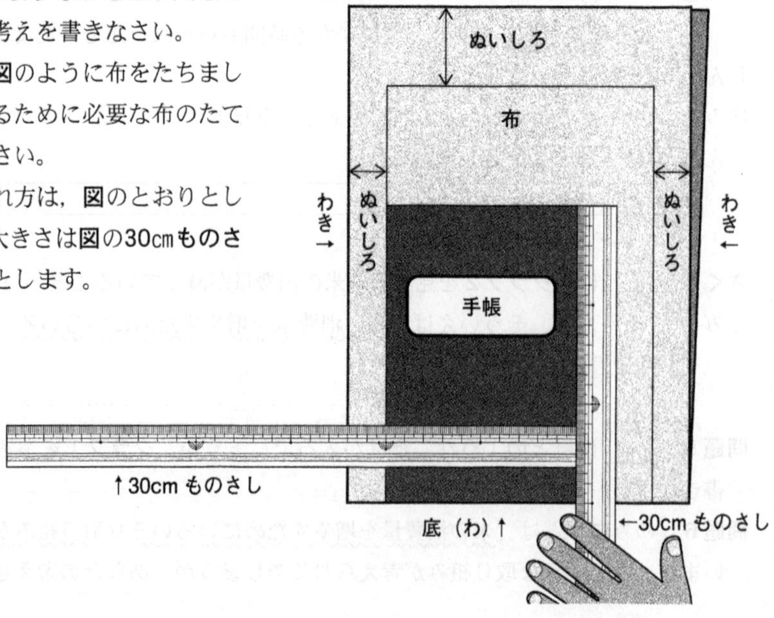

誕生日会当日，なおこさんとお母さんは食事の準備をしています。

お母さん　「たきこみごはんを作ろうと思うのだけれど，今日はこの料理の本のとおりに，そうめんつゆを使ってみるわね。」

なおこ　「そうめんつゆのラベルに『5倍濃縮』と書いてあるね。どういう意味なの。」

お母さん　「水でうすめて5倍の量にして使うという意味よ。例えば，このそうめんつゆを20mL使うとしたら，水を加えて5倍の100mLにすればいいということなのよ。だから水を80mL加えることになるわ。」

なおこ　「そういうことなのね。でも料理の本の**材料と分量**には，3倍濃縮と書いてあるけれど，家には5倍濃縮のそうめんつゆしかないよ。どうしたらいいの。」

お母さん　「同じ濃さになるように，計算したらいいわよ。」

なおこ　「わかったよ。3倍濃縮のそうめんつゆで40mL必要だから，5倍濃縮のそうめんつゆは□mL必要になるね。」

お母さん　「そうね。」

材料と分量

たきこみごはん	
米	320g
とりもも肉	100g
にんじん	100g
しめじ	50g
そうめんつゆ（3倍濃縮）	40mL
塩	1g
酒	5mL

問題3　□にあてはまる数を答えなさい。

なおこ　「この果汁100%オレンジジュースは，ラベルに濃縮還元と書いてあるよ。どういう意味なの。」

お母さん　「このジュースは，しぼった果汁の水分を一度蒸発させて濃縮し，再び水などを加えて元の濃さにもどしているのよ。」

なおこ　「どうしてそのような手間をかける必要があるのかな。」

お母さん　「原料のオレンジはアメリカ産よね。オレンジの果汁をアメリカで濃縮して，日本に運んで水などを加えて，販売するのよ。濃縮することで保存性が高くなるのよ。」

なおこ　「そうか。ほかにも，□というよい面があるよね。」

お母さん　「そのとおりよ。」

問題4　□にはどのようなことばが入るでしょうか。あなたの考えを書きなさい。

3　あきらさんは，夏休みに，お父さん，お母さん，姉のゆきこさん，妹のみどりさんと，バスで森林公園に出かけることになりました。

森林公園に行く前日，あきらさんとみどりさんは，図を見ながら森林公園までのコースについて話をしています。自宅(じたく)近くのバス停から森林公園までは，一度バスターミナルでバスを乗りかえて行く必要があります。

図

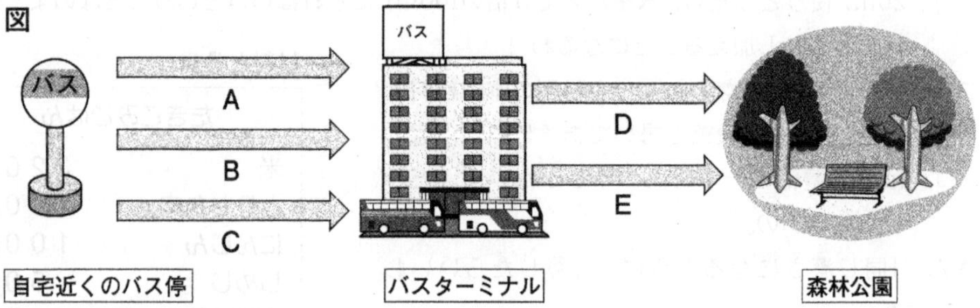

あきら　「自宅近くのバス停からバスターミナルまでは，A，B，Cの三つのコース，バスターミナルから森林公園まではD，Eの二つのコースがあるね。つまり，自宅近くのバス停から森林公園までのコースはA→D，A→E，B→D，B→E，C→D，C→Eの6通りだね。」

みどり　「わたしはバスによようことがあるから，バスに乗っている時間が短いコースで行きたいな。」

あきら　「それなら，道のりが一番短いコースを選んだ方がいいね。6通りのコースのうち，どのコースが一番道のりが短いのかな。」

お父さん　「**ヒント**をいくつか紙に書いてあげるから，自宅近くのバス停から森林公園までの道のりが一番短いコースとその道のりを考えてみてごらん。」

ヒント

① Cの道のりは20kmである。
② A、B、Cの所要時間を平均すると30分である。
③ A→D、C→Eの所要時間は、どちらも1時間20分である。
④ B→Dの道のりは35kmである。
※バスは時速30kmで走ることとする。
※「所要時間」とはバスに乗っている時間とする。

問題1　自宅近くのバス停から森林公園までの道のりが**一番短いコース**と**その道のり**を答えなさい。

森林公園に到着(とうちゃく)し，あきらさんたちが遊びに行こうとすると，お母さんが声をかけました。

お母さん　「今日は日差しが強くてむし暑いから，熱中症(ねっちゅうしょう)に十分気をつけてね。」

みどり　「熱中症にならないようにするためには，水分をこまめにとればいいんだよね。」

ゆきこ　「水分をこまめにとること以外にも，熱中症にならないようにするために大切なことがあるよ。」

あきら　「□ことも大切だよね。」

問題２　□にはどのようなことばが入るでしょうか。あなたの考えを**二つ**書きなさい。

あきらさんたちは，森林公園にある観察池に行きました。池の中にメダカがいたので，観察をしています。

あきら　「よく見ると，たまごからかえったばかりのメダカがいるよ。」

みどり　「どうして，かえったばかりのメダカだとわかるの。」

あきら　「はらのふくらみが残っているからだよ。」

ゆきこ　「理科の授業で習ったことを思い出したけれど，発芽したばかりのインゲンマメと共通点があるね。」

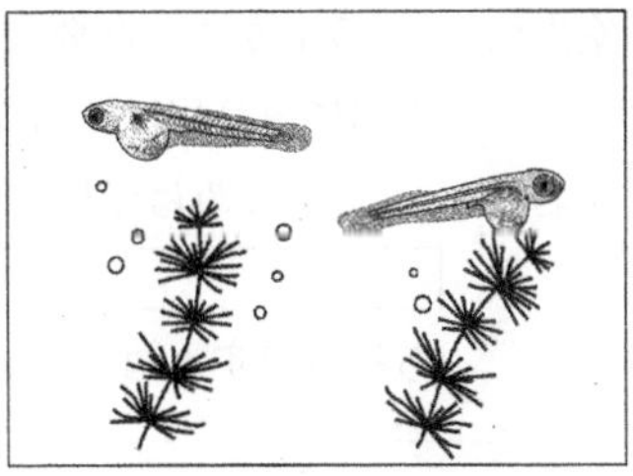

みどり　「たまごからかえったばかりのメダカと発芽したばかりのインゲンマメには，どのような共通点があるのかな。」

あきら　「□というところだね。」

問題３　□にはどのようなことばが入るでしょうか。あなたの考えを書きなさい。

あきらさんは，モーターとかん電池で動く手づくりの船を，水にうかべて動かしてみました。

みどり　「あれ，モーターが逆に回転して，船が後ろ向きに進んでいるよ。どうしたら，前に進むようになるのかな。」

あきら　「□といいと思うよ。やってみよう。」

みどり　「ちゃんと前に進んだね。」

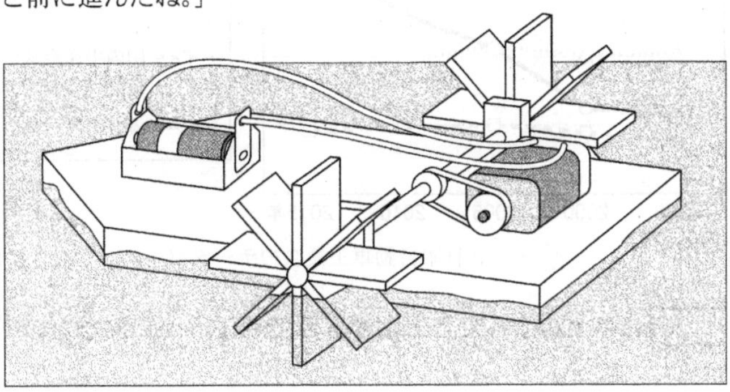

問題４　□にはどのようなことばが入るでしょうか。あなたの考えを書きなさい。

4 かおりさんとこうへいさんの学級では，学習発表会の準備をしています。

かおりさんの班(はん)は，日本の自動車づくりについて発表することにしました。そこで，自動車工場に出かけ，案内係の人と話をしています。

かおり　「自動車１台をつくるためには，2万個から３万個もの部品が必要だと知り，おどろきました。」

案内係　「それらの部品は，多くの関連工場でつくられているのですよ。」

たけし　「関連工場でつくられた部品を，この工場に運ぶのですね。」

案内係　「そうですよ。必要な部品を必要な分だけ必要な時刻(じこく)までに，自動車を組み立てるこの工場に送り届(とど)けてもらうしくみがあるのです。」

かおり　「そのしくみは学校でも学習しました。そのしくみによって，
［　　　　　　　　　　］というよい面があるのですよね。」

問題１ ［　　］にはどのようなことばが入るでしょうか。あなたの考えを書きなさい。

かおりさんたちは，案内係の人から，海外で販売する自動車もこの工場で生産しているという話を聞きました。

かおり　「日本のメーカーの自動車は，海外でも人気があるのですね。」

案内係　「性能がよく，乗りごこちもよい日本のメーカーの自動車は，世界のさまざまな場所で走っているのですよ。」

たけし　「海外で販売する自動車は，すべて日本国内でつくり，輸出するのですか。」

案内係　「**グラフ**を見てください。日本国内で生産したものを輸出するだけでなく，海外での生産も増えているのですよ。」

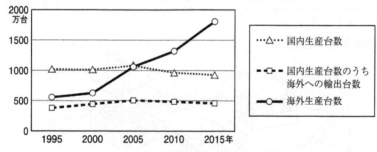

グラフ　日本のメーカーの自動車生産台数と輸出台数

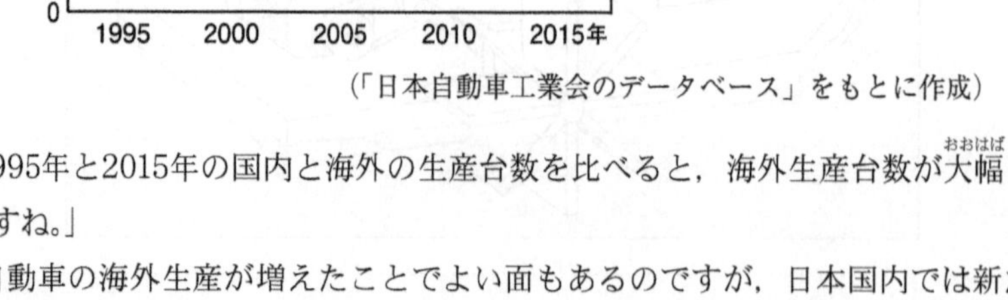

（「日本自動車工業会のデータベース」をもとに作成）

かおり　「1995年と2015年の国内と海外の生産台数を比べると，海外生産台数が大幅(おおはば)に増えていますね。」

たけし　「自動車の海外生産が増えたことでよい面もあるのですが，日本国内では新たな問題も出てきていると聞いたことがあります。」

かおり　「生産の多くが海外で行われると,
［　　　　　　　　　　　　　　　　］
ということが考えられますね。」

問題2　［　］にはどのようなことばが入るでしょうか。あなたの考えを書きなさい。

　こうへいさんの班は学習発表会で算数クイズを出すことにしました。そこで，こうへいさんは同じ大きさの黒玉と白玉に，同じ長さの棒(ぼう)をさし，**図1**のような立方体の模型(もけい)を作りました。

図1

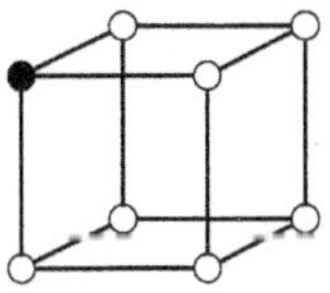

えりか　「この模型を使ってどんなクイズを出すの。」

こうへい　「黒玉と白玉の配置に関するクイズを出そうと思っているんだ。例えば，黒玉1個の場合，**図2**のように黒玉の位置は8か所考えられるね。でも，模型を回転させると黒玉はすべて**図1**と同じ位置にくるよね。だから，黒玉と白玉の配置は1通りと考えることにするよ。」

図2

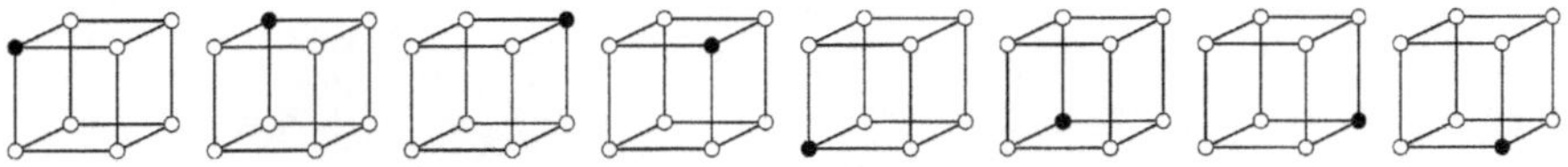

えりか　「黒玉1個の場合の黒玉と白玉の配置は1通りということだね。」

こうへい　「そうだよ。では，黒玉2個の場合の黒玉と白玉の配置は何通りあるかな。」

えりか　「わかった。3通りだよね。」

こうへい　「正解。そこで算数クイズでは，黒玉4個の場合の黒玉と白玉の配置が何通りあるかを出そうと思うんだ。」

えりか　「おもしろそうだね。」

問題3　黒玉2個の場合の黒玉と白玉の配置は3通りあります。**解答用紙**の**図3**の白玉の1個をぬりつぶして黒玉にし，3通りの黒玉と白玉の配置を示しなさい。

　なお，黒玉2個のうち1個はすでにぬりつぶしてあります。

図3

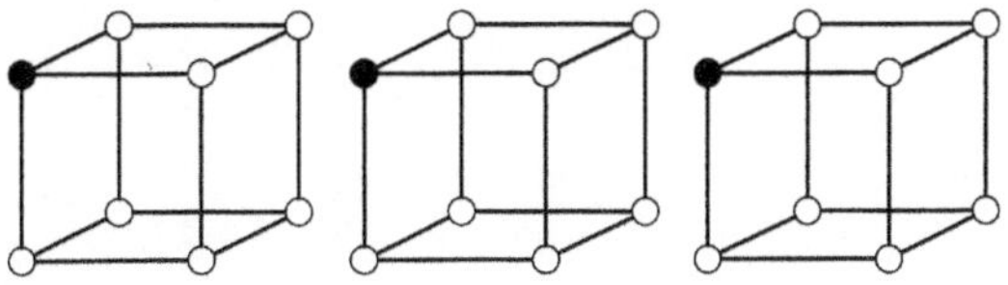

問題4　黒玉4個の場合の黒玉と白玉の配置は何通りあるか答えなさい。

問題二　この文章を読んで、あなたが考えたり感じたりしたことを、問題一で書いた内容と関連させながら、**四百五十字以上五百字以内で解答用紙に書きなさい。**

【注意】

一、題名や名前は書かないでください。
二、原こう用紙の一行目から書き始めてください。
三、必要に応じて、段落に分けて書いてください。

【作　文】（四五分）〈満点：七〇点〉

次の文章を読んで、あとの問題一、二に答えなさい。

日本ではよく、「若者はもっと個性を発揮すべきだ」とか、「個性を磨くべきだ」などと言われます。けれど私は、そういう言葉にはあまり意味がないと思っています。

また、日本では「個性」という言葉が主に人の外観に関して使われることにも、私は違和感を持っています。たとえば、「個性的なファッション、個性的なヘアスタイル」は、「人がアッと驚くような奇抜なスタイル」であることが多いでしょう。

あるいは、他の誰も持っていないような特殊なスキルを持つことが個性的であることの条件のように受け取られていますね。

このように考えると、「個性＝人より目立つこと」と、多くの人が錯覚しているのではないかと思います。

でも、根本的なことを言ってしまえば、この世に生まれた人間は一人残らず全員、それぞれの個性を持っています。だから、誰かに「磨きなさい」と命令されて、義務のように磨く必要などないのです。

あなたが生まれ持った個性は、明らかにあなただけのものです。世界中に、あなたと同じ個性を持つ人など誰一人としていないのですから、「他の人はどうかな？」とキョロキョロすることは不必要だし、他人の真似をする必要もありません。真似しようとしても真似できないのが、個性というものなのです。

あなた自身が「楽しい、面白い、不思議だ、ワクワクする、どきどきする」と感じ、心から求めているものを優先すれば、それでいいのです。「磨く」とか「発揮する」などと意識しなくても、自分が本当に好きなもの、興味があることに気持ちが向かっていけば、自分の世界がどんどん広がっていく。それが本当の意味で「個性を磨く」ということです。

いちばん良くないのは、親や先生の顔色をうかがったり、友達の反応を気にしたり、世間の思惑に振り回されたりしながら、「個性を磨かなきゃいけない」と無理をすることです。

そのうちに自分の軸足をどこに置いていいかわからなくなり、自分力が失われ、結局は自分で自分の個性をつぶしてしまうことになりかねません。そういうネガティブなサイクルに入らないよう、気をつけてください。

（今北純一『自分力を高める』）

（注）違和感…しっくりしない感じ。
奇抜…とても風変わりなさま。
スキル…技能・技術。
錯覚…思いちがい。かんちがい。
思惑…考え。意図。
軸足…考えや行動などの重点。
ネガティブ…否定的な。消極的な。

問題一　筆者は「個性」についてどのようにとらえ、「個性を磨く」ことについてどのように考えていますか。**九十字以上百十字以内で解答用紙に書きなさい。**

【注意】

一、題名や名前は書かないでください。
二、原こう用紙の一行目から書き始めてください。
三、段落に分ける必要はありません。

MEMO

大切なことはメモしておこうネ！

平成29年度

解答と解説

《平成29年度の配点は解答欄に掲載してあります。》

＜適性検査解答例＞

1 問題1 お会いする

問題2 努め → 務め

問題3 ア ふるさとを大切にしたい イ 春 ウ 夕方

問題4 小さな子どものために，ふみ台がある。

足が不自由で支えが必要な人のために，手すりがある。

問題5 ふだんの仕事として農業をしている人の数が減り，そのうち65さい以上の人の割合が増えている

問題6 米粉にしてパンなどに利用する。

2 問題1 手帳を出し入れしやすくする

問題2 たて 50（cm） 横 18（cm）

問題3 24 mL

問題4 輸送費を減らすことができる

3 問題1 コース B→E 道のり 30（km）

問題2 ぼうしをかぶる こまめに休けいする

問題3 もともともっている養分を使って成長していく

問題4 かん電池の向きを変える

4 問題1 部品の在庫を持つ必要がない

問題2 国内で働く場が減ってしまう

問題3 図3

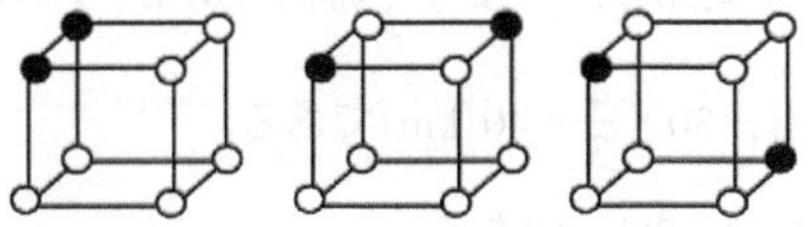

問題4 7（通り）

○配点○

1 問題3 ア 4点 問題4・問題5 各8点×2 問題6 6点 他 各3点×4

2 問題1・問題4 各7点×2 問題3 8点 他 各4点×2

3 問題3 8点 他 各6点×4

4 問題3 9点 他 各7点×3 計130点

＜適性検査解説＞

1 （国語，社会：国語の知識，くらしの安全，日本の経済・産業）

問題1 この場合は，自分の動作をへりくだって表し，相手が上位であることを表す，「会う」の謙譲（けんじょう）語を使う必要がある。「お目にかかる」でもよい。

問題2 「努める」「務める」「勤める」は，いずれも「つとめる」と読む。正しく使い分けられるよ

うにしよう。

問題3 ア　歌詞の中の「忘れがたき　ふるさと」から，ふるさとを愛する気持ちを書くとよい。

イ　季語は「菜の花」である。

ウ　月だけに注目するのではなく，月が東にあり，さらに太陽が西に見える時間帯を考える。

問題4 二段のふみ台や，水のみ場のまわりに沿うようにある手すりに着目する。ほかにも，手の力が弱い人のために，上のじゃぐちがレバーで動かせるようになっていることや，車いすの人が使いやすいように，じゃぐちの下に空間が設けられていることについて答えてもよい。

問題5 グラフ1より，1990年から2015年までで，ふだんの仕事として農業をしている人の人数の変化，また，そうした人たちのうち，65さい以上の人の割合の変化を読み取る。

問題6 ほかの解答例としては，お米を使った料理のコンテストを行う，パックされたご飯や冷とう食品のチャーハンなどの手軽さやおいしさをもっと宣伝する，米から作ったライスミルクの利点を広める，飼料用の米の生産を増やす，などがある。

2 **（算数，社会，その他：長さの計算，家庭・図工，割合の計算，世界の産業・経済）**

問題1 手帳を出し入れするときのことを考える。

問題2 手帳のたての長さは15cm，横の長さは10cmである。よって，たてのゆとりの長さは$15\times0.4=6$(cm)，横のゆとりの長さは$10\times0.4=4$(cm)となる。これにぬいしろを加えて必要なたての長さを計算すると，$(15+6+4)\times2=50$(cm)，必要な横の長さは，$10+4+4=18$(cm)となる。

問題3 3倍濃縮(のうしゅく)のそうめんつゆ40mLを使う場合，水を加えて3倍の120mLにすればよい。5倍濃縮のそうめんつゆを同じ濃(こ)さで同じ分量だけ作るには，$120\div5=24$(mL)必要である。

問題4 濃縮させると体積が減るので，一度の輸送で多く運べるようになり，結果として輸送費が安くなる。ほかの解答例として，保管するスペースをとらない，というのもある。

重要 **3** **（算数，理科，その他：単位量の計算，保健・体育，動物・こん虫，電気）**

問題1 ・A＋D，C＋Eの所要時間は1時間20分，つまり$\frac{4}{3}$時間である。バスは時速30kmで進むので，A＋D，C＋Eの道のりはどちらも，$30\times\frac{4}{3}=40$(km)である。

Cの道のりは20kmだから，Eの道のりは，20kmである。

・A，B，Cそれぞれの所要時間の平均が30分なので，A＋B＋Cの所要時間$=30\times3=90$(分)$=\frac{3}{2}$(時間)である。よって，A＋B＋Cの道のり$=30\times\frac{3}{2}=45$(km)である。Cの道のりは20kmだから，A＋Bの道のりは，25kmである。

・B＋Dの道のりは35kmである。よって，$(A+D)+(A+B)+(B+D)=2\times(A+B+D)=100$kmとわかる。よって，$A+B+D=50$kmである。

・$A+D=40$kmなので，$B=50-40=10$kmである。

・$A+B=25$kmなので，$A=25-10=15$kmである。

・$A+D=40$kmなので，$D=40-15=25$kmである。

・よって，バス停から森林公園までの，それぞれのコースの道のりは，

A→D＝40km，A→E＝35km，B→D＝35km，B→E＝30km，C→D＝45km，C→E＝40km

したがって，B→Eが一番短いコースになる。

問題2　ほかの解答例としては，なるべく日かげに入るようにする，空気をよく通す服を着る，冷たいタオルなどで体を冷やすようにする，などがある。

問題3　インゲンマメの種には，もともとでんぷんという養分がふくまれていて，これを使って発芽し，成長していく。かえったばかりのメダカも同じように，はらのふくらみの中の養分を使って成長していく。もとから持っている養分を使うという点に着目してまとめるとよい。

問題4　かん電池の向きを変えると電流の流れる向きが変わるという点をふまえて考える。

やや難 **4**　（社会，算数：日本の経済・産業，立体図形）

問題1　ジャスト・イン・タイム方式という。必要な物を，必要なときに，必要な量だけを生産することで，むだな部品や在庫の問題がなくなり，効率の悪い生産体制が改善された。

問題2　海外で生産するようになると，今まで国内の工場で働いていた人々が働く場を失う可能性がある。

問題3　黒玉が2個の場合の配置は，次の3通りである。

①黒玉と黒玉が，となり合っており，辺で結ばれている。

②黒玉から黒玉まで最短で辺をたどっていくと，間に白玉が一つ配置されている。

③黒玉から黒玉まで最短で辺をたどっていくと，間に白玉が二つ配置されている。

問題4　配置の仕方は次の図の通りである。

①
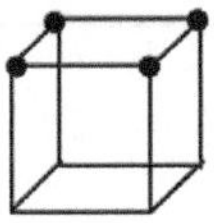
②
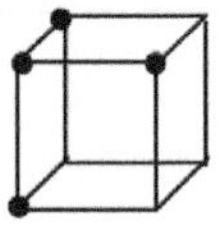
③
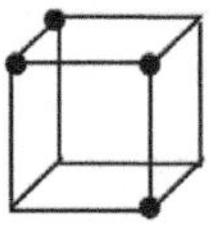
④
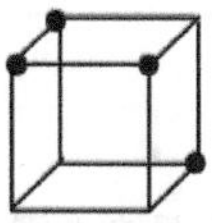
⑤
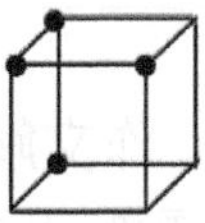
⑥
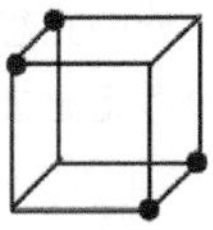
⑦
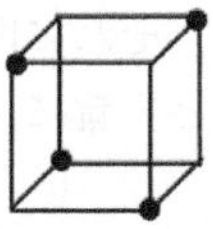

1つの面に対し，黒玉がいくつ配置できるかを考えるとよい。4つの黒玉を配置できるのは①の1通り。他の面にも同じように黒玉を4つ配置することができるが，模型を回転させると①と同じ配置になるので，1通りである。同じように考えると，1つの面に対し3つの黒玉を配置できるのは，②・③・④・⑤の4通り。1つの面に対し2つの黒玉を配置できるのは，⑥・⑦の2通りである。なお，1つの面に対し1つの黒玉を配置した場合は，必ず黒玉が3つ配置される面ができてしまうので，②～⑤のどれかと同じ配置になる。よって，配置は①～⑦の7通りである。

★ワンポイントアドバイス★

さまざまな教科から出題されるので，苦手教科をつくらず，すべての教科についての知識を身につけよう。また，算数の問題はくふうして計算することが求められる。計算問題に時間をかけ過ぎて，残りの問題に手がつかなかったということのないように気をつけよう。

＜作文解答例＞《学校からの解答例の発表はありません。》

問題一　この世に生まれた人間全員がそれぞれ持ち，真似できないものが「個性」であり，自分が本当に好きなものや興味があることに気持ちを向け，自分の世界をどんどん広げていくことが「個性を磨く」ということである。

問題二　私は，個性とは，他の人が真似することのできない自分だけの特別なものだと考える。そして，文章中にもあるように，自分が本当に好きなものや興味のあることに気持ちを向けること，つまり自分の心を優先することが個性を磨くことにつながるのだと思う。

　私の友達に，とても絵の上手な人がいる。図画工作の時間，「思い出の場所」というテーマで絵をかく機会があった。校内の好きな場所を自分で選び，その場所へ行って絵をかくというものだった。クラスの人は数人で集まって楽しそうにかいていたが，その友達は下足箱のあるげんかんを選び，たった一人でしんけんに絵をかいていた。その友達は他の人に合わせることなく，自分の本当にえがきたいものを選んだのだ。その後，みんながかいた絵は教室にかざられたが，その友達の絵はひときわすてきなものに見えた。自分の気持ちが向かうものを優先するその姿勢こそが，「個性を磨く」ということだと私は思う。

　文章中にも書かれていたように，個性は人より目立つことではない，自分だけのものだと私は考える。私も友達のように自分が心から求めているものに気持ちを向けて，自分の世界が広げられるようにしていきたい。

○推定配点○

問題1　20点　　問題2　50点　　計70点

＜作文解説＞

（国語：文章読解　意見文を書く）

　課題としてあたえられた文章から筆者の考えをとらえ，それに関連させて自分の感想や意見を書かせる形の問題である。文章の主旨をとらえさせる力と主旨に沿って自分の考えをまとめる力が問われている。

問題一　「個性」は人より目立つことではなく，この世に生まれた人間が全員持つもので，真似のできないものであることをとらえる。「個性を磨(みが)く」ことについては，「それが本当の意味で『個性を磨く』ということです」という一文に着目し，「それ」が指す内容を簡潔にまとめる。問二で問一と関連させて作文をするという条件があるため，ここでしっかりと筆者の主張をおさえる必要がある。

問題二　筆者の主張と関連させながら，自分の考えをまとめる問題。筆者の主張に対して賛成の意見でも反対の意見でもよいが，自分の考えに説得力をもたせるため，体験を交えて書くとよい。体験を交えて書く時には，その体験の内容が文章の内容とずれていないかに注意すること。また，必ず筆者の主張(問一でまとめた内容)に結び付けて作文をまとめること。

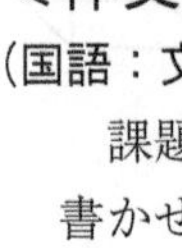

★ワンポイントアドバイス★

課題文があたえられ，自分の考えをまとめる場合，課題文の感想だけにとどまらないように十分に注意すること。

収録から外れてしまった年度の
解答解説・解答用紙を弊社ホームページで公開しております。
巻頭ページ＜収録内容＞下方のQRコードからアクセス可。

※都合によりホームページでの公開ができない問題については，
次ページ以降に収録しております。

平成28年度

長崎県立中学校入試問題

【適性検査】　(60分)　　＜満点：130点＞

1　たかしさんとゆみこさんは，地域(ちいき)の子ども会の行事で，子ども会の会長さんといっしょに，端島炭坑(はしまたんこう)へ見学に行くことになりました。

たかしさんたちは，端島炭坑について会長さんと話をしています。

ゆみこ　「端島炭坑が世界遺産(いさん)に登録されましたね。」
たかし　「ニュースでよく聞きますが，世界遺産とは何ですか。」
会　長　「ユネスコという国際連合の機関が登録した，人類共通の宝物(たからもの)である文化財や自然環境(かんきょう)などのことだよ。残念なことに，すでに登録された遺産でも，くずれたり，こわされたりしているものもあるようだね。」
ゆみこ　「それは心配ですね。これからは，それらの世界遺産を □ していく努力が必要ですね。」

問題1　□ にあてはまる，漢字二文字の熟語(じゅくご)を**一つ**答えなさい。

たかしさんたちは，観光船乗り場に着きました。

ゆみこ　「たくさんの観光客がいますね。」
会　長　「世界遺産に登録されたので，観光客数が増えたそうだよ。」
たかし　「外国人観光客もたくさんいますね。」
会　長　「そうだね。外国人観光客も，観光を楽しめるように，いろいろなくふうが必要だね。」
ゆみこ　「この案内板には，そのようなくふうがありますね。」

問題2　ゆみこさんが見た案内板には，外国人観光客のためのどのようなくふうがあったと思いますか。あなたの考えを**一つ**書きなさい。

たかしさんたちは，観光船に乗る前に海の様子を見ています。
会　長　「風が出てきて，白波が立ってきたね。」
ゆみこ　「『しらなみ』と言うのですね。」

たかし　「白い波なのに，『しろなみ』とは言わないんだね。」
ゆみこ　「漢字を組み合わせると，訓読みの読み方が変化する熟語があると学校で習ったよね。ほかには何があるか，考えてみよう。」

問題3　下線の部分（　　）のような熟語のうち，「雨（あめ）」，「風（かぜ）」を用いた漢字二文字の熟語を，**例**にならってそれぞれ**一つずつ**書きなさい。

例　［白］(しろ)　＋　［波］(なみ)　→　［白｜波］(しらなみ)

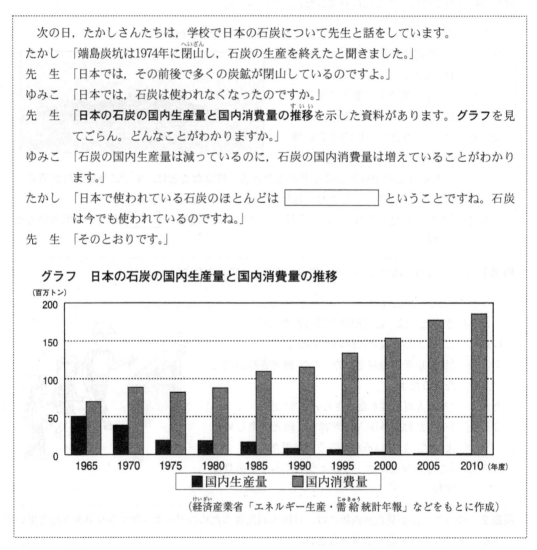

次の日，たかしさんたちは，学校で日本の石炭について先生と話をしています。
たかし　「端島炭坑は1974年に閉山し，石炭の生産を終えたと聞きました。」
先　生　「日本では，その前後で多くの炭鉱が閉山しているのですよ。」
ゆみこ　「日本では，石炭は使われなくなったのですか。」
先　生　「**日本の石炭の国内生産量と国内消費量の推移**を示した資料があります。**グラフ**を見てごらん。どんなことがわかりますか。」
ゆみこ　「石炭の国内生産量は減っているのに，石炭の国内消費量は増えていることがわかります。」
たかし　「日本で使われている石炭のほとんどは［　　　　　　　　］ということですね。石炭は今でも使われているのですね。」
先　生　「そのとおりです。」

グラフ　日本の石炭の国内生産量と国内消費量の推移

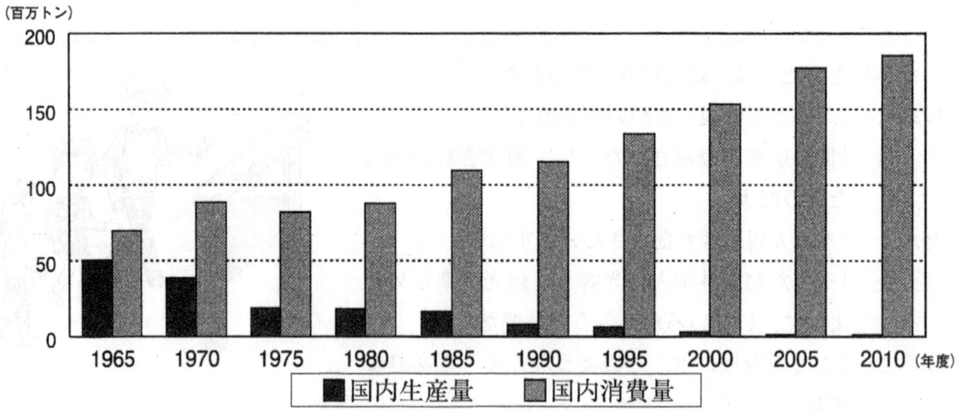

（経済産業省「エネルギー生産・需給統計年報」などをもとに作成）

問題4　［　　］にはどのようなことばが入るでしょうか。**グラフ**を参考にして，あなたの考えを書きなさい。

2 みきこさんは，転校してきたばかりです。初めて友達を自分の家に招待することにしました。

みきこさんと弟のこうたさんは，友達への招待状に，小学校から自分の家までの地図をかきました。

みきこ　「招待状が完成したよ。明日，友達にわたしてくるね。」
こうた　「地図にある，この二つの**記号**は何を表しているのかな。」
みきこ　「これは小学校と郵便局の地図記号だよ。」
こうた　「おもしろいね。では，消防署の地図記号はどのようにかくの。」

記号

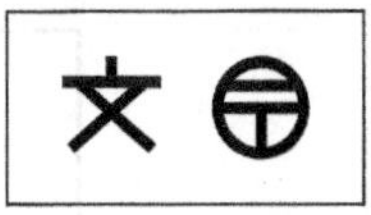

問題１　こうたさんは「消防署の地図記号はどのようにかくの」と言っています。消防署の地図記号は，次のうちどれでしょうか。次の**ア～オ**から**一つ**選び，記号で答えなさい。

ア　**イ**　**ウ**　**エ**　**オ**

当日，友達のしおりさんから，電話がかかってきました。

しおり　「今，みきこさんの家に向かっているのだけれど，道がわからないから教えてくれないかな。」
みきこ　「地図はどうしたの。」
しおり　「実は地図を忘れてしまったの。」
みきこ　「そうなんだね。今どこにいるのかな。」
しおり　「文化ホールよ。目印となる建物などや方向を言ってくれると，よくわかるのだけれど。」
みきこ　「いいよ。では，説明をするからメモをとってね。文化ホールを出て右に進み，パン屋の前を通り過ぎる。そして，［　　　　　　　　］」
しおり　「よくわかったよ。ありがとう。」

招待状にかいた地図

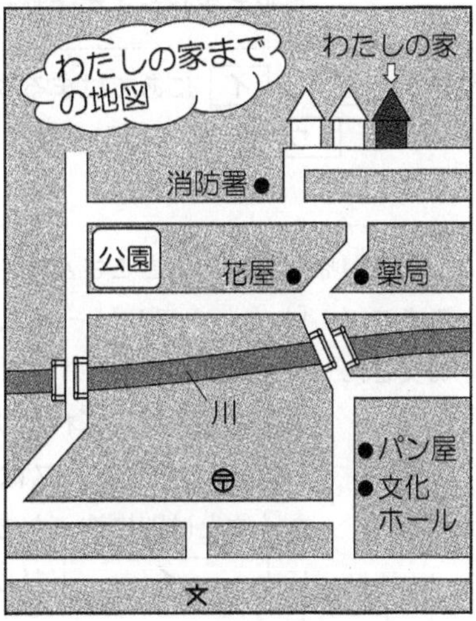

問題２　［　　］にはどのような説明が入るでしょうか。**招待状にかいた地図**を参考にして，あなたの考えを書きなさい。

みきこさんは，お母さんといっしょに，みんなで食べる昼食の準備をしています。

お母さん　「今日は，ハンバーグステーキと野菜サラダを作りましょう。友達を４人招待しているから，家族の分もあわせて**８人分**のごはんをたきましょう。この**メモ**をよく読んで，やってごらん。」

メモ

> ごはん１人分の分量
> 米：８０ｇ（１００mL）
> 水：米の重さの１．５倍、米の体積の１．２倍

お母さん　「**計量カップ**の使い方はわかるかな。300mLの水は，200mLの**計量カップ**で１カップと$\frac{1}{2}$カップになるわね。」

みきこ　「わかったよ。**８人分**のごはんをたくために必要な水は，200mLの**計量カップ**で［ア］カップと［イ］カップだね。」

お母さん　「そうだね。調理の時は後かたづけも大切なのよ。ハンバーグステーキを焼くために使ったフライパンは，洗う前に［　　ウ　　］と，むだな洗ざいや水を使わなくてすむわね。」

問題３　［ア］，［イ］にあてはまる数を答えなさい。
また，［ウ］にはどのようなことばが入るでしょうか。あなたの考えを書きなさい。

友達が帰った後，みきこさんは，お父さんといっしょに，洗たくをすることにしました。

みきこ　「わたしのワンピースは，ほかの洗たく物といっしょに洗うことができるかな。」

お父さん　「ワンピースは赤い色だね。そのほかの洗たく物は全部白い色だよね。こうたのくつ下はどろでよごれがひどいな。」

みきこ　「赤い色のワンピースは［　　ア　　］といけないから，ほかの洗たく物とは別に洗った方がいいね。よごれがひどいくつ下は，洗たく機に入れる前に［　　イ　　］が必要ね。えりやそで口のよごれがひどい時も同じことをするね。」

問題４　［ア］，［イ］にはどのようなことばが入るでしょうか。あなたの考えを書きなさい。

３　夏休みに，ようこさんは，お父さん，お母さん，弟のけんじさんといっしょに，山登りに出かけました。登山道の入口から頂上までの道のりは10kmあります。入口から９km地点のキャンプ場に一ぱくし，次の日は，頂上まで登って下山する予定です。

午前８時に登山道の入口を出発したようこさんの家族は，入口から６km地点の展望台に着きました。

お父さん　「今，ちょうど正午だね。この展望台でお弁当を食べて少し休んでから，午後１時30

分に出発しよう。」
けんじ　「キャンプ場に着くのは，何時になるかな。」
ようこ　「今までと同じ速さで歩けば，着くのは午後 [ア] 時 [イ] 分になりそうだね。」

問題１ [ア]，[イ] にあてはまる数を答えなさい。

　休んだ後，再び出発しようとしたけんじさんは，お茶を飲もうとしました。
けんじ　「水筒のふたを開けたら，ストローからお茶が自然にあふれ出てきたよ。どうしてかな。」
ようこ　「水筒を強くおしたのではないの。」
けんじ　「おしてはいないよ。でも，ここに着いてから今までずっと日の当たる場所に置いていたから，水筒はかなり熱くなっているよ。」
お母さん　「水筒の中にはお茶と空気が入っているよね。」
ようこ　「そういえば理科で習ったけれど，
[　　　　　　　　] から，お茶がおし出されたのだと思うよ。」

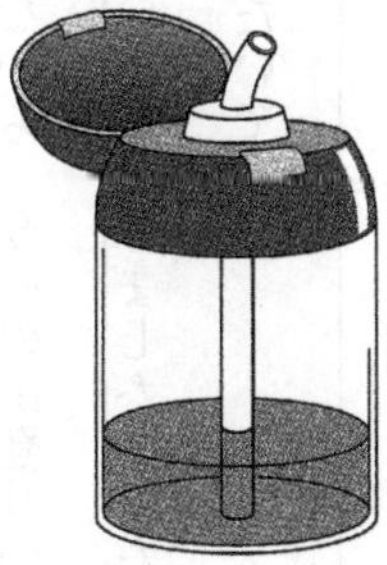

問題２ [　　] にはどのようなことばが入るでしょうか。あなたの考えを書きなさい。

　次の日，頂上に登った後にふもとの町に下りると，お店が２けんありました。ようこさんとけんじさんがほしかった**おみやげ**が，どちらのお店でもふだんは同じ値段で売られています。

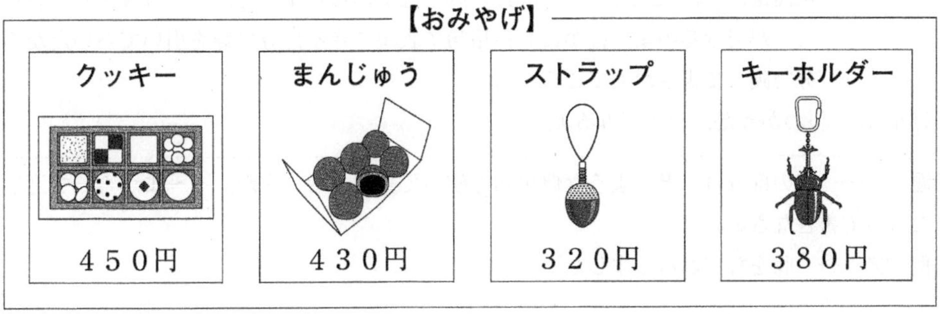

　２けんとも午後２時から午後３時まで安売りの時間です。Ａ店ではすべての**おみやげ**が２割引きになり，Ｂ店では350円より高い**おみやげ**が350円になります。
お父さん　「今，午後２時10分だね。せっかくだから，**おみやげ**を買っていこう。」
けんじ　「４種類全部の**おみやげ**を１個ずつ，できるだけ安く買いたいな。」
ようこ　「Ａ店で [ア]，Ｂ店で [イ] を買えば，合計金額は [ウ] 円で一番安くなるね。」

問題３ [ア]，[イ] にあてはまる**おみやげの名前**を答えなさい。また，[ウ] にあてはまる数を答えなさい。ただし，消費税は考えないものとします。

けんじさんは，家に帰って山登りのことを作文に書きました。お母さんに見せると，いくつかの部分に――線を引いてくれました。

夏休みに、家族四人で一ぱく二日で山登りに行きました。
一日目は、キャンプ場まで登ってとまりました。もうこれ以上歩けない、と思ったときにキャンプ場に着いたので、**ア**ほっとしました。
キャンプ場で見た星空はとてもきれいで、**イ**一しゅん息が止まりました。
二日目に、登山道の入口までもどってきたときは、とても満足感がありました。でも、二日間で長いきょりを歩いたので、**ウ**とても足がつかれました。
家に帰ってからも、家族みんなで夕食を食べながら、今回の山登りのことで、**エ**楽しい話が続きました。またみんなで行きたいです。

お母さん「よく書けているわね。でも，話すときや文章を書くときに慣用句を使うと，伝えたいことが上手に伝えられるのよ。」
けんじ「慣用句って，何のこと。」
お母さん「二つ以上の言葉が組み合わさって，新しい意味をもつようになった言葉のことよ。例えば，『ほっとしました』は，『胸(むね)をなでおろしました』という慣用句で表現することができるのよ。ほかにも慣用句で表現できる部分に線を引いておいたから，自分で調べて書きかえてごらん。」
けんじ「わかった，やってみるよ。」

問題4 ――線の部分は，どのような慣用句を使って表現できますか。**イ**～**エ**から**一つ**選び，**例**にならって書きなさい。

例　ア　→　胸をなでおろしました

4 かずおさんとりかこさんは，校外学習で科学館に来ています。

かずおさんたちは，気象コーナーで，展示(てんじ)されている気象衛星の**雲の画像**（次のページ）を見ながら話をしています。
かずお「この**雲の画像**からは，台風が九州の南の海上にあることがわかるね。長崎県には，毎年のように台風が接近してくるよね。」
りかこ「台風の接近に対して，わたしたちは，日ごろからどのような備えをしておくことが大切なのかな。」

かずお 「　ア　

ことなどが大切だね。」

りかこ 「気象情報や天気予報は，わたしたちの生活に欠かせないものになっているね。」

かずお 「今のような気象情報や天気予報がなかった昔の人は，どのようにして天気を予想していたのかな。」

りかこ 「ここに，天気の言い習わしの**パネル**が展示してあるよ。」

かずお 「この**パネル**を見ると，昔の人は，　イ　ことで，天気を予想していたことがわかるね。」

雲の画像

（気象衛星ひまわりの画像をもとに作成）

パネル

天気の言い習わし

「夕焼け空の次の日は晴れ」
「山に雲がかかると雨」
「月にうすい雲がかかると雨」
「ツバメが低く飛ぶと雨」

問題1　ア　にはどのようなことばが入るでしょうか。あなたの考えを**二つ**書きなさい。

問題2　イ　にはどのようなことばが入るでしょうか。あなたの考えを書きなさい。

かずおさんたちが，科学館の職員さんに案内されて立体パズルコーナーに行くと，テーブルに**図**のような厚紙がありました。

りかこ 「さいころの目がたくさんかいてありますね。」

職　員 「この厚紙からさいころの展開図を1枚（まい）切り取り，1個のさいころを組み立ててごらん。」

かずお 「わかりました。さいころは，向かい合った面の目の数の和が7になっていますよね。」

りかこ 「ということは，1と6，2と5，3と4の面がそれぞれ向かい合うように切り取らないといけませんね。」

図

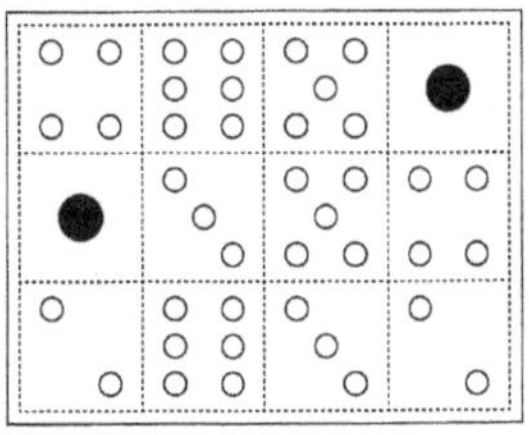

問題3　この厚紙からさいころの展開図を1枚切り取るには，どのように切り取ったらよいでしょうか。切り取り線を**解答用紙**の**図**に実線（――）でかき入れなさい。ただし，問題用紙や解答用紙を折ったり切ったりしてはいけません。

となりのテーブルには，同じ大きさの立方体を４個つなげた**ブロック**が４種類置いてあり，それぞれ**白**，**青**，**黄**，**赤**で色分けしてありました。

ブロック

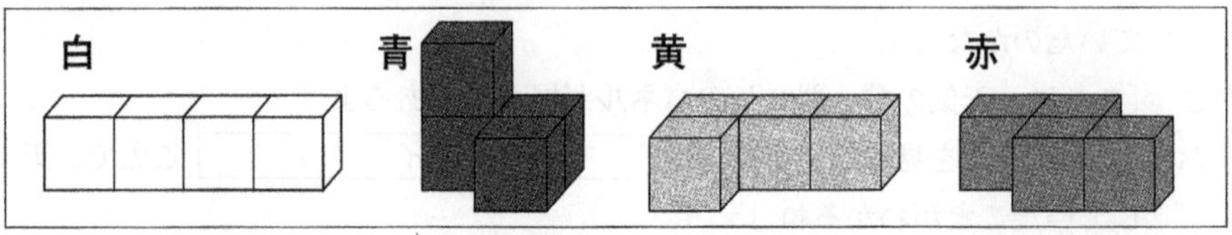

職　員　「この４種類の**ブロック**を１個ずつ使って，**完成例**のような直方体を２人で作ってごらん。」
かずお　「おもしろそうですね。やってみよう。」
職　員　「ただし，前方から見た面の色の配置が**前方図**と同じになるように作るんだよ。」
りかこ　「やっとできあがりました。」
職　員　「よくできたね。では，それを後方から見た面の色の配置はどうなっているかな。」

完成例

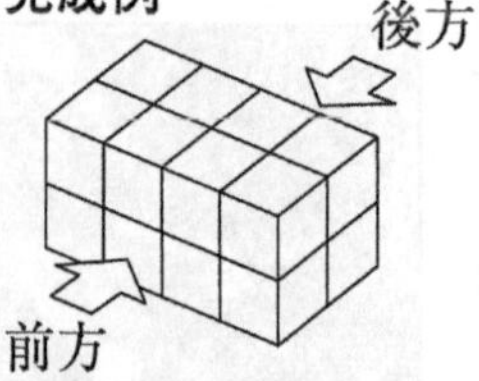

前方図

白	白	白	白
青	黄	黄	黄

問題４　後方から見た面の色の配置を，**解答用紙**の**後方図**に書き入れなさい。

ただし，解答用紙には色の名前のみを書くものとします。なお，**後方図**の**黄**は，**黄**の**ブロック**の一部が見えているということを示したものです。

※**前方図**と**後方図**の中の文字は，色をわかりやすく表すために書いたものです。

後方図

黄			

【作　文】（四五分）〈満点：七〇点〉

次の文章を読んで、後の問題一、二に答えなさい。

「雑用が多くて時間がない」と言ったり、「雑用がなければ、もっとはかどるのに」と思うことがある。

しかし、本当に雑用のために時間が削られてしまっているのだろうか？　雑用がなければ、仕事などがもっとはかどっていたのだろうか？

たとえば、下着類を洗濯することは雑用に見えるかもしれない。しかし、洗ってきちんと乾かしておかなければ、明日は汚れた靴下をつけて外出しなければならなくなる。それはとても不快なことではないだろうか。生理的な不快さは仕事の能率を確実に下げるだろう。

物事をよく見つめ、ちゃんと理解してみよう。雑用は決して不要な事柄ではないのだ。雑用に見えるどんな小さな事柄でも、それは生活の中のたいせつな一つなのである。気持ちよく生きていくために必要な事柄なのである。

あなたが雑用を雑に行うならば、それはまさしくうとましい雑用になる。しかし、こまごまとした用事を丁寧に行うならば、あなたは確かに精神的な安定感を得るだろう。心の一部が澄んだ状態になるのだ。そういう澄んだ心が他の事柄に影響を与えないはずがない。

また、雑用を行うことは脳をすみずみまで働かせることにもなる。雑用をすることは、手を動かし、物事を選別し、順序立て、手際よく行うために工夫し、それらを統合して実現化させることだ。これはまさしく健康な脳を十分にいきいきと働かせて新しい脳力を得ることなのである。

（白取春彦『頭がよくなる思考術』）

（注）生理的…感覚的。本能的。　事柄…事の内容。
うとましい…遠ざけたい気がする。

問題一　筆者は「雑用」についてどのように考えていますか。**九十字以上百十字以内で解答用紙**に書きなさい。

【注意】
一、題名や名前は書かないでください。
二、原こう用紙の一行目から書き始めてください。
三、段落に分ける必要はありません。

問題二　この文章を読んで、あなたが考えたり感じたりしたことを、**問題一**で書いた内容と関連させながら、**四百五十字以上五百字以内で解答用紙**に書きなさい。

【注意】
一、題名や名前は書かないでください。
二、原こう用紙の一行目から書き始めてください。
三、必要に応じて、段落に分けて書いてください。

平成27年度

長崎県立中学校入試問題

【適性検査】（60分）　＜満点：130点＞

1　けんたさんは，妹のまゆこさんと，少年自然の家に行きました。そこでは，けんたさんたちのお父さんの友人が所長を務めています。

　けんたさんたちは，所長さんのところにあいさつに行きました。
まゆこ「こんにちは。」
所　長「こんにちは。久しぶりだね。ところで，お父さんは元気にしていらっしゃるかな。」
まゆこ「はい。お父さんは元気にしていらっしゃいます。」
けんた「まゆこ，敬語（けいご）の使い方がおかしいよ。『はい。［　　　　］』と言ったほうがいいよ。」

問題1　［　　］にはどのようなことばが入るでしょうか。あなたの考えを書きなさい。

　けんたさんたちは，所長さんと近くの森にやって来ました。
まゆこ「木がいっぱいあって，気持ちがいいね。草むらにはバッタがいるよ。」
けんた「この木の根元にはカエルもいるよ。」
所　長「気をつけて進むんだよ。毒があるヘビもいるからね。」
けんた「森の中にはいろいろな生き物がいるんですね。」
所　長「そうだね。森の中の生き物は，おたがいに関わり合って生きているんだよ。例えば，生き物どうしには，食べたり食べられたりする関係があるし，空気の中の酸素や二酸化炭素を通しての関係もあるんだよ。森の植物がなくなると，そこにすむ動物たちも生きられなくなるんだ。」
けんた「そうなのですね。森は大切にしなければならないですね。」
　けんたさんは，**生き物どうしの関わり合い**を考え，森の中で見つけたバッタ，カエル，ヘビ，植物の間にある「食べる・食べられる」の関係と「生き物と二酸化炭素」の関係について次のような**図**を作成し，まとめようとしています。

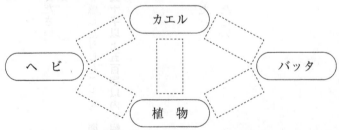

図　生き物どうしの関わり合い

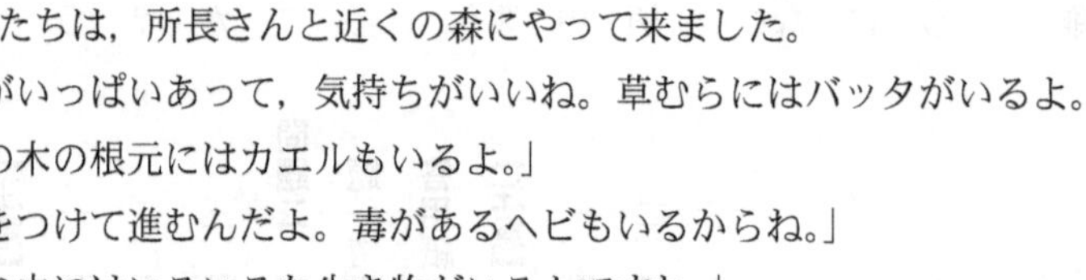

問題２　けんたさんは，**図**の中に「食べる・食べられる」の関係を実線矢印（——→）で，「生き物と二酸化炭素」の関係を点線矢印（－－－→）で表すことにしました。**例**にならって**解答用紙の図**の［　］の中に矢印をかき入れなさい。ただし，［　］の中の矢印は一つとは限りません。

例

【生き物Ａを生き物Ｂが食べる場合】

（生き物Ａ）［——→］（生き物Ｂ）

【生き物Ａが出した二酸化炭素を生き物Ｂが取り入れる場合】

（生き物Ａ）［－－－→］（生き物Ｂ）

けんたさんたちが森をぬけると，川がありました。川は大きく曲がって流れています。その川の曲がっているところの様子を観察して，**表**のような**観察記録**にまとめました。

表　観察記録

	川の内側	川の外側
川の深さ	川底の石が見えるぐらいの深さ。	川底が見えないぐらいの深さ。
川の流れの様子	ういている葉などがゆっくり流れている。	波があり、木の枝などが勢いよく流れている。
川岸の様子	こぶしぐらいの大きさの石が転がっている。	大きな岩があり、がけになっている。

まゆこ　「川の内側と外側とでは，深さがちがうのはどうしてかな。」

所　長　「**観察記録**を見てごらん。川の流れの様子と川岸の様子から理由がわかるよ。けんたさんはどのように考えるかな。」

けんた　「川の外側は［　　　　］から，川の内側より深いのだと思います。」

所　長　「そうだね。そのとおりだよ。」

問題３　［　］にはどのようなことばが入るでしょうか。あなたの考えを書きなさい。

数日後，けんたさんは国語の授業で意見文を書くことになりました。**黒板**に書き出された，けんたさんの意見文の構成について，みんなで話をしています。

先　生　「本論（ほんろん）の部分に注目してみよう。自分の意見を相手にわかりやすく伝えるために，どのような工夫がされていますか。」

ようこ　「けんたさんが，森林を守っていかなければならないと考えた理由を，最初に書いているところです。」

先　生　「そうですね。本論の部分でほかに工夫されているところはありませんか。」

なおき　「［　　　　　　　　］を書いているところです。」

黒板

意見文を書こう

めあて 自分の意見を相手にわかりやすく伝える方法を考えよう。

〈けんたさんの意見文の構成〉

序論
○少年自然の家の近くの森で、生き物のさまざまな関係を知った。
○森林を守っていかなければならない。

本論
○森林は生き物のすみかであり、空気をきれいにしたり、人の心をなごませたりする。
○森林を守るよりも、森林を切り開き道路や住たく地を造って、人間の生活を便利にするほうが大切だという考え方もある。
○しかし、森林には土しゃくずれやこう水を防ぐはたらきがあり、人間の生活を守ってくれる。

結論
○森林はすべての生き物にとって大切なものであるため、むやみにこわさず守り育てなければならない。

問題4 [ ] にはどのようなことばが入るでしょうか。あなたの考えを書きなさい。

2 長崎県に住んでいるゆきこさんの家族を，いとこのしんやさんが訪（たず）ねて来ました。

しんやさんが飛行機を降（お）りて，到着（とうちゃく）ロビーに出てきました。

ゆきこ 「ようこそ長崎へ。飛行機の旅はどうだった。」

しんや 「窓（まど）からのながめがきれいだったよ。着陸のとき,『NAGASAKI』という文字が見えたよ。」

ゆきこ 「長崎県は，県名をローマ字で書くと，Aの文字が三つも入っているのよ。」

しんや 「そうだね。でも，和歌山県は四つも入っているよ。」

ゆきこ 「それなら，県名をローマ字で書いたとき，Aの文字が三つだけ入っている県は，ほかにもあるかしら。」

しんや 「[ア] や [イ] などがあるよ。」

問題1 [ア]，[イ] にあてはまる県名をそれぞれ**ローマ字**で書きなさい。

ゆきこさんたちは，家で長崎空港のパンフレットを見ています。

ゆきこ 「長崎空港は世界初の海上空港なのよ。」

しんや 「長崎空港がある島の広さはどのくらいなの。」

ゆきこ 「わたしも知らないわ。地図で調べられないかな。」

お母さん　「地図に方眼紙を重ねてマス目を数えると，およその面積がわかるわよ。」

ゆきこさんたちは，地図と方眼紙を使って，長崎空港がある島の面積を調べています。

ゆきこ　「この地図の縮尺は，2万5千分の1だったね。」

しんや　「方眼紙のマスの1辺は，1㎝だよ。」

ゆきこ　「マスの1辺は，実際は［ア］mということになるね。」

しんや　「地図上の島は，方眼紙の何マス分かな。数えてみよう。」

ゆきこ　「41マス分ぐらいだよ。」

しんや　「それなら，実際の島の面積は，およそ［イ］m^2ということだね。」

問題2　［ア］，［イ］にあてはまる数を答えなさい。

次の日に，しんやさんたちが車で出かけていると，途中で，**写真**のような風景が見えてきました。

しんや　「小さな田がたくさん並んでいて，きれいだね。」

ゆきこ　「棚田と言われているのよ。」

しんや　「なぜ棚田が作られたのかな。」

ゆきこ　「［　　　　］でも米づくりができるように，作られたんだよ。」

しんや　「よく考えられているね。農業についてもっと調べてみたいな。」

写真

問題3　［　］にはどのようなことばが入るでしょうか。あなたの考えを書きなさい。

農業に興味をもったしんやさんたちは，アメリカ，イギリス，ドイツ，フランス，日本の5か国の食料の輸入に関する**グラフ**を見て，話をしています。

しんや　「これは，あまり見たことのない**グラフ**だね。」

ゆきこ　「**グラフ**からどんなことがわかるかな。」

しんや　「**平均輸送きょり**がもっとも短い国は［ア］で，**一人当たりの食料輸入量**がもっとも少ない国は［イ］だということがわかるよ。」

お父さん　「ところで，フードマイレージとい

グラフ　一人当たりの食料輸入量と平均輸送きょり（2001年）

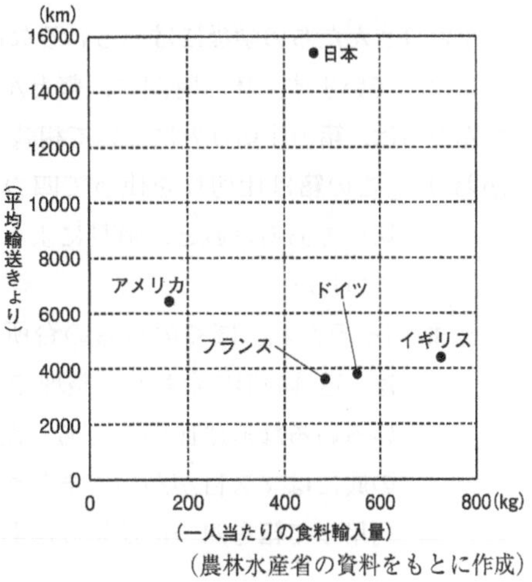

（農林水産省の資料をもとに作成）

うことばを聞いたことがあるかな。フードマイレージとは，食料輸送量に輸送きょりをかけて出した数字のことだよ。」

ゆきこ　「**グラフ**を見ると，５か国の一人当たりの輸入におけるフードマイレージを比べることができるね。」

しんや　「そうだね。５か国中，一人当たりの輸入におけるフードマイレージがもっとも大きいのは［ウ］で，次に大きいのは［エ］だということがわかるね。」

問題４　［ア］～［エ］に入る国名をそれぞれ答えなさい。

[3]　ゆうまさんとかおりさんは同級生です。

登校後，ゆうまさんたちは，今朝の朝食について話をしています。

ゆうま　「今朝は，自分でみそしるをつくったよ。とうふ，だいこん，こねぎを**みそしるの実**にしたよ。」

かおり　「**みそしるの実**はどういう切り方にしたの。」

ゆうま　「とうふは１㎝角のさいの目切り，だいこんは厚さ５㎜のいちょう切り，こねぎはうすい小口切りにしたよ。最初にどの実をなべに入れたかわかるかな。」

かおり　「わかるよ。［ア］でしょう。」

ゆうま　「そうだよ。その理由はわかるかな。」

かおり　「［　　イ　　］からだよね。」

図　みそしるの実

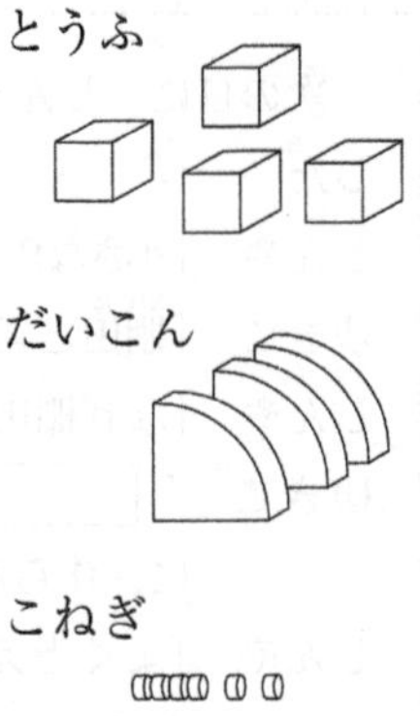

問題１　ゆうまさんは，**みそしるの実**を**図**のように切ってなべに入れました。［ア］にあてはまる**みそしるの実**を答えなさい。

問題２　［イ］にはどのようなことばが入るでしょうか。あなたの考えを書きなさい。

かおりさんたちの学級にはいろいろな道具を入れる**箱**があり，その**箱**は上から見ると**図**のようになっています。休み時間に，整とん係のかおりさんたちは，**箱**の仕切り方について相談しています。

かおり　「この**箱**は仕切りを使って四つに等しく仕切ってあるけれど，道具によっては入れにくいね。」

ゆうま　「そうだね。ぼくのうちの台所の引き出しは，道具の形に合わせて整理できるように，いろいろな形に仕切ってあったよ。この**箱**の底にはマス目がかいてあるから，それを利用して**箱**を四つに仕切りなおしてみたら

図　箱を上から見たところ

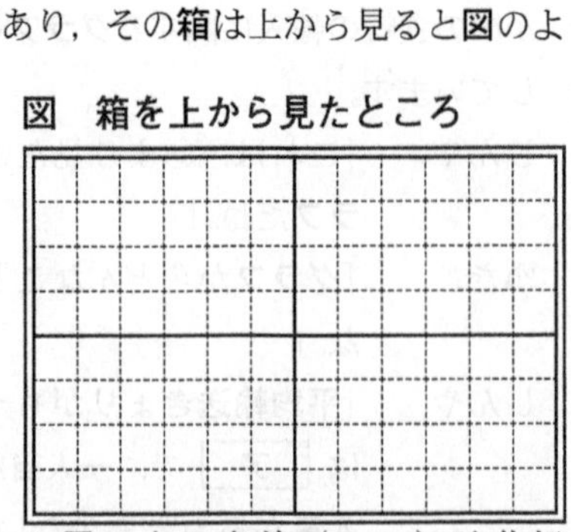

※図の中の実線（――）は仕切りを表しています。また、点線（-------）はマス目を表しています。

どうかな。」
かおり　「そのとき，**箱**の底の部分が，すべて等しい面積で，すべて異（こと）なる形の長方形になるようにできるかな。」
ゆうま　「それはできないよ。すべて等しい面積にするのであれば，どうしても四つの長方形のうち二つだけは合同になってしまうよ。」
かおり　「それでもいいね。そのように仕切りなおしましょう。」

問題3　かおりさんたちは，新しい仕切りを使って**箱**をどのように仕切りなおしたと考えられますか。仕切りを**解答用紙**の**図**に実線（―――）でかき入れなさい。

かおりさんたちの学級では，花だんに花の種をまくことになっています。昼休みにかおりさんたちは花だんの担当（たんとう）などを確認（かくにん）するため，黒板にかいた**図1**の**表**に，**図2**の**カード**をはろうとしています。A，B，Cの花だんには，それぞれの班（はん）が1種類ずつ花の種をまきます。各班には一人ずつ班長がいます。

図1　表

花だん	A	B	C
班	ア		
班長		イ	
花			ウ

図2　カード

班　すくすく　いきいき　のびのび
班長　あけみ　はじめ　つよし
花　アサガオ　ヒマワリ　ホウセンカ

かおり　「Bの花だんの担当はすくすく班ではないわ。」
ゆうま　「のびのび班はアサガオの担当だよ。」
かおり　「あけみさんはホウセンカの担当の班長だね。」
ゆうま　「いきいき班の班長はつよしさんだね。」
かおり　「はじめさんの班はCの花だんの担当だね。」

問題4　かおりさんたちの会話をもとにして**表**を完成させたとき，**表**の**ア**，**イ**，**ウ**にはる**カード**をそれぞれ答えなさい。

放課後，ゆうまさんたちは，黒板の横に**掲示物**（けいじぶつ）をはろうとしていて，おもしろいことに気づきました。

掲示物

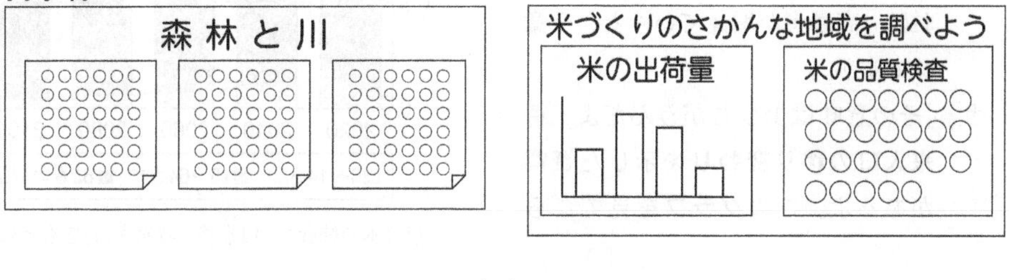

ゆうま 「これらの**掲示物**に書かれている熟語(じゅくご)には，部首が同じ漢字でできているものがあるね。」

かおり 「本当だ。森林の森と林の部首はどちらも『木』だし，検査の検と査の部首もどちらも『木』だね。それから，地域(ちいき)の地と域の部首はどちらも『土』だね。」

ゆうま 「**掲示物**に書かれている熟語のほかにも，部首が同じで二つの異なる漢字でできている熟語があるよね。」

かおり 「そうね。例えば [ア] や [イ] などがあるね。」

問題5 [ア]，[イ] にあてはまる熟語を書きなさい。ただし，それぞれの熟語には同じ漢字を使ってはいけません。

4 たろうさんたちは，もうすぐ小学校を卒業します。

たろうさんの学級では，「お楽しみ会を開こう」という議題で学級会を開きます。計画委員のたろうさんたちが，学級会に向けて準備をしています。

たろう 「今度のお楽しみ会のめあては，『学級のみんなでいっしょに楽しもう』だったね。お楽しみ会で，どんなことをしたいのか，みんなにアンケートをとろうと思うけれど，そのために先に決めておいた方がいいことはないかな。」

さくら 「お楽しみ会をする日にちは，先生と相談して決めておいた方がいいと思うわ。」

たろう 「そうだね。ほかには，どんなことを決めておいたらいいかな。」

まきこ 「[　　　　] も決めておいた方がいいと思うわ。」

かずや 「そうだね。それも必要だね。」

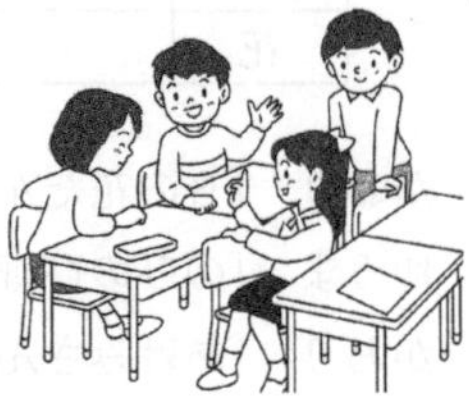

問題1 [　] にはどのようなことばが入るでしょうか。あなたの考えを書きなさい。

たろうさんの学級の卒業文集のテーマは「将来(しょうらい)の夢」です。看護師(かんごし)になりたいと思っているたろうさんは，新聞を読んで気になったことを先生に質問しています。

たろう 「『さらに人口の高齢化(こうれいか)が進むと予想』という記事を見つけました。これは，高齢者が増えていくという意味ですか。」

先　生 「その意味は少しちがうんだよ。**将来人口の移り変わり**を示した資料があるよ。この**グラフ**を見てごら

グラフ　将来人口の移り変わり

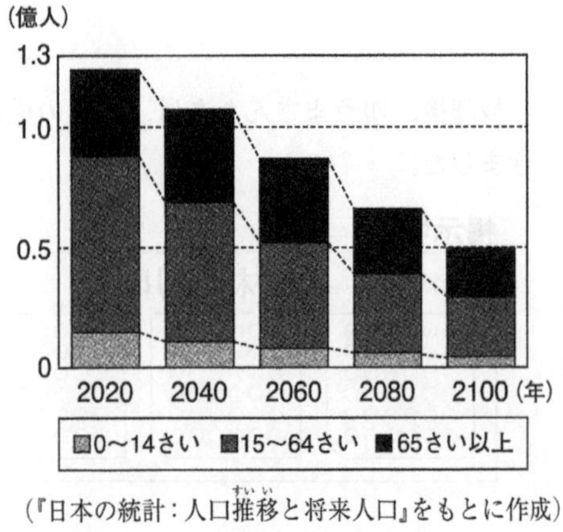

(『日本の統計：人口推移(すいい)と将来人口』をもとに作成)

ん。65さい以上の高齢者の人口が，これから先も増え続けるとは言えないことがわかるだろう。」

たろう「そうですね。すると，『人口の高齢化が進む』という意味は，［　　　　　　　　］ということなのですね。」

先　生「そのとおりだね。」

問題２　［　　］にはどのようなことばが入るでしょうか。**グラフ**を参考にし，「**65さい以上の人口**」ということばを使って，あなたの考えを書きなさい。

たろうさんたちは，次回の学級活動について話し合っています。

たろう「次回の学級活動では，それぞれの思い出を漢字一文字で表して紙に書いたものを，教室の後ろの掲示板に掲示しようと思うんだ。」

わかな「どんな方法で掲示するの。」

たろう「**図１**のように，35枚の紙を横一列に並べて，画びょうでとめようと考えているよ。」

わかな「１枚の紙を掲示するのに，画びょうは４個必要ね。」

たろう「２枚の紙が重なったところを画びょう１個でとめると，2枚の紙を掲示するのに画びょうは7個ですむよ。」

わかな「その方法で35枚の紙を掲示するのに，画びょうはいくつ必要なのかな。」

たろう「［ア］個必要だね。」

わかな「たくさん必要だね。別の方法はないかな。」

たろう「**図２**のように縦（たて）に３枚，２枚と交互（こうご）に並べていくのはどうだろう。」

わかな「そうすると，見た目もきれいだし，画びょうも［イ］個ですむね。この方法をみんなに提案してみよう。」

図１　横一列に並べる掲示方法

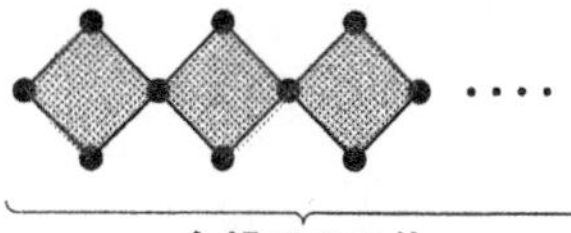

全部で３５枚

※図１の●は，画びょうを表しています。また，紙に書いた文字は省略しています。

図２　縦に３枚、２枚と交互に並べる掲示方法

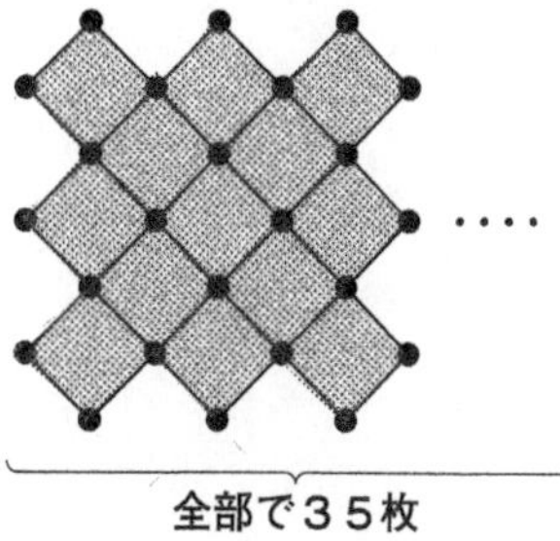

全部で３５枚

※図２の●は，画びょうを表しています。また，紙に書いた文字は省略しています。

問題３　［ア］，［イ］にあてはまる数をそれぞれ答えなさい。

学級で話し合った結果，思い出の漢字は**円柱**に色をぬり，その側面に掲示することに決まりました。色をぬる係のすみれさんとたろうさんが話をしています。

すみれ「**円柱**の上の円の部分全体に色をぬったら，100mＬのペンキのかんを１かん使いきってしまったわ。」

たろう　「まだ側面には色をぬっていないよね。下の円の部分はぬらなくてもいいけれど，側面全体に色をぬるにはあとどれくらいペンキが必要かな。」

すみれ　「**円柱**の高さは90㎝，円の直径は60㎝だったよね。」

たろう　「それなら，100mLのペンキのかんが，あと □ かんは必要だね。」

問題4　□ にあてはまる数を答えなさい。ただし，**円柱**の側面と上の円の部分のペンキのぬり方は，同じであるものとします。

【作文】（四五分）〈満点：七〇点〉

次の文章を読んで、後の問題一、二に答えなさい。

職業・仕事によって、わたしたちはいろいろなものを手に入れることができます。お金や地位や名声が、あとでついてくることもあります。でも、それだけではありません。わたしたちは職業によって社会とつながっていることを忘れないでください。社会とつながっているという感覚はとても大切です。それは、社会から必要とされている、他人から認められているという感覚を持つことでもあるからです。職業につき働くことで、わたしたちは充実感や達成感、それに友人や仲間を得て、集団や会社や組織に属することで、自分の居場所を確かめることができます。

わたしたち人類の祖先は、ずっと長い間、今の類人猿と同じように4本の手足を使って歩行していました。しかし、あるとき2本足で立ち上がりました。どうして2本足での歩行をはじめたのか、実ははっきりとはわかっていません。しかし、2本足で歩行することで、何が起こったかははっきりしています。両手を使えるようになったのです。2本足での歩行を開始したわたしたちの祖先は、自由になった両手で、狩りでしとめた獲物や、採取した果物や穀物などを、家族や仲間たちに「持ち帰る」ことができるようになりました。

わたしたち人類の大きな特徴の一つは、家族や仲間たちといっしょに食事をするということです。狩りでしとめた獲物の肉や、果物や穀物を持ち帰った人は、家族や仲間から感謝され、喜びを感じたことでしょう。大切な人たちのために何かをすること、それ自体が喜びだと、現代に生きるわたしたちにも刷り込まれているのです。繰り返しますが、わたしたちは職業によって社会とつながっています。だから、職業を選ぶということは、他人・社会・世界に対して、自分は何がしたいのか、何ができるのか、という問いに、自ら答えることでもあります。

（村上龍『新13歳のハローワーク』）

問題一　職業によって社会とつながっていることを忘れないでくださいとありますが、筆者はなぜそのように考えるのでしょうか。**九十字以上百十字以内で解答用紙**に書きなさい。

【注意】

一、題名や名前は書かないでください。

二、原こう用紙の一行目から書き始めてください。

三、段落に分ける必要はありません。

問題二　この文章を読んで、あなたが考えたり感じたりしたことを、**問題一**で書いた内容と関連させながら、**四百五十字以上五百字以内で解答用紙**に書きなさい。

【注意】

一、題名や名前は書かないでください。

二、原こう用紙の一行目から書き始めてください。

三、必要に応じて、段落に分けて書いてください。

平成26年度

長崎県立中学校入試問題

【適性検査】　(60分)　＜満点：130点＞

1　まさこさんとひろむさんが通っている小学校には，外国語活動を担当しているトム先生がいます。

まさこさんは，冬の晴れた日に，6年生の教室でトム先生と話をしています。
トム先生　「外国語活動で使っている多目的教室に比べると，6年生の教室は，暖かいですね。」
まさこ　「この教室は，［　　　　　　　　　　］からですね。」

図1　教室配置

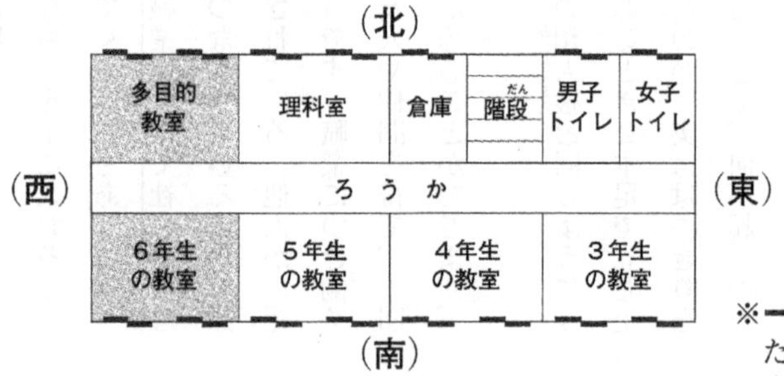

※━━は，窓を表します。ただし，ろうか側の窓は省略しています。

問題1　［　　］にはどのようなことばが入るでしょうか。**図1**を参考にし，「**日光**」ということばを使って，あなたの考えを書きなさい。

まさこさんとひろむさんは，給食の時間にトム先生と話をしています。
トム先生　「わたしは，このごろ，すい飯器で米をたいて食べるようになりました。」
まさこ　「そうなんですね。以前，調理実習で，なべを使って米をたいたことがあるのですが，とてもおいしくたけましたよ。」
トム先生　「なべで米をおいしくたくには，どんなところに気をつけたらいいですか。」
ひろむ　「米の洗い方や，水の分量に注意するといいです。」
まさこ　「ほかにも［　　　　　　　　　　］といいです。」
トム先生　「わかりました。今度ためしてみます。」
まさこ　「おいしくたけるといいですね。」
ひろむ　「ところで，今日のおかずの春巻きはおいしいですね。」
トム先生　「そうですね。」
ひろむ　「春巻きを配るときに使っていた道具を，ぼくたちはトングと呼んでいますが，英語なのですか。」
トム先生　「そうですよ。便利な道具ですね。」

問題2　［キ］にはどのようなことばが入るでしょうか。あなたの考えを一つ書きなさい。

問題3　トングは，てこを利用した道具で，**支点・力点・作用点**が図2のような位置関係になっています。**支点・力点・作用点**がトングと同じ位置関係になっている道具を一つ答えなさい。

図2　トングの支点・力点・作用点の位置

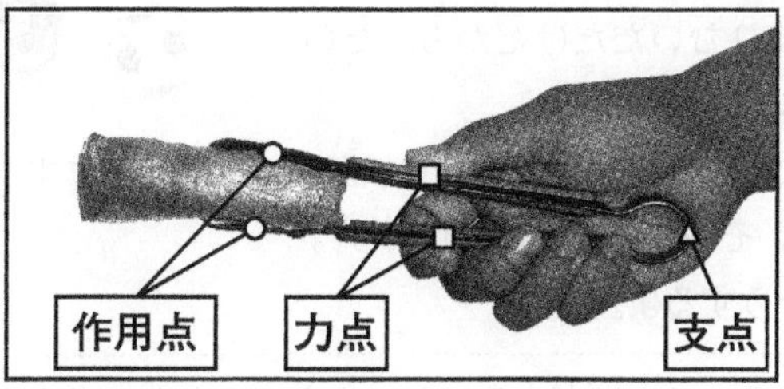

放課後，校門の前で，ひろむさんは，自転車に乗ったトム先生と会いました。

ひろむ　「トム先生，ぼくは，これから公民館の放課後こども教室に行くところです。」

トム先生　「今日は英会話がある日ですね。わたしも，自宅(たく)に寄ってから行きます。」

トム先生とひろむさんが，公民館に向かうときの区間と道のりは，**資料**のとおりです。トム先生は，区間①②の順に，自転車に乗って分速250mで公民館に向かいます。ひろむさんは，区間③を分速55mで歩き，公民館に向かいます。

資料

区　　間	道のり(km)
①**学校 ～ トム先生の自宅**	4.0
②**トム先生の自宅 ～ 公民館**	3.25
③**学校 ～ 公民館**	1.1

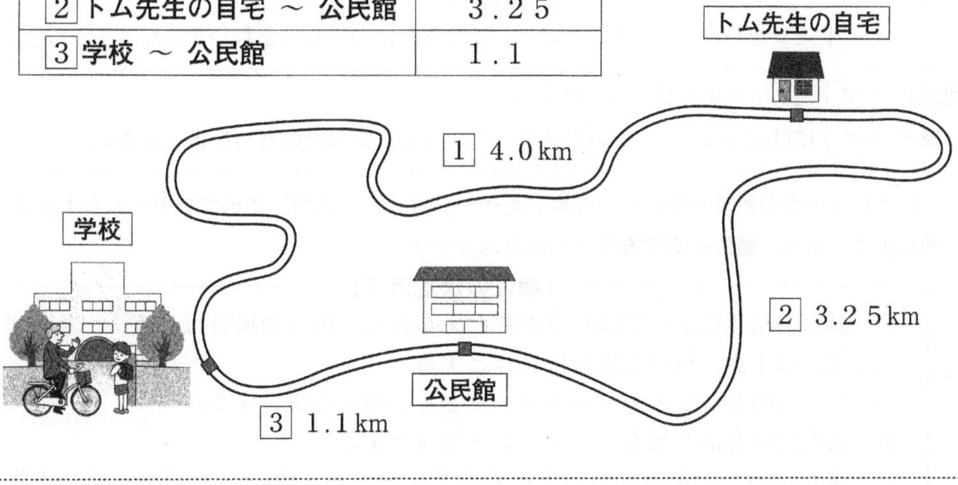

問題4　ひろむさんは，公民館にトム先生より早く着きました。何分早く着いたか答えなさい。ただし，ひろむさんとトム先生は，学校を同時に出発し，それぞれ一定の速さで進んだものとします。なお，トム先生が自宅に寄った時間は，5分間でした。

2 てつやさん，ようこさん，おさむさんは，地域の同じサッカーチームに入っています。

練習中に転んでけがをしたてつやさんに，ようこさんが話しかけています。

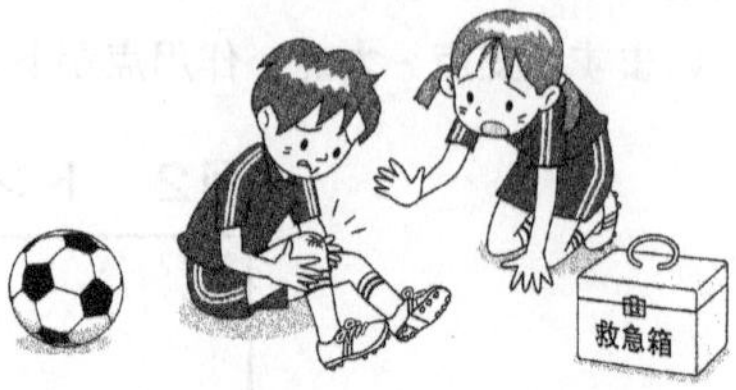

ようこ　「ちょっと見せて。」

てつや　「ひざを少しすりむいただけだから，たいしたことはないよ。」

ようこ　「でも，そのままにはできないわ。すり傷ができたら，まず［　　　　　］ことが必要よ。その後で消毒しましょう。」

てつや　「わかった。そうするよ。」

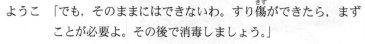

問題1　［　　］にはどのようなことばが入るでしょうか。あなたの考えを書きなさい。

てつやさんとおさむさんは，今日行われるサッカー大会のために，スポーツドリンクを作ろうとしています。

てつや　「スポーツドリンクは，砂糖と食塩を，重さの割合が12：1になるようにして，水にとかして作るよ。水1リットルを使って作るときには，砂糖を36グラム入れると，ちょうどいいよ。」

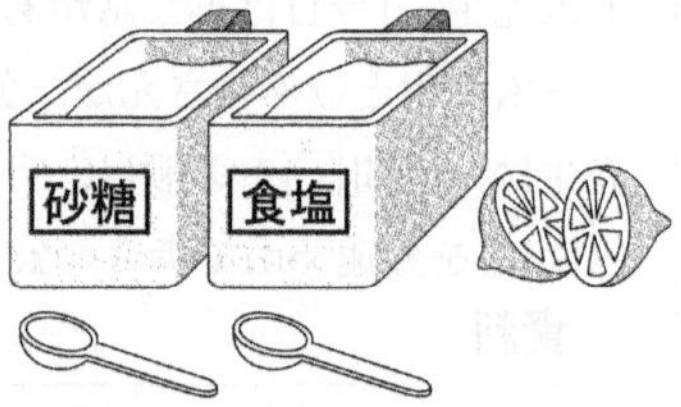

おさむ　「みんなで飲めるように，10リットルの水を使って作ろうよ。」

てつや　「それなら，食塩は［ア］グラム必要だね。どうすれば早くとけるかな。」

おさむ　「［　　イ　　］といいと思うよ。」

てつや　「レモンをしぼって入れるとおいしくなるし，つかれがとれやすくなるそうだよ。」

問題2　［ア］にあてはまる数を答えなさい。

問題3　［イ］にはどのようなことばが入るでしょうか。あなたの考えを書きなさい。

いよいよ大会が始まりました。参加したチームは5チームで，すべてのチームと1回ずつ対戦します。また，**順位の決定方法**は次のとおりです。

【順位の決定方法】

① 試合の結果によって勝ち点があたえられる。勝った場合は3点、引き分けた場合は1点、負けた場合は0点とする。

② 勝ち点の合計が多いチームを上位とし、順位を決定する。

③ 勝ち点の合計が最も多いチームを優勝とする。

④ 勝ち点の合計が最も多いチームが2チーム以上となった場合には、そのすべてのチームを優勝とする。

大会の1日目が終わり，次のページの**表1**のような対戦結果になりました。勝った場合を○，引き分けた場合を△，負けた場合を×で表しています。Aチームについては，Bチームとの対戦結果が×，Eチームとの対戦結果が○なので，Bチームには負け，Eチームには勝ったことがわかります。

てつや　「今日は1勝1敗だったね。ぼくたちAチームが優勝するためには，あと2勝して3勝1敗にしないといけないね。」
ようこ　「そんなことないわよ。他のチームの結果によっては2勝2敗でも優勝できるわよ。」

表1　1日目の対戦結果

チーム名＼対戦相手	A	B	C	D	E	勝ち点の合計	順位
Aチーム	＼	×			○	3	
Bチーム	○	＼	×			3	
Cチーム		○	＼	○		6	
Dチーム			×	＼	△	1	
Eチーム	×			△	＼	1	

表2　Aチームが2勝2敗で優勝するときの対戦結果

チーム名＼対戦相手	A	B	C	D	E	勝ち点の合計	順位
Aチーム	＼	×	ア	イ	○		
Bチーム	○	＼	×	ウ	エ		
Cチーム		○	＼	○	オ		
Dチーム			×	＼	△		
Eチーム	×			△	＼		

問題4　すべてのチームが対戦を終えて，Aチームが2勝2敗で優勝するとき，**表2**の**ア**，**イ**，**ウ**，**エ**，**オ**には，○，△，×のどれが入るでしょうか。それぞれ答えなさい。

大会が終わり，てつやさんとおさむさんのチームの順位は2位でした。2人は，大会をふり返って**日記**を書きました。

てつやさんの日記

優勝を目指して、みんなで力を合わせてがんばりました。しかし、2位でした。

おさむさんの日記

毎日の練習の成果を出せるように、みんなで一生けん命がんばりました。だから、2位でした。

問題5　**てつやさんの日記**と**おさむさんの日記**には，2位という結果に対して，それぞれどのような気持ちが表れていますか。あなたの考えを書きなさい。

3　のりこさんは，冬休みに，お父さん，お母さん，弟のけんじさんと，鳥取県に住むおじさんの家を訪(たず)ねることになりました。

のりこさんたちは，**図**や次のページの**グラフ1**と**グラフ2**を見ながら話をしています。

お父さん　「鳥取県は，中国地方にあるんだよ。中国地方というのは，**図**のように日本を八つの地方に分けたときの呼び名の一つだよ。」
のりこ　「八つの地方の人口や面積は，どれくらいちがうのかな。」
お父さん　「日本全体をもとにして，それぞれの地方の人口と面積の割合を表した資料が**グラフ1**と**グラフ2**だよ。**グラフ1**と**グラフ2**のA～Hの**記号**は同じ地方を表しているよ。中国地方はどれだと思

図　日本の地方区分

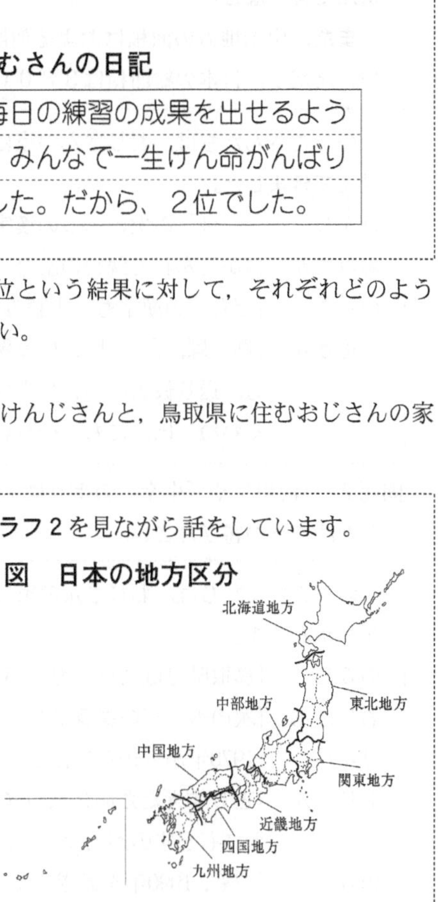

う。」

けんじ　「ヒントがほしいな。」

お父さん　「Bは近畿地方，Cは中部地方，Dは九州地方，Eは東北地方だよ。」

のりこ　「わかった。中国地方は □ だね。」

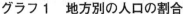

グラフ１　地方別の人口の割合

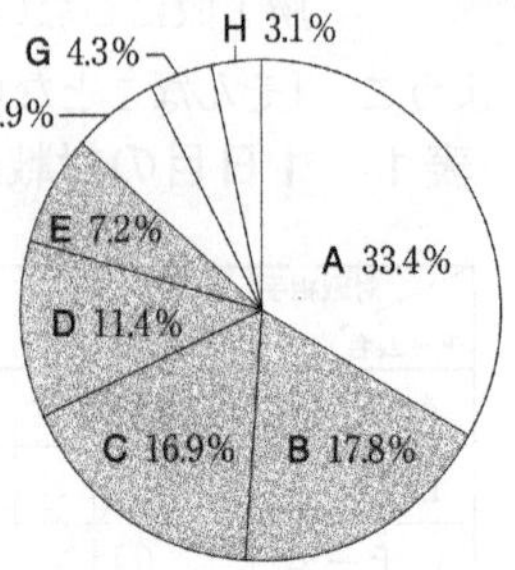

グラフ２　地方別の面積の割合

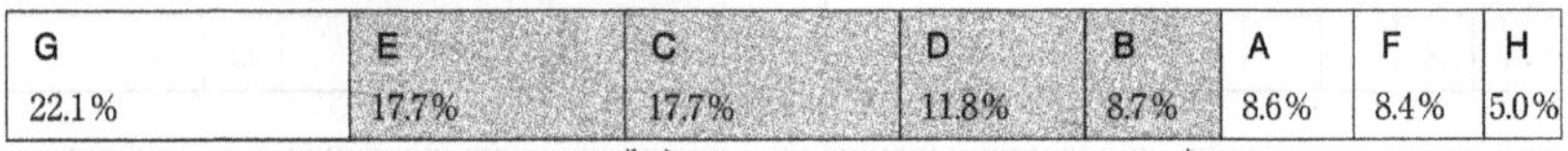

※グラフ１、グラフ２は『日本国勢図会』をもとに作成しており、数値は2012年のものです。

問題１　**グラフ１**と**グラフ２**を参考にして，□ にあてはまる**記号**をA，F，G，Hの中から一つ選んで答えなさい。

また，中国地方の面積はおよそ何km²ですか。**四捨五入して上から２けたのがい数**で答えなさい。ただし，日本の総面積は３８００００km²とします。

のりこさんたちは，おじさんの家に車で出かけました。しばらくすると，大きな川と看板が見えてきました。

看板

けんじ　「『一級』の次の二つの漢字は何と読むの。」

お母さん　「『かせん』と読むのよ。」

のりこ　「どちらの漢字も，訓読みすると『かわ』と読むね。」

お母さん　「例えば，『生産』という熟語の二つの漢字，『生』と『産』も，送り仮名の『む』をつけて訓読みすると，どちらも『うむ』と読むことができるわね。ほかにも，そういう熟語があるわよ。」

問題２　「河川」や「生産」のように，訓読みすると同じ読みになる二つの異なる漢字でできている熟語を一つ書きなさい。

のりこさんたちは，おじさんの家に着きました。おじさんの住む鳥取県では，ズワイガニ漁がさかんです。

のりこ　「鳥取県ではズワイガニがどれくらいとれるの。」

おじさん　「次のページの**グラフ３**を見てごらん。」

けんじ　「1970年から1975年にかけて，漁かく量が急に減っているね。」

おじさん　「とりすぎたためにズワイガニの数が減ってしまったんだよ。養しょくが難しく，元にもどすのが大変なんだ。」

のりこ　「でも，1990年を過ぎてから，漁かく量が少しずつ増えてきていることがわかるわ。」

おじさん　「ズワイガニのような水産資源を増やすため，いろいろなことを制限するきまりができて，漁師さんたちはそれを守ってきたんだよ。どんな制限をしているかわかるかな。」

のりこ　「＿＿＿＿＿＿＿＿
ということかな。」

グラフ３　鳥取県におけるズワイガニの漁かく量の推移

（鳥取県水産課の資料をもとに作成）

問題３　□にはどのようなことばが入るでしょうか。あなたの考えを書きなさい。

のりこさんたちは，夜景を見に展望台に来ています。遠くにライトが点めつしているタワーが見えます。展望台には，次のような**案内板**がありました。

案内板

タワーのライトについて
○午後７時ちょうどに赤色、青色、黄色の３色が同時に光ります。
○赤色は６秒ごと、青色は１５秒ごと、黄色は２１秒ごとに光ります。
○午後８時に消灯します。

けんじ　「午後７時から午後８時までに，３色同時に光るのは何回あるのかな。」
お父さん　「午後７時に同時に光ったのも回数に入れると，午後８時までに３色同時に光るのは全部で［ア］回だよ。」
けんじ　「最後に３色同時に光るのはいつかな。」
のりこ　「午後７時［イ］分［ウ］秒だよね。」
お父さん　「そうだね。」

問題４　［ア］～［ウ］にあてはまる数を答えなさい。

4 そうたさんの学級では，学習発表会に向けて，班ごとに準備をしています。

そうたさんとはるこさんの班は，気象庁の資料をもとに作成した**グラフ１**と**グラフ２**について先生と話をしています。

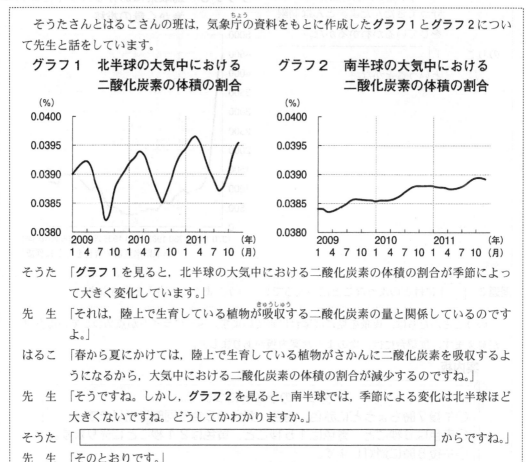

グラフ１　北半球の大気中における二酸化炭素の体積の割合

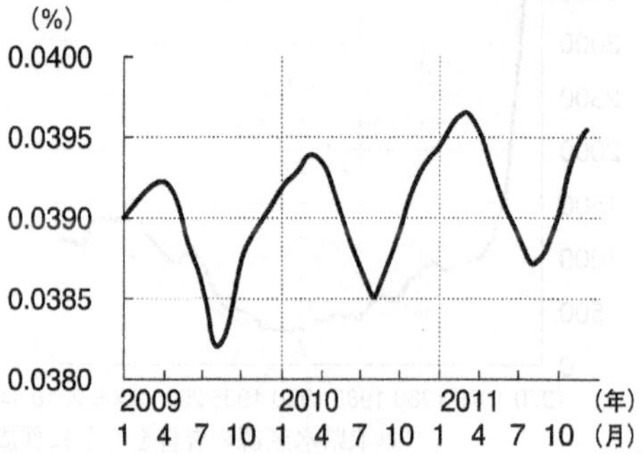

グラフ２　南半球の大気中における二酸化炭素の体積の割合

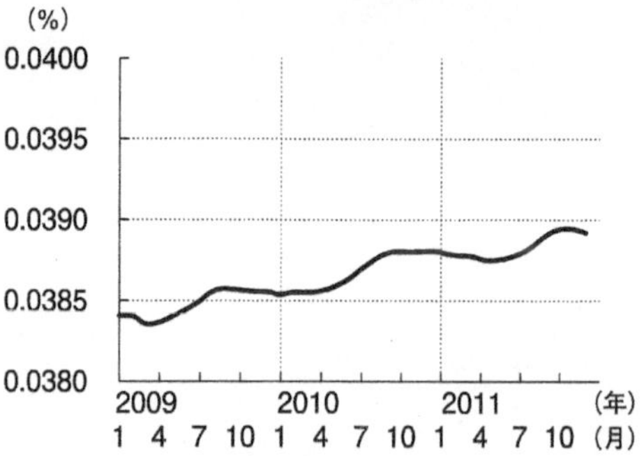

そうた　「**グラフ１**を見ると，北半球の大気中における二酸化炭素の体積の割合が季節によって大きく変化しています。」

先　生　「それは，陸上で生育している植物が吸収する二酸化炭素の量と関係しているのですよ。」

はるこ　「春から夏にかけては，陸上で生育している植物がさかんに二酸化炭素を吸収するようになるから，大気中における二酸化炭素の体積の割合が減少するのですね。」

先　生　「そうですね。しかし，**グラフ２**を見ると，南半球では，季節による変化は北半球ほど大きくないですね。どうしてかわかりますか。」

そうた　「［　　　　　　　　　　］からですね。」

先　生　「そのとおりです。」

問題１　［　　］にはどのようなことばが入るでしょうか。**グラフ３**を参考にして，あなたの考えを書きなさい。

グラフ３　陸地と海洋の面積の割合

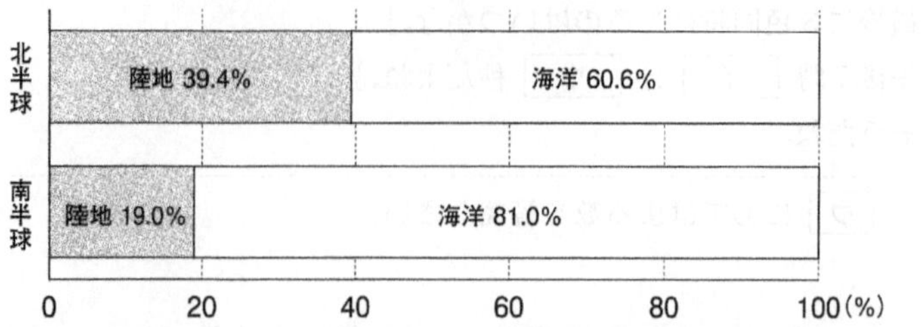

（『平成２５年度理科年表』をもとに作成）

かずよさんとあきらさんの班は，漢字の成り立ちについて調べています。かずよさんは，**数を表す古代文字**を見つけました。

かずよ　「**数を表す古代文字**を次のページのように**模造紙**にまとめてみたわ。いくつかの古代文字を紙でかくしているので，みんなに考えてもらいたいな。」

あきら　「おもしろそうだね。」

かずよ　「例えば，古代文字を使って，2けたの数『37』を『』，3けたの数『248』を『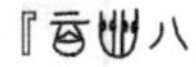』と表すことにするね。それでは，『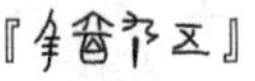』は，どんな数を表しているかわかるかな。」

あきら　「『　　』だよね。」

模造紙

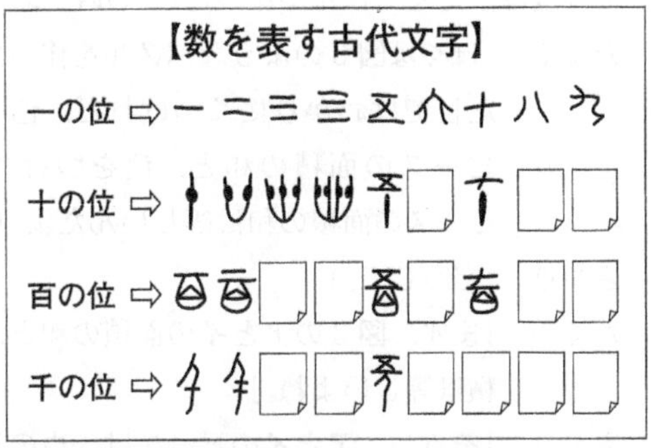

（『成り立ちで知る漢字のおもしろ世界』をもとに作成）

※□は、古代文字をかくした紙を表します。

問題２　□ にあてはまる数を答えなさい。

　さおりさんとたくやさんの班は，厚紙でパズルを作っています。さおりさんは，**図１のパズルのピース**すべてを，台紙にすき間なくのせるパズルを作りました。

たくや　「さおりさんが作ったパズルは，簡単(かん)にできるのかな。」

さおり　「**あとけのピース**をわたしがのせておくから，続きをやってみてよ。」

図１　パズルのピース

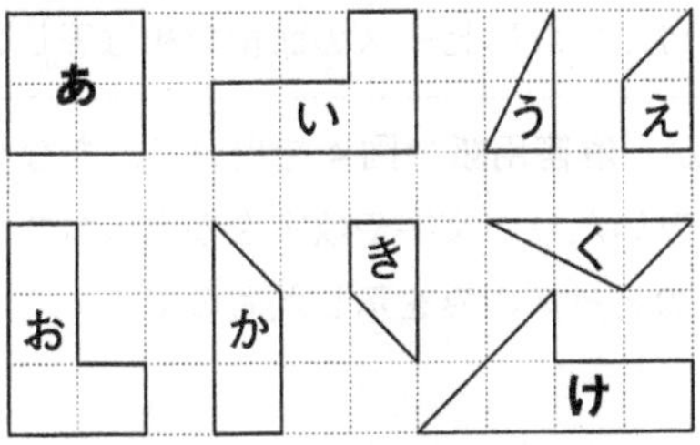

図２　あとけのピースをのせた台紙

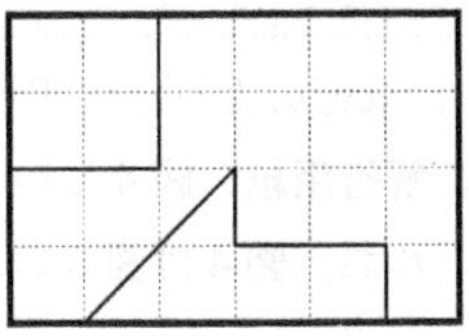

※パズルの一つ一つの部分のことをピースといいます。

問題３　パズルを完成させるには，**図１**の**い～く**のピースをどのようにのせるとよいか，下の**例**にならって**解答用紙**の**図２**に実線（――）でかき入れなさい。ただし，パズルのピースは裏(うら)返して使ってもよいものとします。なお，**解答用紙**の**図２**にかいたパズルのピースに記号を書く必要はありません。

例

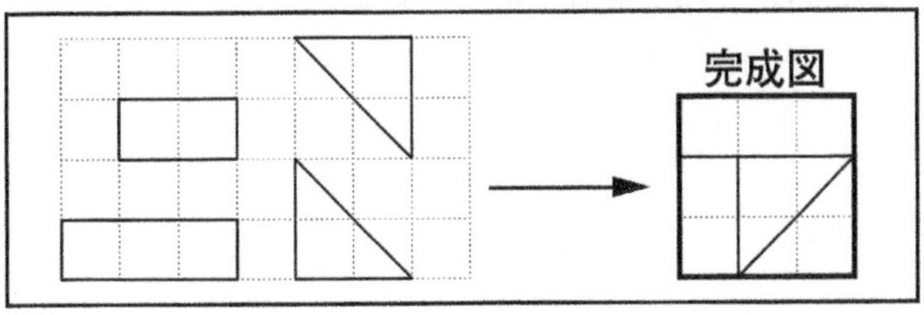

※**図１**と**図２**と**例**の点線（………）は、パズルのピースの大きさをわかりやすく表すために、等しい間かくでひいたものであり、模様ではありません。

今度は，たくやさんが作ったパズルについて，たくやさんとさおりさんが話をしています。

たくや　「ぼくは**図３**のようなパズルを作ったよ。見た目ではわかりにくいけれど，色をつけたピースの面積の和と，色をつけていないピースの面積の和は等しいんだよ。」

図３

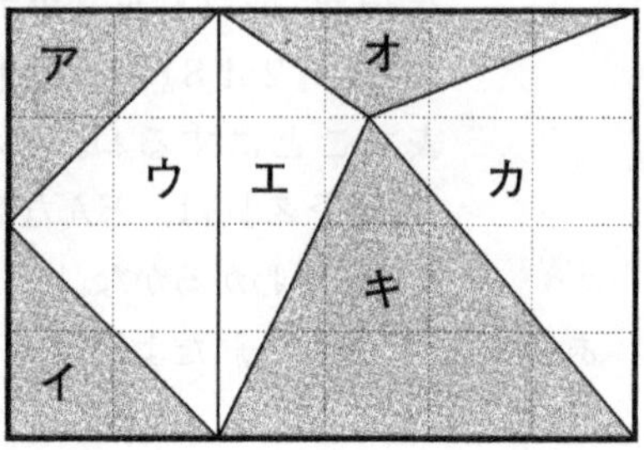

さおり　「どうして。」

たくや　「まず，**図３**の**ア**と**イ**の面積の和と，**ウ**の面積は等しいよね。」

さおり　「そうね。**ア**と**イ**のピースは，**ウ**のピースにぴったり重なるようにのせることができるからよね。」

たくや　「次に，**エ**と**カ**の面積の和と，**オ**と**キ**の面積の和も等しいんだよ。」

さおり　「どうして。ピースの形がちがうから，ぴったり重なるようにのせることができないわ。」

たくや　「［　　　　　　　　　　］」

さおり　「なるほど。だから，**エ**と**カ**の面積の和と，**オ**と**キ**の面積の和は等しいのね。それで，色をつけたピースの面積の和と，色をつけていないピースの面積の和は等しいのね。」

問題４　［　　］にはどのような説明が入るでしょうか。**解答用紙**の**図４**を用いて，あなたの考えを書きなさい。**解答用紙**の**図４**に説明のための線をひいたり，文字や数字を書き入れたりしてもかまいません。なお，**図４**は**図３**の**エ**，**オ**，**カ**，**キ**のピースのみを示したものです。

図４

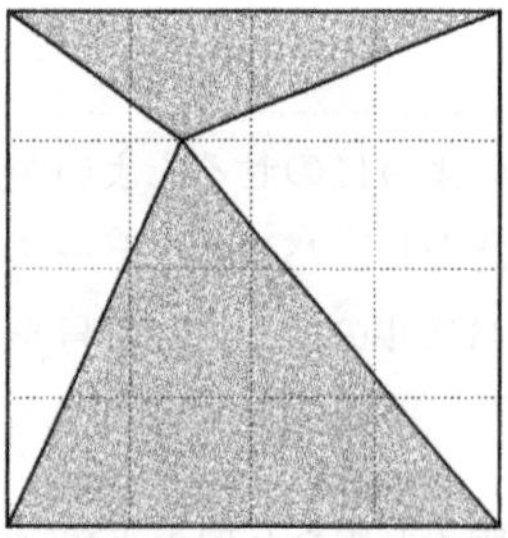

※**図３**と**図４**の点線（┈┈┈）は、パズルのピースの大きさをわかりやすく表すために、等しい間かくでひいたものであり、模様ではありません。

【作文】（四五分）〈満点：七〇点〉

次の文章を読んで、後の問題一、二に答えなさい。

新型ロケット「イプシロン」が、8月27日の打ち上げ直前に中止されました。カウントダウンは「3、2、1、0……」と続いたので、現地やインターネットで様子を見守っていた多くの人がポカンとしたのではないでしょうか。

中止の原因は、コンピューターによる点検システムにありました。ロケットが決まった位置にあるかや、まっすぐ立っているかなどを、これまでは人間が点検していたのですが、イプシロンでは世界で初めて、コンピューターにやらせることにし、人工知能を載せた精密な仕組みを作りました。

地上のコンピューターが、打ち上げ20秒前に「イプシロン、点検を始めなさい」という指令を送ったのですが、その指令が人工知能を通って点検機器に届くまでには0・07秒かかります。そのことを計算に入れていなかったため、イプシロンが点検を始める前に、地上のコンピューターが「異常」と判断してしまったのです。実際、イプシロンは正しい位置にあったのに、打ち上げは自動的に中止されました。2回の予行演習では偶然、見過ごされていました。

初めての挑戦には、小さな失敗がつきものです。今回の失敗で、コンピューターは指示通り正確に動いたことが確かめられたわけで、「事前に分かったのはいいこと」という人もいれば「こんな単純な勘違いがほかにもあるのでは」という人もいます。

JAXAは今、ほかの部分も含めた徹底的な点検を進めています。責任者の森田泰弘さんは8月30日の記者会見で「応援してくれたみなさんの夢を乗せて打ち上げが成功するよう頑張っています」と話していました。

イプシロンの源流は1955年、「ロケットの父」と呼ばれる糸川英夫博士が飛ばしたペンシルロケットです。糸川博士の口癖は「前例がないからやってみよう」。世界初の試みが成功するよう祈っています。

（「毎日小学生新聞　2013年9月8日付『NEWSの窓』」より）

（注）JAXA…日本の宇宙航空分野の基礎研究から開発・利用までを行う機関。

問題一　イプシロン打ち上げ中止の話をとおして、筆者が伝えたかったことはどういうことだと思いますか。**七十字以上九十字以内で解答用紙**に書きなさい。

【注意】

一、題名や名前は書かないでください。
二、原こう用紙の一行目から書き始めてください。
三、段落に分ける必要はありません。

問題二　この文章を読んで、あなたが考えたり感じたりしたことを、**問題一**で書いた内容と関連させながら、**四百五十字以上五百字以内**で**解答用紙**に書きなさい。

【注意】

一、題名や名前は書かないでください。
二、原こう用紙の一行目から書き始めてください。
三、必要に応じて、段落に分けて書いてください。

平成25年度

長崎県立中学校入試問題

【適性検査】（60分）　＜満点：130点＞

1　佐世保市に住んでいるさとしさんの学校では，5月に運動会が行われます。

運動会の練習が始まる前日に，帰りの会で先生が話をしています。
先　生　「明日から運動会の練習が始まります。運動場で練習するので，帽子と水筒を忘れないようにしましょう。」
さとし　「帽子も水筒も，［　　　　　　］ために必要なのですよね。」
先　生　「そのとおりです。必ず持って来ましょうね。」

問題1　［　］にはどのようなことばが入るでしょうか。あなたの考えを書きなさい。

運動会の前日になりました。その夜，さとしさんは，テレビを見ていたお父さんに話しかけました。
さとし　　「今日の昼までは雨が降っていたけれど，明日は晴れるかな。」
お父さん　「だいじょうぶ。明日は晴れそうだよ。」
さとし　　「本当に，そうなの。」
お父さん　「今ちょうど，気象情報で，**今日の雲の様子**が映っているよ。」

午前６時の雲の様子

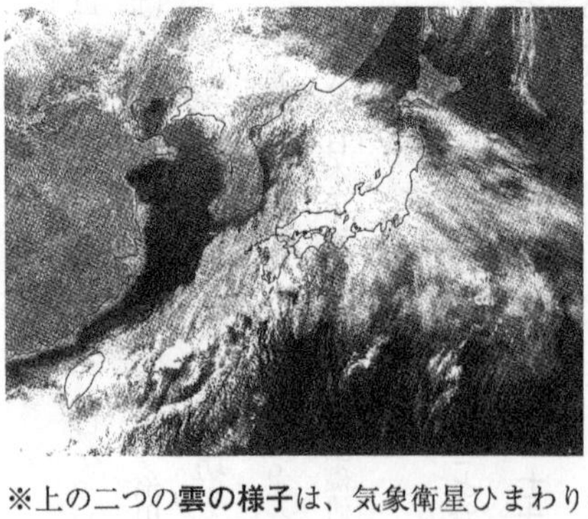

午後６時の雲の様子

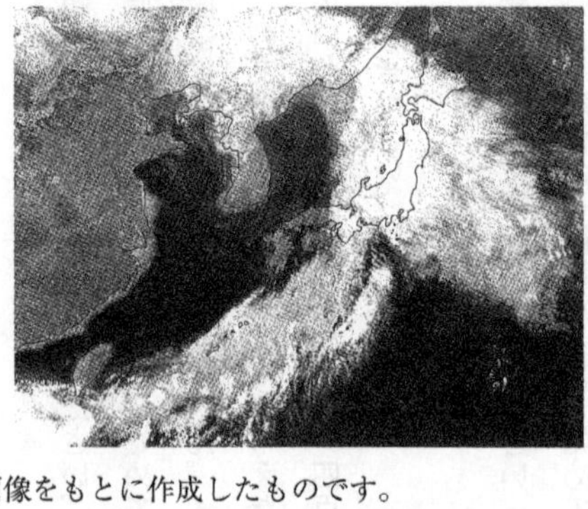

※上の二つの**雲の様子**は、気象衛星ひまわりの画像をもとに作成したものです。

問題2　お父さんが明日の天気は晴れだと予想しているのはなぜですか。**今日の午前６時**と**午後６時の雲の様子**を参考にして，あなたの考えを書きなさい。

いよいよ運動会当日になりました。さとしさんは，「漢字リレー」という競技に５人のチームで出場します。
この競技では，まず第１走者が，折り返し地点の黒板に書いてある漢字二文字の熟語の，二番目の漢字で始まる熟語を書いてもどります。そして，あとに続く走者も，それぞれ前の人が書いた熟語の，二番目の漢字で始まる熟語を書いてもどります。第５走者が一番早くゴールしたチームが勝ちとなります。競技の参加者には，次のような**注意点**が示されました。

【注意点】
- 熟語はすべて漢字二文字であること。
- 地名や人名は書かないこと。
- 一度使った熟語は書かないこと。

問題３　第１走者のさとしさんは，折り返し地点の黒板に「運動」と書かれていたので，「動作」と書きました。あとに続く第２走者から第５走者は，どのように書くことができるでしょうか。あなたの考えを書きなさい。

さとしさんの学級では，運動会の様子を学級新聞にのせ，地域(いき)の人にも配ることにしました。今日は，その内容についての話し合いをしています。

のぞみ「わたしは，写真をたくさんのせた方がいいと思います。なぜなら，当日来られなかった人にも，運動会の様子がよく伝わると思うからです。」

先　生「のぞみさんは，とてもわかりやすい話し方をしましたね。どういうところが，わかりやすかったと思いますか。」

さとし「言葉づかいが適切で，声も大きく聞きとりやすかったところだと思います。」

先　生「そうですね。他(ほか)にはありませんか。」

けんじ「のぞみさんの意見は，［　　　　　　］ところがわかりやすかったと思います。」

先　生「そうですね。それでは，話し合いを続けましょう。」

問題４　［　　］にはどのようなことばが入るでしょうか。あなたの考えを書きなさい。

さとしさんたちは，運動会での玉入れの結果を**クイズ**にして，新聞にのせました。

【クイズ】

赤，青，黄，緑，白の５組による玉入れが行われ，次のような結果になりました。それぞれの組が入れた**玉の個数**は，いくつでしょうか。

①　赤組は，緑組よりも５個多くて65個だった。
②　青組は，白組よりも８個少なかった。
③　黄組は，青組よりも２個多くて，緑組の８割(わり)の個数だった。

問題５　上の**クイズ**について考え，それぞれの組が入れた**玉の個数**を答えなさい。

２　あきこさんは，お父さん，お母さん，弟のしげるさんと車に乗って買い物に出かけました。

信号が黄色に変わったので，お父さんは速度を落として車を止めました。そこに，横断歩道をわたろうとしている小学生がいました。

お父さん　「あの小学生はえらいな。歩行者用信号が青になってもすぐにわたらなかったね。」
お母さん　「左右をよく見て，安全を確かめてから横断していたわ。」
しげる　「信号機や横断歩道は，交通事故を防ぐためにあるけれど，十分気をつけて横断するともっと安全なんだね。」
あきこ　「そうね。他にも □ などがあるけれど，交通規則を守って，安全な行動をとらないといけないわね。」

問題１　□ にあてはまる，交通事故を防ぐために道路に設けられている施設(しせつ)や設備を一つ答えなさい。

店に向かう途中(とちゅう)，ガソリンスタンドに立ち寄ると，お母さんが店までの案内表示板を見つけました。
お母さん　「表示板に，お店まで『あと20km』と書いてあるわね。」
しげる　「お店まで，あと何分かかるのかな。」
あきこ　「車の速さがわかると，何分かかるかわかるよね。」
お父さん　「そうだね。車は，時速50kmで走っていくよ。」
あきこ　「それなら，ここから □ 分でお店に着くことになるね。」

問題２　□ にあてはまる数を答えなさい。ただし，車は一定の速さで走るものとします。

しげるさんは，店の食品売場でウインナーソーセージを手に取り，**賞味期限の表示**を見つけました。
しげる　「ここに書かれていることは，どんな意味なの。」
あきこ　「冷蔵(ぞう)庫のような10℃以下の場所で，ふくろを開けずに保存(ぞん)すれば，2013年の１月28日まで □ という意味よ。」

賞味期限の表示

賞味期限（開封(かいふう)前）
１３．１．２８
要冷蔵　１０℃以下

問題３　□ にはどのようなことばが入るでしょうか。あなたの考えを書きなさい。

あきこさんとしげるさんは，ケーキ作りに必要な材料を買おうとしています。
あきこ　「これが**材料のメモ**よ。砂糖(さとう)といちごは家にあるので買わなくていいよ。」
しげる　「1500円まで使っていいんだよね。」
あきこ　「そうよ。**材料の値段(ねだん)**を考えながら買い物をしようね。」

【材料のメモ】

小麦粉	２００g
生クリーム	５２０mL
卵(たまご)	８個
バター	１２０g
砂糖	３００g
いちご	１パック

店にある材料の値段（税込）

小麦粉	
1ふくろ	値段
500 g	148円
750 g	172円
1 kg	218円

生クリーム	
1パック	値段
200 mL	298円
200 mL	348円
250 mL	312円

卵	
1パック	値段
4個入り	152円
6個入り	168円
10個入り	198円

バター	
1箱	値段
40 g	98円
100 g	198円
200 g	248円

問題4　**材料のメモ**と，**店にある材料の値段**をもとに，合計金額が最も安くなるように材料を買いました。支払った合計金額を答えなさい。ただし，同じ材料をいくつ買ってもよいものとします。

3　わかなさんは，冬休みに，オーストラリアのシドニーから来たアン先生を家に招待しています。友だちのゆうかさんも家に来ています。

わかなさんたちは，アン先生がおみやげに持ってきたクリスマスカードの**絵**を見ながら話をしています。

ゆうか　「サンタクロースがサーフィンをしているわ。」
わかな　「アン先生，シドニーは，冬も暑いのですか。」
アン先生「いいえ，冬は寒いですよ。シドニーにも長崎と同じように四季があります。」
わかな　「どうしてこのサンタクロースはサーフィンをしているのかな。」
ゆうか　「わかった。シドニーと長崎は，季節が［　　］だからなのですね。」
アン先生「そうですね。そのとおりです。」

絵

問題1　［　　］にはどのようなことばが入るでしょうか。下の**表**の**シドニー市と長崎市の平均気温**を参考にして答えなさい。

表　シドニー市と長崎市の平均気温　（単位は℃）

	1月	2月	3月	4月	5月	6月	7月	8月	9月	10月	11月	12月
シドニー市	22.9	22.9	21.5	18.9	16.1	13.4	12.5	13.7	16.2	18.2	19.8	21.8
長崎市	7.0	7.9	10.9	15.4	19.4	22.8	26.8	27.9	24.8	19.7	14.3	9.4

（『平成24年度理科年表』をもとに作成）

わかなさんたちは，**図1**のような縦8cm，横16cmの長方形のセロハンを使って，窓ガラスにはるかざりをアン先生といっしょに作ることにしました。

アン先生　「どうやって作るのですか。」

図1

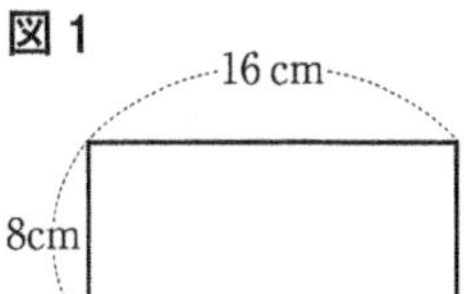

わかな　「1枚のセロハンを3回折って，どこかを切り取ってみようと思います。」

図2　セロハンの折り方

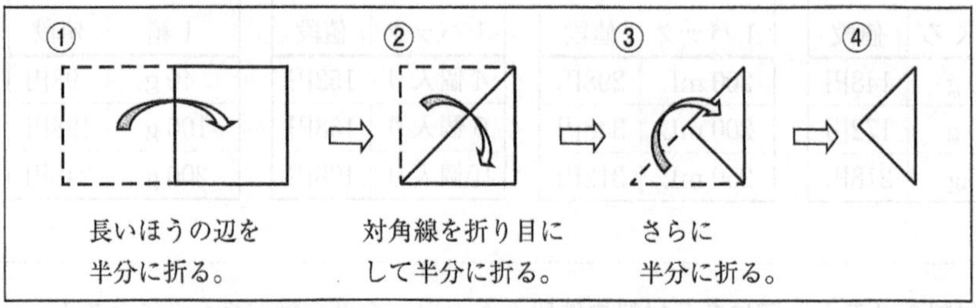
①
②
③
④
長いほうの辺を
半分に折る。
対角線を折り目に
して半分に折る。
さらに
半分に折る。

問題2　図2の④はセロハンが何枚重なっていますか。ただし，問題用紙や解答用紙を折ったり切ったりしてはいけません。

問題3　図3は，図2の④のセロハンから切り取る部分を，ななめの線▨で示したものです。切り取ったあとのセロハンを元どおりに開くと，どのような模様ができるでしょうか。**解答用紙**の**図4**の中に，切り取られた部分をななめの線▨でかき入れなさい。ただし，問題用紙や解答用紙を折ったり切ったりしてはいけません。

※**図3**と**解答用紙**の**図4**の点線（┈┈┈）は切り取る部分の位置をわかりやすく表すために，等しい間かくでひいたもので，折り線や模様ではありません。

図3

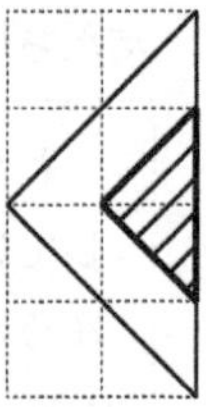

わかなさんたちは，お菓子を食べながら話しています。

わかな　「オーストラリアで，人気のあるお菓子は何ですか。」

アン先生　「チョコレートやアイスクリームをよく食べます。日本ではどうですか。」

ゆうか　「アイスクリームは，夏によく食べます。」

問題4　次のページの**グラフ**は，日本の**一つの家庭でお菓子を買うのに使った金額の移り変わり**を，月ごとに2年間分まとめたものです。**グラフ**の**A**と**B**は，同じ月を示しています。**A**と**B**は何月を示しているか答えなさい。

グラフ　一つの家庭でお菓子を買うのに使った金額の移り変わり（月ごとの変化）

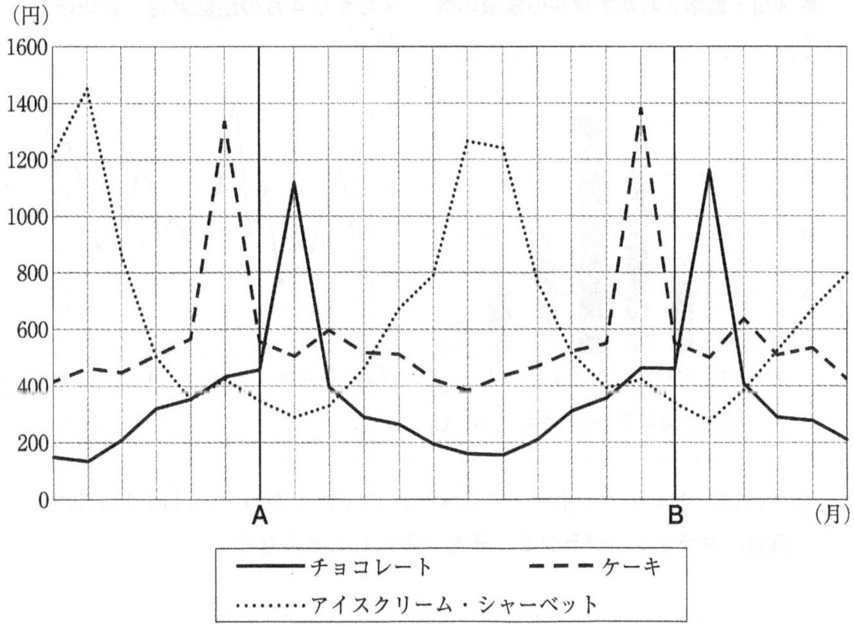

（「総務省家計調査」をもとに作成）

4　たかしさんの学校では，学習発表会が行われています。たかしさんとあいこさんは，先生といっしょに展示発表を見学しています。

たかし　「この発表には，**ホタルの育ち方**がまとめてありますね。」
あいこ　「長崎市の八郎大川でホタルの成虫が観察された記録ものっていますね。」
先　生　「今年の長崎市の気温と天気のデータもあるから，今年最初にホタルの幼虫が，八郎大川から岸に上がったのはいつか考えてみましょう。」

資料　ホタルの育ち方

○ホタルの幼虫は、川の中で成長する。
○ホタルの幼虫は、次の①と②の条件がそろった夜に、
　川から岸に上がり、土にもぐる。
　① １日の最低気温が１０℃以上であること。
　② 夜に雨が降っていること。
○ホタルの幼虫は、土にもぐってから約４０日でさなぎになる。
○さなぎになって、約１０日で成虫になる。

（『ホタル百科』をもとに作成）

表　３月から４月の夜の天気（長崎市）

３月	21日	22日	23日	24日	25日	26日	27日	28日	29日	30日	31日
	晴れ	雨	晴れ	雨	晴れ	晴れ	晴れ	晴れ	くもり	雨	晴れ

４月	1日	2日	3日	4日	5日	6日	7日	8日	9日	10日	11日	12日	13日	14日	15日
	晴れ	雨	晴れ	晴れ	晴れ	晴れ	晴れ	晴れ	くもり	雨	くもり	くもり	くもり	くもり	くもり

☆ 晴れ
くもり
雨

（気象庁の資料をもとに作成）

グラフ１
八郎大川で観察されたホタルの成虫の数

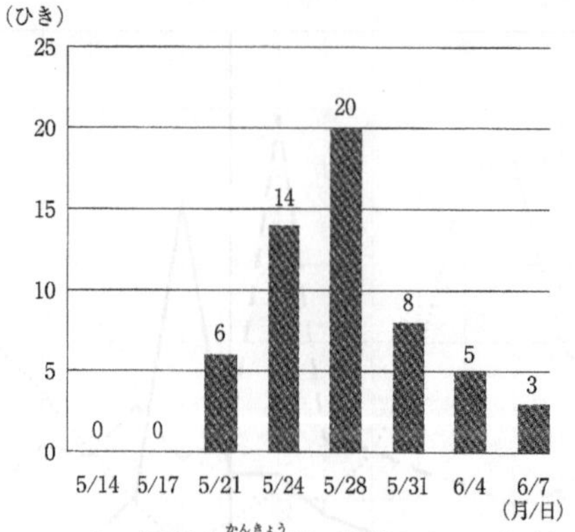

(長崎市環境部の資料をもとに作成)

グラフ２
３月から４月の最低気温（長崎市）

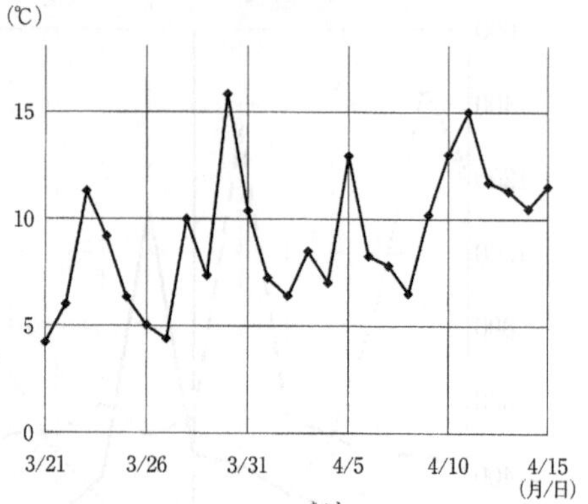

(気象庁の資料をもとに作成)

問題１　今年最初にホタルの幼虫が，八郎大川から岸に上がったのは何月何日だと考えられますか。**資料**，**グラフ１**，**グラフ２**，**表**を参考にして答えなさい。

たかし　「この発表は，**サクラの開花日**と**カエデの紅葉日**について調べていますね。」
あいこ　「**図１**と**図２**の地図にかかれている線は何ですか。」
先　生　「サクラの開花とカエデの紅葉が観測された日が同じ地点を結んだものです。**図１**と**図２**を比べてみて，気づくことがありますか。」
あいこ　「**図１**のサクラの開花は，南から北へ進んでいますが，**図２**のカエデの紅葉は，北から南へ進んでいます。」
先　生　「そうですね。それでは，どうしてそうなるのかわかりますか。」
たかし　「はい。[　　　　　　　　　　　　　　　　]からだと思います。」

図１　サクラの開花日

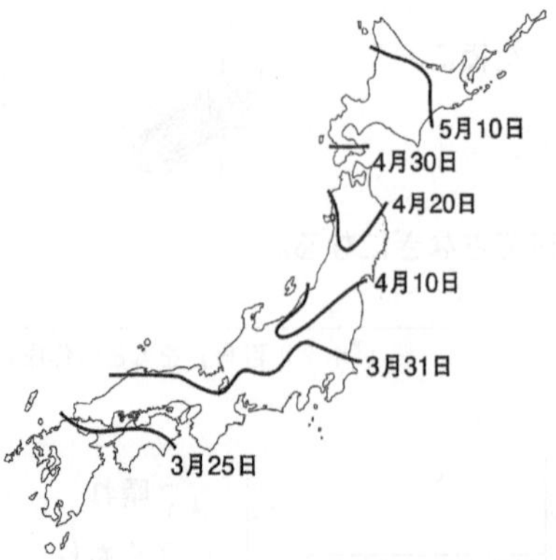

図２　カエデの紅葉日

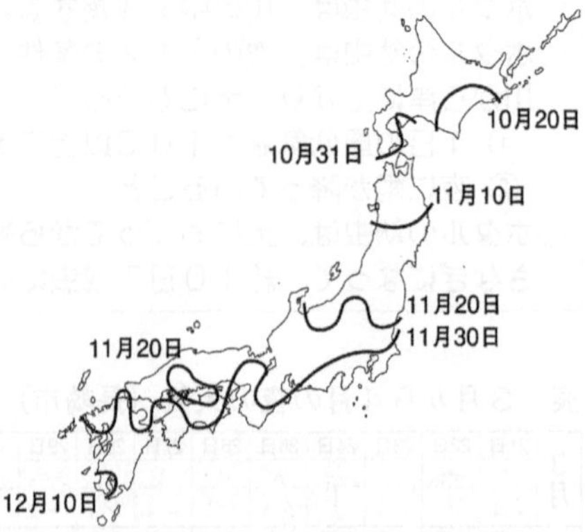

※**図１**、**図２**は気象庁の資料（1981〜2010年の平均）をもとに作成したものです。

問題2 □ にはどのようなことばが入るでしょうか。「**サクラ**」，「**カエデ**」，「**気温**」の三つのことばを使って，あなたの考えを書きなさい。

算数クイズの発表には，2けたの数のかけ算についての**問題**がありました。

たかし　「この**問題**はどう考えればいいのかな。」

あいこ　「同じカタカナは同じ数を表すということがヒントになりそうだよ。**アイ**に**ウ**をかけたものが**アイ**になっているから，**ウ**が ① だとわかるよ。」

たかし　「なるほど。そして次に，**オ**と**イ**を足したくり上がりの数を**ア**に足したものが**エ**だから，**エ**は**ア**より ② だけ大きいことがわかるね。」

算数クイズ

【問題】

	ア	イ
×	ウ	エ
	オ	ア
ア	イ	
エ	ウ	ア

【条件】
- 同じカタカナは同じ数を表します。
- ア～オはそれぞれ異(こと)なる1けたの数です。

問題3 ①，②，**ア**，**イ**，**エ**，**オ**にあてはまる数をそれぞれ答えなさい。

【作文】（四五分）〈満点：七〇点〉

次の文章を読んで、後の問題一、二に答えなさい。

本との「出会い」と、よく一言でいうが、何気なく手にとった本に感動して、忘れられない本になることもある。本を選ぶのは大切な友人・仲間を得ることと同じだとわたしは思う。その一冊がきっかけで、同じ作者の本をもっと読んでみようとか、この本を書いた場所に行ってみたいとか、主人公と同じような体験をしたい、というふうに本を読むまでは考えてみなかったことを考えるようになる。アンテナを立てずに、何も受信せずにいたときとは、違った世界が見えてくる。それも次つぎと見えてくるからふしぎだ。

そんなふうに、自分の関心が新しい世界に向いていくのはすばらしいことだ。また、本を通じて考え続けるための力があなたにあたえられるということでもある。本を読むときわたしたちは、自分への新しいメッセージを無意識に求めている。たとえば「この本の主人公は、自分が感じている疑問や苦しみを同じように持っているのか」、また「この本のなかでは、その疑問をどうやって解決しようとしているのか」などということを確かめてみたりする。こんなときの本の役割は、あなたにアドバイスを与え、あなたの背中を押してくれる頼もしい友人となる。大切なことは、あなたが何かを知りたい、あるいは今感じている疑問を解決したい、今悩んでいることを乗り越えたいなどと、真剣に自分のことを考えているから本に自分へのメッセージを感じ取ることができるのだ。

（奥村具子『自分の考えをもっとしっかり持ちたい』人へ）

問題一　筆者は「本を読む」ことのよい面はどういうことだと考えていますか。**八十字以上百字以内で解答用紙**に書きなさい。

【注意】

一、題名や名前は書かないでください。
二、原こう用紙の一行目から書き始めてください。
三、段落に分ける必要はありません。

問題二　この文章を読んで、**問題一**で書いた内容と関連させながら、あなたが考えたり感じたりしたことを、**四百五十字以上五百字以内で解答用紙**に書きなさい。

【注意】

一、題名や名前は書かないでください。
二、原こう用紙の一行目から書き始めてください。
三、必要に応じて、段落に分けて書いてください。

平成24年度

長崎県立中学校入試問題

【適性検査】（60分）　＜満点：130点＞

1　けんたさんたちの学級では，学校や地域のために何かできることはないか，話し合いをしました。

学級で話し合ったところ，次のような意見が出ました。
けんた　「近くの海岸のゴミを拾ったらどうだろう。」
くみこ　「下級生のために，近所の危ない場所を調べて地図にまとめましょう。」
てるよし「学校のとなりにある福祉施設の人たちと交流ができないかな。」
さくら　「学校の周りにプランターを置いて，花を植えたらどうかしら。」
けんたさんは，先生や保護者といっしょに学級全員で海岸のゴミ拾いを行いました。拾ったゴミの中には，次のようなマークの付いた容器がたくさんありました。

【容器に付いていたマーク】

問題1　けんたさんは，**容器に付いていたマーク**にすべて矢印がふくまれていることに気づきました。これらのマークの矢印は，共通してどのようなことを表しているか答えなさい。

雨が降った後，くみこさんたちは先生といっしょに，近くの道路の様子を見に行きました。すると，雨水の流れによって道路に石や砂が流された場所があり，その様子を**写真**にとりました。**図**は，流されてきた石の大きさと散らばり方を，**写真**をもとにスケッチしたものです。

写真

図

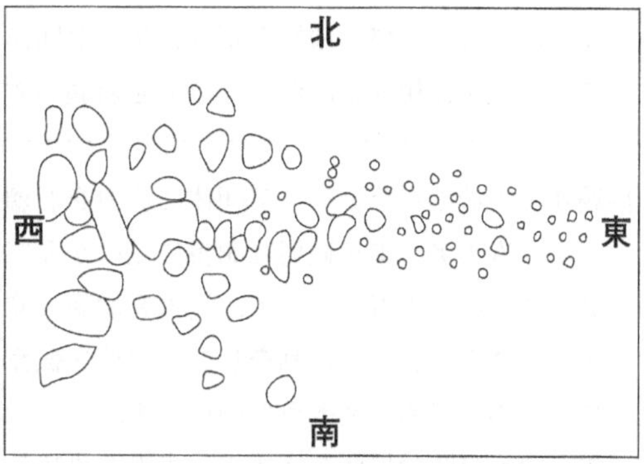

問題2　くみこさんは，石の大きさと散らばり方から，石は西から東に流されたのではないかと考えました。その理由を，「**石**」と「**雨水の流れ**」という二つのことばを使って説明しなさい。

てるよしさんたちは，福祉施設に行ったとき，施設の職員の方から，点字に似た「おはじき文字」を教えてもらいました。それは，次のような**ルール**で文字を表します。

【ルール】

① 白と黒のおはじきを９個組み合わせて文字を表す。

② 「バ」「パ」などの「゛」や「゜」，「ャ」「ッ」などの小さい文字および「ン」は考えない。

③ 文字とおはじきの関係は，次の**例**に従(したが)う。

例

(ア)	(イ)	(ウ)	(エ)	(オ)
●○●	●○○	●○○	●○●	●○○
○○○	○○●	○○○	○○○	○○●
○○○	○○○	○○●	○○●	○○●

(カ)	(キ)	(ク)	(ケ)	(コ)
○○●	○○○	○○○	○○●	○○○
●○○	●○●	●○○	●○○	●○●
○○○	○○○	○○●	○○●	○○●

(サ)	(タ)	(ナ)	(ハ)	(マ)	(ヤ)	(ラ)	(ワ)
○○●	○●●	○○●	○○●	●○●	○○●	○○●	○●●
○○○	○○○	○●○	○○○	○○○	●○○	○○○	○○○
●○○	○○○	○○○	○●○	○●○	○●○	●●○	○●○

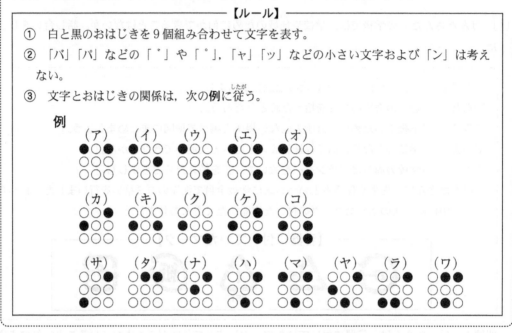

問題3　**ルール**に従うと，てるよしさんの「テルヨシ」はどのように表すことができますか。**解答用紙の図**の「○」をぬりつぶして，**黒いおはじきの位置**を示しなさい。

図

(テ)	(ル)	(ヨ)	(シ)
○○○	○○○	○○○	○○○
○○○	○○○	○○○	○○○
○○○	○○○	○○○	○○○

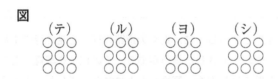

さくらさんの意見について話し合ったところ，花の植え方や育て方などの専(せん)門的なことがよくわからないので，地域のボランティア団体に協力をお願いしようという意見が出ました。そこで，先生に相談しながら，協力をお願いする手順をみんなで考えていくことにしました。

問題4　地域のボランティア団体に協力をお願いする場合，どのような手順で行ったらよいでしょうか。次の**ア**～**エ**を適切な順番に並(なら)べかえて，**記号**で答えなさい。

ア　団体の代表者に会って，協力をお願いする。

イ　団体の代表者に電話をして，用件を伝える。

ウ　協力してもらえそうな団体を選ぶ。

エ　会う日時や場所を団体の代表者と決める。

2 さちこさんの家族は，一泊（いっぱく）二日で旅行に出かけます。

旅行の前日，さちこさんの家族３人は，観光案内にのっている**表１**と**表２**を参考にして，市内観光の計画を立てることにしました。なお，移動するときはバスを利用します。

表１　所要時間と料金

観光場所	所要時間	料　金
歴史博物館	１時間30分	大　人　800円 小学生　無料
プラネタリウム	１時間	大　人 小学生　250円
水族館	１時間30分	大　人　900円 小学生　450円
動植物園	２時間	大　人　700円 小学生　300円

※所要時間とは、観光にかかる時間であり、この時間より早かったり、おそかったりすることはないものとして計画を立てます。

表２　片（かた）道の移動時間と料金

40分 450円	30分 350円	20分 250円	10分 150円	**動植物園**
30分 350円	20分 250円	10分 150円	**水族館**	
20分 250円	10分 150円	**プラネタリウム**		
10分 150円	**歴史博物館**			
駅				

◆表の見方

上段（だん）	移動にかかる時間
下段	片道料金（大人）

※バスは10時から19時までは10分おきに運行しており、待ち時間はないものとして計画を立てます。

さちこ　「観光場所がいろいろあるから迷うね。どう行ったらいいのかな。」

お母さん「まず，計画表を作ってみてはどうかしら。たとえば，14時に駅を出発して動植物園に行き，その後プラネタリウムに行って，最後にまた駅にもどってくる場合は，**例**のようにかけるわね。」

例

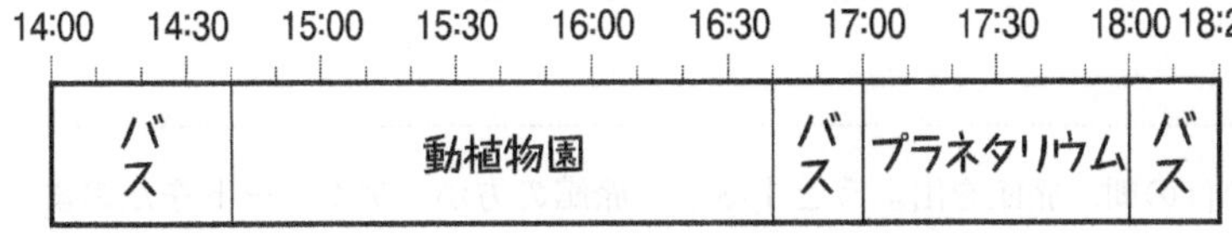

お父さん「わかりやすくていいね。うちは大人２人と小学生１人だから，このとおりに観光するとしたら，料金は全部で［　　］円かかるね。」

さちこ　「明日は，昼過ぎに駅に着く予定だから，駅を13時に出発することにして，計画を立てようよ。」

お父さん「そうしよう。ただし，18時過ぎに旅館からむかえの車が駅に来るから，18時には駅にもどってこないといけないよ。」

さちこ　「14時からのイルカショーを見たいから，水族館に行きたいな。」

お母さん「水族館の所要時間は，イルカショーもふくめて１時間30分みたいよ。」

お父さん「14時からのイルカショーを見るために，まず水族館に行こう。そして，なるべく多くの場所を観光できるような計画にしよう。」

問題１　**表１**と**表２**を参考にして，［　　］にあてはまる数を答えなさい。ただし，小学生のバス料金は大人の半額とし，10円未満は切り上げるものとします。

問題２　さちこさんの家族は，駅を13時に出発して18時ちょうどに駅にもどる市内観光の計画を立てました。それはどのような計画でしょうか。**表1**と**表2**を参考にして考え，**例**にならって，**解答用紙の計画表**にかき入れなさい。

計画表

13:00　13:30　14:00　14:30　15:00　15:30　16:00　16:30　17:00　17:30　18:00

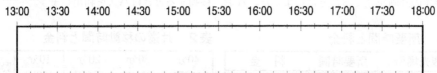

　1日目の市内観光を終え，さちこさんたちが駅にもどると，旅館からむかえの車がとう着していました。同じ旅館に宿泊する他のお客さんも車を利用します。

お母さん「むかえの車は1台で，運転手を除くと9人乗れるらしいよ。」

さちこ　「お客さんは全部で21人だから，何回か往復することになるね。」

お父さん「ここから旅館までは，片道で6㎞あるそうだよ。」

さちこ　「車は時速40㎞で走るらしいので，1往復するのに［①］分かかるね。」

運転手　「夕食に間に合うように，全員ができるだけ早く旅館に着くようにしますね。」

さちこ　「21人全員が最も早く旅館に着くのは，最初に車が駅を出発してから［②］分後になるね。」

問題3　［①］，［②］にあてはまる数を答えなさい。ただし，乗り降りにかかる時間は考えないものとします。また，車は一定の速さで走るものとします。

　次の日の朝，旅館を出ようとすると，旅館の方からアンケートをたのまれました。アンケート用紙には，「無記名でかまいません。」と書かれています。

さちこ　「“無記名”というのは，名前を記さないという意味だよね。」

お父さん「そうだね。“記名”という二字熟語に“無”という漢字を付けて，意味を打ち消しているんだよ。日本語には，“無”とか“未”とか“非”などの漢字を二字熟語の前に付けて，意味を打ち消している熟語がたくさんあるよ。」

お母さん「“無関心”，“未記入”，“非公式”などがそうね。」

さちこ　「その他にも，“無［ア］”，“未［イ］”，“非［ウ］”などがあるね。」

問題4　［ア］～［ウ］に入る二字熟語を**漢字**で書きなさい。ただし，二字熟語は，それぞれ異なるものとします。また，会話の中の“記名”，“関心”，“記入”，“公式”は用いてはいけません。

3　たかしさんたちの学級では，総合的な学習の時間に長崎県産品について学習しています。たかしさんたちの班は，じゃがいもをテーマにしました。

　たかしさんは，社会科の資料集などから，長崎県はじゃがいもの栽培がさかんであることを

知り，そのことについてくわしく調べてみることにしました。

まず，図書館でじゃがいもの栽培方法について調べたところ，じゃがいもの生育には80日～100日かかることと，生育に適した温度は10℃～23℃であることがわかりました。次に，インターネットで関係する資料を探（さが）してみたところ，**グラフ１**と**グラフ２**を見つけました。

グラフ１
東京都中央卸（おろし）売市場におけるじゃがいもの取りあつかい量（2010年）

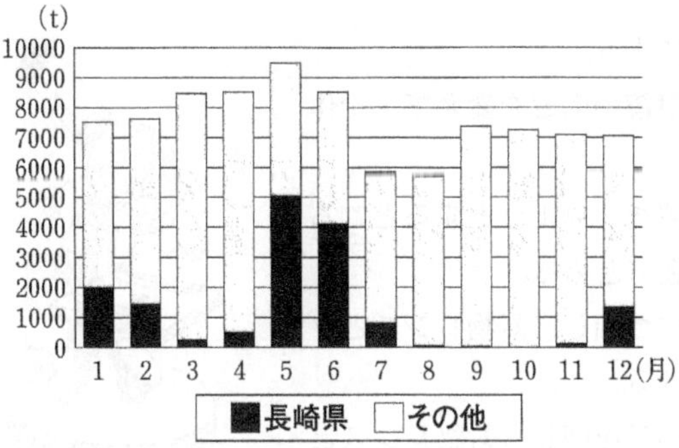

（「東京都中央卸売市場統計情報」をもとに作成）

グラフ２
長崎県の気温の変化の様子とじゃがいもの生育に適した温度帯

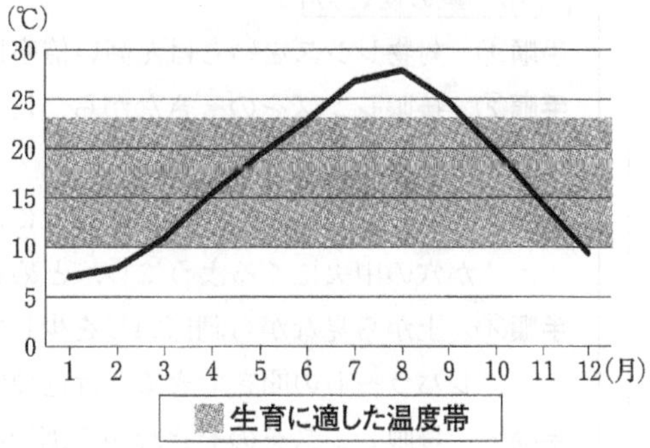

（「気象庁（ちょう）気象観測平年値（ち）」などをもとに作成）

たかしさんは，**グラフ１**と**グラフ２**をもとに，長崎県のじゃがいも栽培について，次のように考えました。

【たかしさんの考え】

東京都中央卸売市場におけるじゃがいもの取りあつかい量を見ると，長崎県産じゃがいもの取りあつかい量が多くなる時期が年に［ ア ］ある。また，長崎県の気温の変化の様子を見ると，じゃがいもの生育に適した時期も年に［ ア ］あることがわかる。

このことから，長崎県のじゃがいも栽培の特ちょうとして，［ イ ］ということが考えられる。

問題１　［ア］，［イ］にはどのようなことばが入るでしょうか。あなたの考えを書きなさい。ただし，［ア］には同じことばが入ります。

じゃがいもに興味を持ったゆかりさんは，家でお母さんとじゃがいも料理を作ってみることにしました。

ゆかり　「じゃがいもを使ってどんな料理を作ろうかな。」
お母さん「ポテトサラダを作ってみたらどうかしら。」
ゆかり　「私（わたし）がじゃがいもを切ってみたいわ。」
お母さん「それでは，お願いするわね。切り終わったら変色を防ぐためにじゃがいもを［　　　　］ことを忘（わす）れないでね。」

問題2 □ にはどのようなことばが入るでしょうか。あなたの考えを書きなさい。

おさむさんが家に帰り，じゃがいものでんぷんをけんび鏡で見ようとしていると，妹がけんび鏡を使ってみたいと言ってきました。そこで，おさむさんは，けんび鏡の使い方を教えるためにノートに書いて確認をしました。

【おさむさんのノート】

けんび鏡の使い方

手順① 対物レンズをいちばん高い倍率にする。

手順② 接眼レンズをのぞきながら，反射鏡の向きを変えて，全体が暗く見えるようにする。

手順③ プレパラートを，のせ台の上に置き，見ようとするところが穴の中央にくるようにし，とめ金でとめる。

手順④ 上から見ながら調節ねじを少しずつ回し，対物レンズとプレパラートの間をできるだけ近づける。

手順⑤ 接眼レンズをのぞきながら調節ねじを回し，対物レンズとプレパラートの間を少しずつはなしていき，はっきり見えるところで止める。

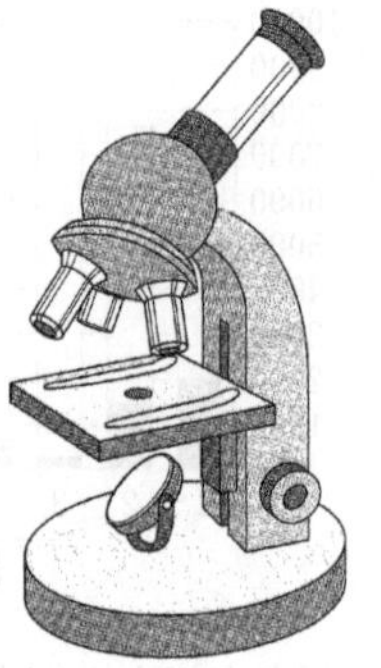

※プレパラート…観察するものをのせたスライドガラス

問題3 **おさむさんのノート**には誤りが三つあります。そのうちの一つを**例**で示しています。残りの**二つ**を**例**にならって，正しく書き直しなさい。

例	**手順**	②	**書き直し**	（ 暗く ） → （ 明るく ）

たかしさんたちは，じゃがいもについての学習を深めるために農業技術センターに行き，研究員の方の話を聞いています。

【研究員の方の話】

じゃがいもは，**図**のように，種いもをそのまま植えて栽培することができますが，芽を一つ残して切り分けた種いもで栽培することもできます。私たちはこの方法を「一芽処理」と呼び，処理なしの種いもを栽培する場合と比べて，収穫できるじゃがいもの大きさにちがいが表れるかどうかを研究しています。２年間にわたり試験栽培に取り組んだところ，次のページの**表**のような結果が得られました。

図

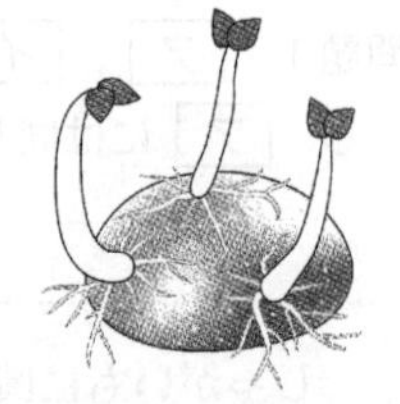

「処理なし」の種いも

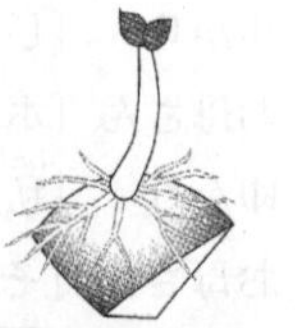

「一芽処理」の種いも

表　処理のちがいによるじゃがいもの収穫の結果

	植え付けた種いもの個数（個）	種いも1個あたりから収穫されたじゃがいもの個数（個）	収穫量（kg）	収穫されたじゃがいも1個あたりの重さ（g）
処理なし	600	8.5	506	①
一芽処理	500	7.2	418	②

おさむ「じゃがいもの大きさは，重さと関係があると思うんだ。」
ゆかり「そうね。処理なしの種いもからとれたじゃがいもの大きさと，一芽処理の種いもからとれたじゃがいもの大きさを比べるために，それぞれ1個あたりの重さを調べてみましょう。」
たかし「とれたじゃがいも1個の大きさは，［　A　］ということが言えそうだね。」

問題4　表の［①］，［②］に入る数を答えなさい。ただし，**小数第1位**を**四捨五入**（ししゃごにゅう）して**整数**で表すことにします。
　また，たかしさんが言った［A］には，どのようなことばが入るでしょうか。あなたの考えを書きなさい。

4　ななこさんと弟のあきらさんは，昼食の後に家族で話をしています。

ななこ　「さっき食べた卵（たまご）サンドイッチは，とてもおいしかったね。」
お父さん「パンの原料である小麦の自給率は，日本は低いんだよ。」
ななこ　「知っているよ。日本は外国から小麦を多く輸入しているのよね。」
お母さん「そうよ。アメリカやカナダなどから輸入しているのよ。」
ななこ　「でも，学校では，小麦を世界で一番多く生産している国は中国だと習ったわよ。」
お母さん「生産量が世界で一番多い国は中国だけど，輸出量は少ないのよ。」
ななこ　「それはなぜなの。」
お母さん「それは，［　　　　　］からよ。」
ななこ　「なるほどね。」

問題1　［　］にはどのようなことばが入るでしょうか。次のページの**表1**～**表3**を参考にして，あなたの考えを書きなさい。

表１　小麦の生産量上位３か国

	国　名	生産量(万 t)
1位	中　　国	11246
2位	イ ン ド	7857
3位	アメリカ	6802
世界全体の合計		68307

表２　小麦の輸出量上位３か国

	国　名	輸出量(万 t)
1位	アメリカ	3009
2位	フランス	1629
3位	カ ナ ダ	1578
世界全体の合計		13113

表３　表１と表２に示した国と日本の面積と人口

	面積(万 km²)	人口(万人)
カ ナ ダ	999	3326
ア メ リ カ	963	31167
中　　国	960	133741
イ ン ド	329	118141
フ ラ ン ス	55	6204
日　　本	38	12769
世界全体の合計	13613	675006

※**表１**～**表３**は『世界国勢図会(ずえ)』などをもとに作成しており，数値は2008年のものである。

あきら　「サンドイッチに使われていた卵のことだけど，日本の卵の自給率は高いんだよね。」
お父さん「よく知っているね。ところが，ニワトリのえさのことを考えると，日本の卵の自給率は必ずしも高いわけではないという見方もあるんだよ。」
あきら　「どういうことなの。」
お父さん「つまり，［　　　　　　　　　　］から，卵の自給率が必ずしも高いわけではないという見方につながるんだ。」
あきら　「そうか。なるほどね。」

問題２　［　　］にはどのようなことばが入るでしょうか。次の**グラフ**を参考にして，あなたの考えを書きなさい。

グラフ　日本の卵の自給率とニワトリのえさの自給率

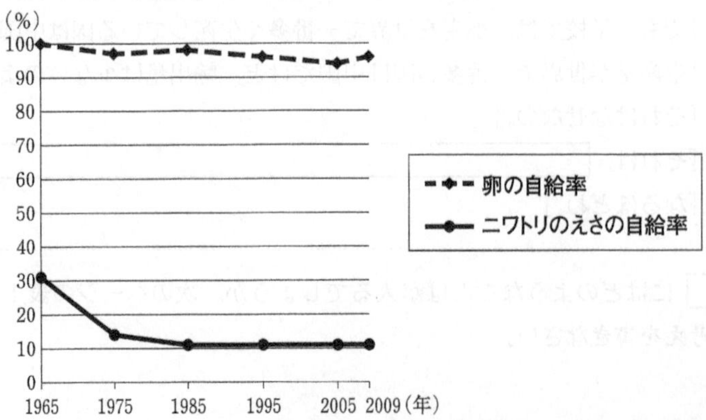

（「農林水産省食料需給(じゅきゅう)表」をもとに作成）

お父さん「カナダは，２年前に冬のオリンピックが開かれた国だね。ところで，今年の夏のオリンピックは，どこで開かれるか知っているかな。」
ななこ　「イギリスのロンドンでしょ。」
お父さん「そうだね。では，オリンピックのマークを知っているかな。」
ななこ　「五つのちがう色の輪がつながった形だよね。色の並び方まで覚えているよ。」
お父さん「どういう並び方なのかな。」
ななこ　「**ヒント**を出すから当ててみてね。」

【ヒント】

- **青**と**黄**は，すぐとなりでつながっている。
- **青**は，**赤**よりも左の方にある。
- **黄**から一番遠い場所にあるのは**赤**である。
- **黒**と**緑**は，すぐとなりでつながっている。
- **緑**は，**黒**よりも右の方にある。

お父さん「その**ヒント**だけだと，**二つの色**の位置が決まらないから，並び方が２通り考えられるよ。」

問題３　**ヒント**だけでは位置が決まらない**二つの色**を書きなさい。

お父さんとななこさんの会話を聞いて，オリンピックに興味を持ったあきらさんは，これまでのオリンピックで日本がとったメダルの数を調べました。
あきら　「前回のペキンオリンピックのときの日本の金メダルの数はいくつだったでしょうか。」
お母さん「９個だったかな。」
あきら　「そのとおりだよ。では，今までの夏のオリンピックで日本がとった**メダルの総数**はいくつだったでしょうか。」
お母さん「それは知らないわ。」
あきら　「ヒントを出すよ。この数は300より大きく，400より小さいよ。さらに，この数に13を足したら17で割りきれて，７を足したら23で割りきれるよ。」

問題４　今までの夏のオリンピックで日本がとった**メダルの総数**はいくつですか。**求め方**を文章や式などを用いて説明し，**メダルの総数**を答えなさい。

問題二　この文章を読んで、あなたが感じたり考えたりしたことを、**問題一**で書いた内容と関連させながら、**四百五十字以上五百字以内**で解**答用紙**に書きなさい。

【注意】

一、題名や名前は書かないでください。

二、原こう用紙の一行目から書き始めてください。

三、必要に応じて、段落に分けて書いてください。

【作　文】（四五分）〈満点：七〇点〉

次の文章を読んで、後の問題一、二に答えなさい。

これから大人になるみなさんには、素直な心を忘れずにいてほしいと思います。

社会に出て、いろいろな人を見ているとわかることですが、素直な人のほうが、どんどん伸びていきます。先日も料理人として有名な野崎洋光さんが「四十歳までは人の話を聞く耳を持ったほうがいい」と先輩から教えられたとおっしゃっていました。

人の話を反発しないで聞き、そこから、自分に足りないこと、知らないことを吸収しようという気持ちを持つことが、成長をもたらすのです。

子どものうちは、素直なほうがいいけれど、大人になっても素直なままでは、世の中でやっていけないのではないかと疑う人もいるかもしれません。

しかし、そんな心配はまったく必要ありません。むしろ、素直な人でなければ、成功することはできないのです。

アドバイスの一〇〇％は実行できなくても、参考になる点を一つでも二つでも取り入れましょう。

素直な人は、自分ひとりの力ではものごとが進まないということがわかっています。人が助けてくれることによって、仕事をしあげられるのだということを知っています。そこから、感謝の言葉が生まれます。

「ありがとう」「ありがとうございます」の言葉が自然に出てくる人になってほしいと思います。プレゼントをもらったときだけでなく、食事をつくってもらった、勉強を教えてもらった、ほめてもらった、いいアドバイスをもらった、助けてもらった……。「ありがとう」と言う機会はいろいろあります。

たくさん「ありがとう」という言葉を口にすることで、人は人に支えられて生きているのだということを、実感してほしいと思います。

親や先生、友だちなど、他人のアドバイスを、反発したり疑ったり、あるいはいいかげんに聞き流したりすることなく、素直な心で聞きましょう。そうすれば、ますますたくさんのアドバイスを受けることができます。

人に感謝し、人のアドバイスを受け入れることによって、人間的に成長していくことができるのです。そして自分に人に温かいアドバイスをすることができます。

素直な心を大切にして、実りある豊かな人生を送ってほしいと思います。

（坂東眞理子『大人になる前に身につけてほしいこと』）

問題一　素直な人のほうが、どんどん伸びていきます　とありますが、筆者はなぜそのように考えるのでしょうか。**九十字以上百十字以内**で**解答用紙**に書きなさい。

【注意】

一、題名や名前は書かないでください。
二、原こう用紙の一行目から書き始めてください。
三、段落に分ける必要はありません。

MEMO

大切なことはメモしておこうネ！

解答用紙集

○月×日　△曜日　天気（合格日和）

◆ご利用のみなさまへ
＊解答用紙の公表を行っていない学校につきましては，弊社の責任において，解答用紙を制作いたしました。
＊編集上の理由により一部縮小掲載した解答用紙がございます。
＊編集上の理由により一部実物と異なる形式の解答用紙がございます。

人間の最も偉大な力とは，その一番の弱点を克服したところから生まれてくるものである。――カール・ヒルティ――

東京学参株式会社

※ 132%に拡大していただくと，解答欄は実物大になります。

1

問題１		人
問題２	ア	
	イ	
問題３	ア	
問題４	イ	
問題５	ア	
	イ	
	ウ	

2

問題１	
問題２	
問題３	
問題４	回
問題５	ボードを上から見た図
問題６	5→(　　　)→(　　　)→(　　　)→4
	5→(　　　)→(　　　)→(　　　)→4

後

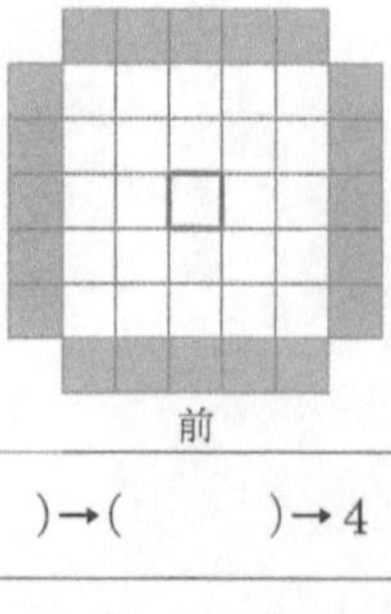

前

※ □ はスタート地点

3			
	問題１		
	問題２		
	問題３	ア	
		イ	
	問題４		

4		
	問題１	
	問題２	km
	問題３	
	問題４	
	問題５	

図案

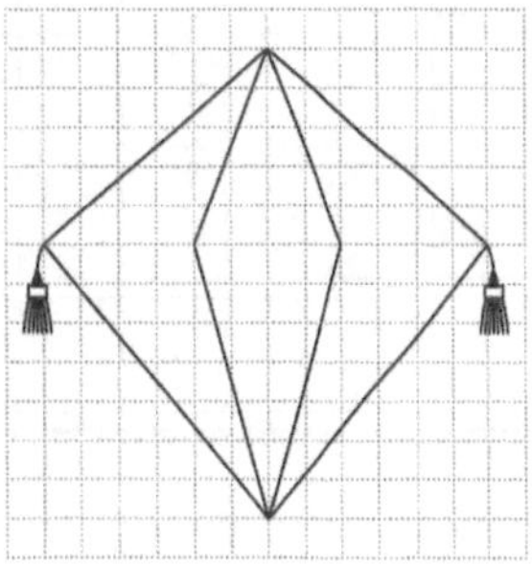

2024年度

県立長崎東・佐世保北・諫早高校附属中学校

※115%に拡大していただくと、解答欄は実物大になります。

◇作文◇

県立長崎東・佐世保北・諫早高校附属中学校　2023年度

◇適性検査◇

※ 119%に拡大していただくと，解答欄は実物大になります。

1	問題 1	
	問題 2	
	問題 3	秒
	問題 4	

2	問題 1	ア	
		イ	
	問題 2	ウ	回まき
		エ	個
	問題 3	オ	

3			
	問題１	km	
	問題２		
	問題３		
	問題４	図案 	

4			
	問題１		
	問題２		cm
	問題３		個
	問題４	ア	本
		イ	個

◇作文◇

※118％に拡大していただくと、解答欄は実物大になります。

100

200

300

400

※ 130%に拡大していただくと，解答欄は実物大になります。

1	問題1		
	問題2	ア	
		イ	
	問題3		
	問題4	ウ	
		エ	

2	問題1	m
	問題2	
	問題3	昨日、わたしは避難所のようすを伝えるニュースで、
	問題4	

3			
	問題１		
	問題２	ア	
		イ	
	問題３		
	問題４	ウ	
		エ	

4					
	問題１				
	問題２				
	問題３	ア		イ	
	問題４	＝１２			
		＝１２			
		＝１２			
	問題５	ウ	と　と	エ	と　と
		オ	と　と	カ	と　と

※118%に拡大していただくと、解答欄は実物大になります。

◇作文◇

※ 131％に拡大していただくと，解答欄は実物大になります。

1			
	問題１	その日を過ぎると（　　　　　　　　）ので、（　　　　　　　　）	
	問題２	ア	
		イ	
	問題３	ウ	
	問題４	エ	
	問題５	オ	
		カ	

2							
	問題１	ア		イ			
	問題２	ウ		エ		オ	
	問題３						
	問題４						
	問題５						

3		
問題１		
	求め方	
問題２		
問題３	ア	
問題４	イ	ウ

4		
問題１		
問題２	ア	
	イ	
問題３		
問題４	ア	
	考え方	
問題５	イ	ウ

2021年度

県立長崎東・佐世保北・諫早高校附属中学校

◇作文◇

※118%に拡大していただくと、解答欄は実物大になります。

100

200

300

400

※ 128％に拡大していただくと，解答欄は実物大になります。

1

問題１	A　　　色	B　　　色	
問題２	ア		
	イ		
問題３	ウ	□□□□□□□□	
問題４	エ		

2

問題１	ア	イ	
問題２	質問１	回答のしかた	
		理由	
	質問３	回答のしかた	
		理由	
問題３	（　　　　）が（　　　　）だから		
	（　　　　）が（　　　　）だから		
問題４			

3

問題１	・	
	・	
問題２		
問題３		
問題４		
問題５		

4

問題１		
問題２	順番	□ → □ → □
	理由	
問題３	ア　イ　ウ　エ　オ	
問題４		
	カ	
問題５	キ	

図６

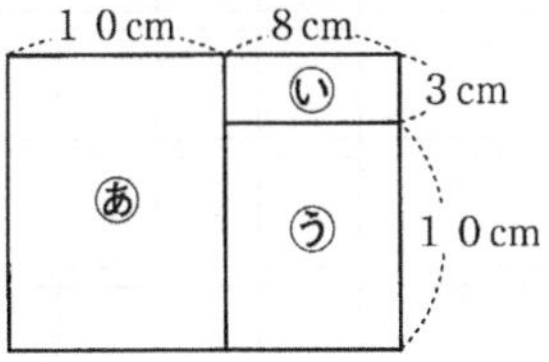

※125%に拡大していただくと、解答欄は実物大になります。

◇作文◇

長崎県立中学校　2019年度

◇適性検査◇

※ この解答用紙は 139%に拡大していただくと，実物大になります。

1	問題 1	ア			
		イ			
	問題 2	ウ		読み方	
		読み方		読み方	
		読み方		読み方	
	問題 3				
	問題 4	ア			
		イ			

2	問題 1		
	問題 2		
	問題 3	ア	
	問題 4		
	問題 5		

3			
	問題1	ア	
	問題2	イ	
		ウ	
	問題3		
	問題4	図	

4								
	問題1	ア		イ				
		ウ						
	問題2	ア		イ				
	問題3	ウ						
	問題4	ア		イ		ウ		エ

/100

◇作文◇

長崎県立中学校　２０１９年度

※この解答用紙は116％に拡大していただくと、実物大になります。

100

200

300

400

500

600

100

長崎県立中学校　平成30年度　　◇適性検査◇

※この解答用紙は 139%に拡大していただくと，実物大になります。

1			
	問題１		
	問題２	折り紙 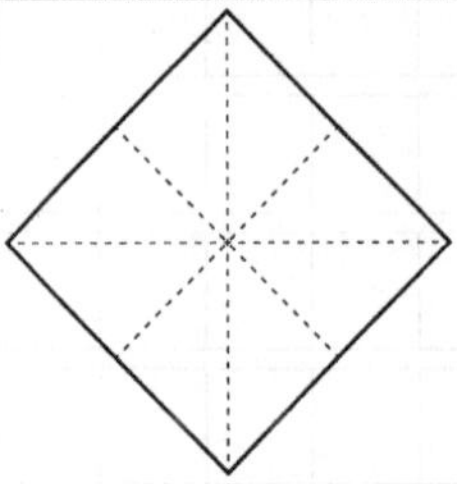	
	問題３	ア	
		イ	
	問題４	ア	
		イ	

2			
	問題１		
	問題２		
	問題３		
	問題４		
	問題５	ア	
		イ	

3		
	問題１	
	問題２	
	問題３	ア 安□　イ □図　ウ □心
	問題４	
	問題５	ア $\frac{\square}{7}$　イ $\frac{\square}{\square}$

4				
	問題１	ア		
	問題２	イ	ウ	
	問題３	ア	イ	
	問題４			

／130

長崎県立中学校　平成30年度

※この解答用紙は116%に拡大していただくと、実物大になります。

◇作文◇

あなたが選んだルールの番号	

100

200

300

400

500

600

70

長崎県立中学校　平成29年度

◇適性検査◇

※ この解答用紙は 119%に拡大していただくと，実物大になります。

1

問題１				
問題２	→			
問題３	ア			
	イ		ウ	
問題４				
問題５				
問題６				

2

問題１				
問題２	たて	cm	横	cm
問題３	mL			
問題４				

3					
	問題１	コース	→	道のり	km
	問題２				
	問題３				
	問題４				

4		
	問題１	
	問題２	
	問題３	図３ 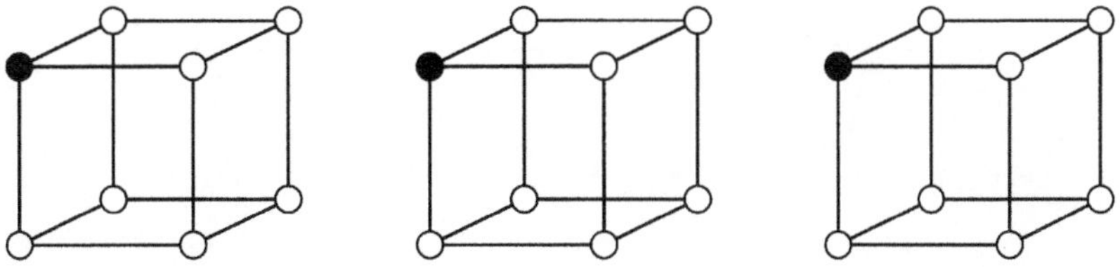
	問題４	通り

/ 130

長崎県立中学校　平成29年度

※この解答用紙は139%に拡大していただくと、実物大になります。

◇作文◇

問題一

100

110

問題二

100

200

300

400

500

／70

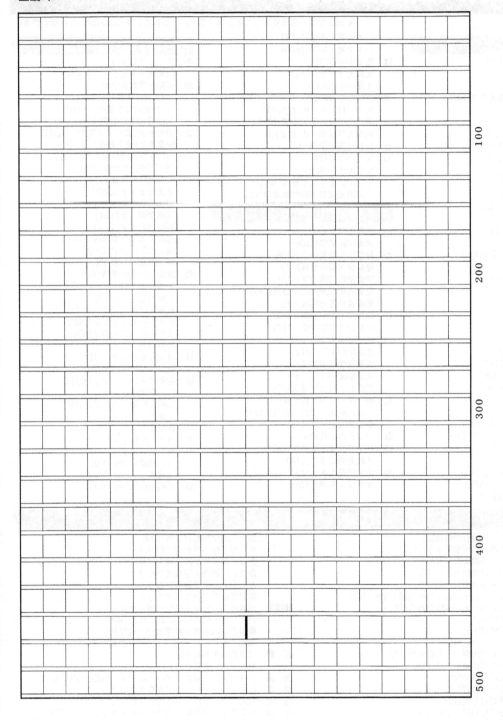

東京学参の

高校別入試過去問題シリーズ

＊出版校は一部変更することがあります。一覧にない学校はお問い合わせください。

東京ラインナップ

あ　愛国高校(A59)
青山学院高等部(A16)★
桜美林高校(A37)
お茶の水女子大附属高校(A04)
か　開成高校(A05)★
共立女子第二高校(A40)★
慶應義塾女子高校(A13)
啓明学園高校(A68)★
国学院高校(A30)
国学院大久我山高校(A31)
国際基督教大高校(A06)
小平錦城高校(A61)★
駒澤大高校(A32)
さ　芝浦工業大附属高校(A35)
修徳高校(A52)
城北高校(A21)
専修大附属高校(A28)
創価高校(A66)★
た　拓殖大第一高校(A53)
立川女子高校(A41)
玉川学園高等部(A56)
中央大高校(A19)
中央大杉並高校(A18)★
中央大附属高校(A17)
筑波大附属高校(A01)
筑波大附属駒場高校(A02)
帝京大高校(A60)
東海大菅生高校(A42)
東京学芸大附属高校(A03)
東京農業大第一高校(A39)
桐朋高校(A15)
都立青山高校(A73)★
都立国立高校(A76)★
都立国際高校(A80)★
都立国分寺高校(A78)★
都立新宿高校(A77)★
都立墨田川高校(A81)★
都立立川高校(A75)★
都立戸山高校(A72)★
都立西高校(A71)★
都立八王子東高校(A74)★
都立日比谷高校(A70)★
な　日本大櫻丘高校(A25)
日本大第一高校(A50)
日本大第三高校(A48)
日本大第二高校(A27)
日本大鶴ヶ丘高校(A26)
日本大豊山高校(A23)
は　八王子学園八王子高校(A64)
法政大高校(A29)
ま　明治学院高校(A38)
明治学院東村山高校(A49)
明治大付属中野高校(A33)
明治大付属八王子高校(A67)
明治大付属明治高校(A34)★
明法高校(A63)
わ　早稲田実業学校高等部(A09)
早稲田大高等学院(A07)

神奈川ラインナップ

あ　麻布大附属高校(B04)
アレセイア湘南高校(B24)
か　慶應義塾高校(A11)
神奈川県公立高校特色検査(B00)
さ　相洋高校(B18)
た　立花学園高校(B23)
桐蔭学園高校(B01)
東海大付属相模高校(B03)★
桐光学園高校(B11)
な　日本大高校(B06)
日本大藤沢高校(B07)
は　平塚学園高校(B22)
藤沢翔陵高校(B08)
法政大国際高校(B17)
法政大第二高校(B02)★
や　山手学院高校(B09)
横須賀学院高校(B20)
横浜商科大高校(B05)
横浜市立横浜サイエンスフロンティア高校(B70)
横浜翠陵高校(B14)
横浜清風高校(B10)
横浜創英高校(B21)
横浜隼人高校(B16)
横浜富士見丘学園高校(B25)

千葉ラインナップ

あ　愛国学園大附属四街道高校(C26)
我孫子二階堂高校(C17)
市川高校(C01)★
か　敬愛学園高校(C15)
さ　芝浦工業大柏高校(C09)
渋谷教育学園幕張高校(C16)★
翔凜高校(C34)
昭和学院秀英高校(C23)
専修大松戸高校(C02)
た　千葉英和高校(C18)
千葉敬愛高校(C05)
千葉経済大附属高校(C27)
千葉日本大第一高校(C06)★
千葉明徳高校(C20)
千葉黎明高校(C24)
東海大付属浦安高校(C03)
東京学館高校(C14)
東京学館浦安高校(C31)
な　日本体育大柏高校(C30)
日本大習志野高校(C07)
は　日出学園高校(C08)
や　八千代松陰高校(C12)
ら　流通経済大付属柏高校(C19)★

埼玉ラインナップ

あ　浦和学院高校(D21)
大妻嵐山高校(D04)★
か　開智高校(D08)
開智未来高校(D13)★
春日部共栄高校(D07)
川越東高校(D12)
慶應義塾志木高校(A12)
さ　埼玉栄高校(D09)
栄東高校(D14)
狭山ヶ丘高校(D24)
昌平高校(D23)
西武学園文理高校(D10)
西武台高校(D06)
た　東京農業大第三高校(D18)
は　武南高校(D05)
本庄東高校(D20)
や　山村国際高校(D19)
ら　立教新座高校(A14)
わ　早稲田大本庄高等学院(A10)

北関東・甲信越ラインナップ

あ　愛国学園大附属龍ヶ崎高校(E07)
宇都宮短大附属高校(E24)
か　鹿島学園高校(E08)
霞ヶ浦高校(E03)
共愛学園高校(E31)
甲陵高校(E43)
国立高等専門学校(A00)
さ　作新学院高校
(トップ英進・英進部)(E21)
(情報科学・総合進学部)(E22)
常総学院高校(E04)
た　中越高校(R03)＊
土浦日本大高校(E01)
東洋大附属牛久高校(E02)
な　新潟青陵高校(R02)
新潟明訓高校(R04)
日本文理高校(R01)
は　白鷗大足利高校(E25)
ま　前橋育英高校(E32)
や　山梨学院高校(E41)

中京圏ラインナップ

あ　愛知高校(F02)
愛知啓成高校(F09)
愛知工業大名電高校(F06)
愛知みずほ大瑞穂高校(F25)
暁高校(3年制)(F50)
鶯谷高校(F60)
栄徳高校(F29)
桜花学園高校(F14)
岡崎城西高校(F34)
か　岐阜聖徳学園高校(F62)
岐阜東高校(F61)
享栄高校(F18)
さ　桜丘高校(F36)
至学館高校(F19)
椙山女学園高校(F10)
鈴鹿高校(F53)
星城高校(F27)★
誠信高校(F33)
清林館高校(F16)★
た　大成高校(F28)
大同大大同高校(F30)
高田高校(F51)
滝高校(F03)★
中京高校(F63)
中京大附属中京高校(F11)★
中部大春日丘高校(F26)★
中部大第一高校(F32)
津田学園高校(F54)
東海高校(F04)★
東海学園高校(F20)
東邦高校(F12)
同朋高校(F22)
豊田大谷高校(F35)
な　名古屋高校(F13)
名古屋大谷高校(F23)
名古屋経済大市邨高校(F08)
名古屋経済大高蔵高校(F05)
名古屋女子大高校(F24)
名古屋たちばな高校(F21)
日本福祉大付属高校(F17)
人間環境大附属岡崎高校(F37)
は　光ヶ丘女子高校(F38)
誉高校(F31)
ま　三重高校(F52)
名城大附属高校(F15)

宮城ラインナップ

さ　尚絅学院高校(G02)
聖ウルスラ学院英智高校(G01)★
聖和学園高校(G05)
仙台育英学園高校(G04)
仙台城南高校(G06)
仙台白百合学園高校(G12)
た　東北学院高校(G03)★
東北学院榴ヶ岡高校(G08)
東北高校(G11)
東北生活文化大高校(G10)
常盤木学園高校(G07)
は　古川学園高校(G13)
ま　宮城学院高校(G09)★

北海道ラインナップ

さ　札幌光星高校(H06)
札幌静修高校(H09)
札幌第一高校(H01)
札幌北斗高校(H04)
札幌龍谷学園高校(H08)
は　北海高校(H03)
北海学園札幌高校(H07)
北海道科学大高校(H05)
ら　立命館慶祥高校(H02)

★はリスニング音声データのダウンロード付き。

都道府県別 公立高校入試過去問 シリーズ

● 全国47都道府県別に出版
● 最近数年間の検査問題収録
● リスニングテスト音声対応

公立高校入試対策 問題集シリーズ

● 目標得点別・公立入試の数学(基礎編)
● 実戦問題演習・公立入試の数学(実力錬成編)
● 実戦問題演習・公立入試の英語(基礎編・実力錬成編)
● 形式別演習・公立入試の国語
● 実戦問題演習・公立入試の理科
● 実戦問題演習・公立入試の社会

高校入試特訓問題集 シリーズ

● 英語長文難関攻略33選(改訂版)
● 英語長文テーマ別難関攻略30選
● 英文法難関攻略20選
● 英語難関徹底攻略33選
● 古文完全攻略63選(改訂版)
● 国語融合問題完全攻略30選
● 国語長文難関徹底攻略30選
● 国語知識問題完全攻略13選
● 数学の図形と関数・グラフの融合問題完全攻略272選
● 数学難関徹底攻略700選
● 数学の難問80選
● 数学　思考力―規則性とデータの分析と活用―

2404A

〈ダウンロードコンテンツについて〉

本問題集のダウンロードコンテンツ、弊社ホームページで配信しております。現在ご利用いただけるのは「2025年度受験用」に対応したもので、**2025年3月末日**までダウンロード可能です。弊社ホームページにアクセスの上、ご利用ください。

※配信期間が終了いたしますと、ご利用いただけませんのでご了承ください。

中学別入試過去問題シリーズ

県立長崎東・佐世保北・諫早高校附属中学校　2025年度

ISBN978-4-8141-3116-7

[発行所] 東京学参株式会社

〒153-0043　東京都目黒区東山2-6-4

書籍の内容についてのお問い合わせは右のQRコードから　⇒

※書籍の内容についてのお電話でのお問い合わせ、本書の内容を超えたご質問には対応できませんのでご了承ください。

2024年5月13日　初版